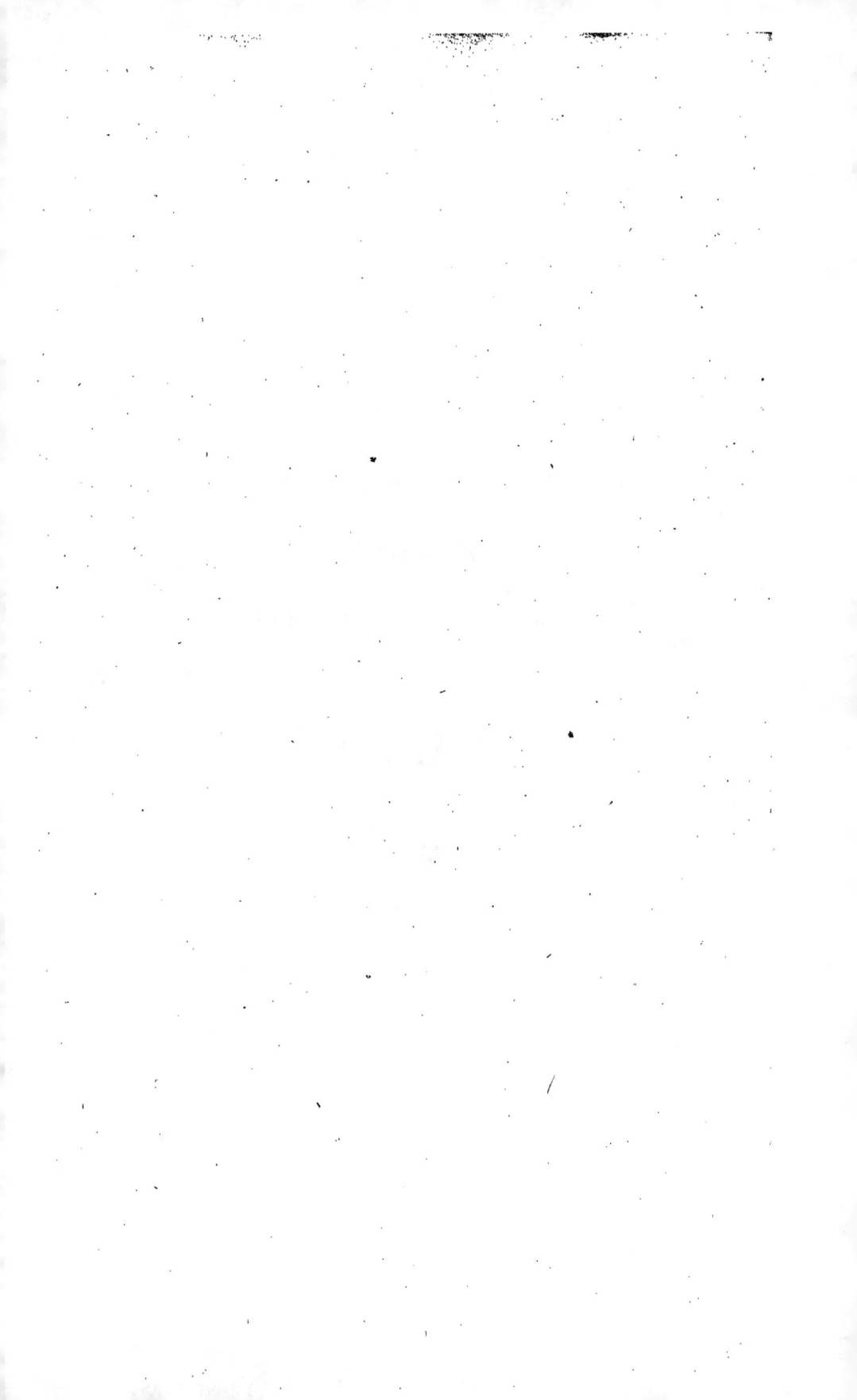

RECHERCHES

HISTORIQUES ET BIOGRAPHIQUES

SUR

POTHIER

A
ROBERT JOSEPH
POTHIER
1859

RECHERCHES

HISTORIQUES ET BIOGRAPHIQUES

SUR

POTHIER

PUBLIÉES A L'OCCASION DE L'ÉRECTION DE SA STATUE

PAR A.-F.-M. FRÉMONT

CONSEILLER A LA COUR IMPÉRIALE D'ORLÉANS
MEMBRE DU CONSEIL MUNICIPAL DE CETTE VILLE
CHEVALIER DE L'ORDRE IMPÉRIAL DE LA LÉGION D'HONNEUR.

Doctrinâ et moribus præstitit.
(ÉLOGE DE POTHIER, par Breton de Montramier.)

ORLÉANS

CHEZ ALPH^se GATINEAU
LIBRAIRE - ÉDITEUR

TOURS

CHEZ A^d MAME ET Cie
IMPRIMEURS - LIBRAIRES

M DCCC LIX

au mois d'Aoust 1739

Je vous suis bien obligé Monsieur et cher
Confrere, si vous voulez bien me donner des
nouvelles de votre santé, & de ce qui s'est
passé a orleans depuis mon depart. Je
vous diray les nouvelles de ce que se passe
en beausse, qui ne sont pas tout a fait si
interessantes que celles dont j'espere que vous
voudrez bien me faire part. Il s'en fait
dimanche dernier a St pere ... une
procession magnifique pour la closture d'une
mission. Le missionaire avoit distribué
la veille les rolles de ceux qui devoient
la composer. Pour observer l'ordre
chronologique Adam marchoit a la teste
de la procession; on avoit choisi pour le

respresenter L'homme le mieux fait De La paroisse, Son
habillement estoit fort vieil; Il estoit tout couvert Devant &
Cerriere De feuilles De Vignes qu'on avoit cousu a ses
habits, & Il Venoit a La main une grande branche
D'arbres a Laquelle on avoit attaché Cinq ou six
pommes; suivoient ensuite quelques autres personnages dont
on ne m'a plus faire L'explication; Venoit ensuite
Une Jmage DeLaVierge portée sur un brancar, par
(Deux ~~petites~~ filles qui avoient chacune une grande
nappe sur La teste en forme de voile, & par dessus
Une Couronne De fleurs, & beaucoup De Rubans.
Suivoient vingtquatre vierges, Douze petites de
neuf a Dix ans, & Douze grandes de quinze
a ~~vingt~~ ans, toutes habillées Comme Les Deux qui
portoient Le brancar, & ayant pareillement Des
Couronnes De fleurs sur La teste; Venoit ensuite
St Jean baptiste Couvert de peaux De moutons
& ~~tenans~~ a La main une Croix de bois, Il estoit
suivi par ~~un~~ Onze apostres, Car on avoit
Judas De La procession; Ces apostres etoient
Vetus D'aubes avec De grands Rubans Rouges

s'asser en croix par devant & par derrieres, —
... estoient guerriers, apparemment comme prets
partir pour aller annoncer L'évangile, Chacun —
... chacun pour ... laportoit qu'il —
représentoit en particulier portoit a la main —
quelque marque; L'un portoit une épée, L'autre
une hache, un autre portoit une Scie qu'on —
avoit empruntée Ducharron Du village, celuy
qui representoit St Jacques étoit habillé en —
pelerin avec un grand bourdon. Les apôtres —
étoient suivi du St Sacrement porté Sous un dais —
a l'ordinaire; ensuite venoit Lacroix de la —
passion qui n'étoit qu'un très petit Diminutif
de celle De St pierre enfantillé; aussi Levillage
est père aui ne Dois pas Se mesurer a Laville
d'orleans; Elle étoit portée par les Six —
Jeunes mariez de la paroisse ... revetus —
d'aubes & nuds pieds. Cest Dans cet ordre —
que la procession a été au lieu ou Lacroix étoit
plantée au brin de toute La mousqueterie —
... village Le bon Missionaire avent —
apparemment De flandres, ou on fait des processions —
beaucoup plus ridicules que celle cy. au Ridicule

passés tous les passé avec assez de devotion, se plaignent d'avoir des peu debité de vin après la procession, si vous voulez bien mettre, vous pour envoyer votre lettre au logis : jay lhonneur d'estre de tout mon cœur Monsieur, cher confrere, De Authumble des obeiss serviteur Pothier —

A Monsieur

Monsieur jousse Conseiller
au presidial en clos bes sa crou
A Orleans.

PRÉFACE

—•◦•—

Au moment où la magistrature française et les habitants d'Orléans vont élever un monument à la mémoire de Pothier, j'ai cru qu'il ne serait pas sans intérêt de publier des documents historiques et inédits qui devront jeter un nouveau jour sur la vie de ce grand jurisconsulte.

Les contemporains de Pothier et les hommes distingués dans la science du droit, qui, jusqu'à ce jour, ont écrit sur lui, étaient trop près de sa tombe ou trop étrangers à Orléans pour offrir au public un récit impartial et complet de cette existence si modeste et pourtant si bien remplie.

J'écris à un siècle de distance; je suis dans la patrie de Pothier, au milieu des archives publiques et privées où j'ai largement puisé. J'arrive d'ailleurs après des

1.

appréciations de toutes sortes qui ont été faites et sur
son caractère et sur ses travaux; aussi est-ce moins
une œuvre nouvelle que j'entreprends qu'un travail de
patience et d'investigation; je n'aurai, pour ainsi dire,
qu'à résumer les pensées et les impressions de ceux qui
m'ont précédé.

Le plan de mon travail est très-simple; j'ai suivi
Pothier depuis sa naissance jusqu'à sa mort, et chacun
des événements qui ont marqué sa carrière a été pour
moi l'objet d'une étude, la matière d'un paragraphe ou
d'un chapitre.

Ces événements sont peu nombreux; aucune existence
ne fut plus simple, plus unie, moins accidentée que celle
de Pothier; les vrais, les seuls événements de sa vie sont
ses ouvrages.

Cette vie si modeste a toutefois ses particularités, ses
habitudes, ses prédilections, ses bons et ses mauvais
jours, ses points sombres ou brillants qui ressortent
d'autant mieux que le fond de la trame est plus uni.
On est volontiers enclin à ne voir l'homme célèbre qu'au
moment de la plénitude de son talent, quand l'âge, en
mûrissant sa pensée, a terni la flamme de son regard,
quand chaque conquête faite par la science a creusé une
ride sur son front; on ne se représente guère Pothier

que dans sa chaire de droit français ou couché sur le tapis de sa chambre, au milieu des in-folio dont il extrait les savantes dissertations d'où sortira plus tard le Code Napoléon.

Il a été jeune pourtant comme tout le monde ce grand et judicieux esprit; il est allé au collége, il a pris ses inscriptions de droit, il a passé ses thèses, il a eu ses professeurs qu'il devait bientôt imiter et surpasser : tout cela assurément valait la peine d'être dit, d'être cherché et mis en lumière.

L'enfant studieux est devenu un jeune homme pieux, plein de goût pour les matières théologiques; il a débuté dans la magistrature, il a étudié le droit romain, il est devenu enfin le jurisconsulte qui répandit la clarté de son lumineux esprit sur le chaos des Pandectes et qui mérita les encouragements de d'Aguesseau.

Tous ces faits : l'entrée de Pothier dans la magistrature, la position qu'il y prit comme conseiller au Présidial, son aptitude pour les matières civiles, son horreur pour la torture, la publication des Pandectes, sa correspondance avec d'Aguesseau, tous ces faits, dis-je, étaient pour son biographe autant de sujets de recherches, autant d'événements dignes d'être examinés et scrutés dans leurs détails.

Si ennemi qu'il fût du bruit et de l'éclat, si bien ren-
fermé qu'il se tînt dans ses études et dans sa chambre
de la rue de l'Écrivinerie, Pothier n'échappa pourtant
ni aux honneurs publics qui le cherchèrent, ni même à
l'action et au mouvement de son siècle. Il fut nommé
échevin d'Orléans, et il prit part dans une certaine mesure à la querelle du jansénisme. Ce sont là les seuls
points par lesquels notre jurisconsulte toucha à la vie
publique, et j'ai été assez heureux pour trouver sur ces
faits des documents inédits. J'espère avoir montré sous
un jour nouveau la conduite de Pothier dans cette question du jansénisme, et relevé à ce sujet des erreurs
accréditées.

J'ai ainsi suivi Pothier jusqu'à sa mort; j'ai reproduit
son testament, rappelé ses funérailles, les honneurs
rendus à sa mémoire et les tentatives infructueuses faites
avant ce jour pour lui élever une statue.

L'érection de celle à laquelle M. Dubray vient de
mettre la dernière main et l'historique des efforts qu'il
a fallu faire pour en arriver là, trouvaient dans mon
livre une place toute naturelle.

J'ai classé cet historique après un court résumé biblio-
graphique des éloges, des discours, des dissertations et
des notices biographiques dont Pothier a été l'objet, et

j'ai même tâché de ressaisir et de préciser sa physionomie à l'aide des portraits, bustes et gravures qui ont
servi à l'habile sculpteur de sa statue.

J'ai fondu dans mon récit de nombreuses lettres autographes de Pothier (1); c'était à la fois le moyen de
les faire bien comprendre, de leur donner du relief et
de l'intérêt. Quoique toutes ne présentent pas le même
attrait de curiosité, j'ai la conviction que chacun voudra
les lire, et que personne ne me fera un reproche de les
avoir publiées.

Je termine par une généalogie de Pothier très-com-
plète et remontant jusqu'au milieu du xvᵉ siècle; elle a
été relevée en grande partie dans les archives mêmes de
sa famille, et sera suivie du nom de tous les héritiers
qui sont venus prendre part à sa succession : plusieurs
ont laissé des descendants qui existent encore aujour-
d'hui.

En finissant, qu'il me soit permis d'adresser des
remercîments à M. Vignat, maire d'Orléans, qui m'a
procuré la plus grande partie des lettres autographes
que je publie; à M. Loiseleur, bibliothécaire de la
ville d'Orléans, qui a rendu ma tâche bien facile en

(1) Je publie trente-quatre autographes de Pothier.

m'indiquant avec une complaisance extrême les sources
où je pourrais puiser; à M. Bimbenet, greffier en chef
de la Cour impériale, qui a mis à ma disposition les
archives du Présidial d'Orléans, classées par ses soins;
et à M. Devade, notaire, qui avec beaucoup d'empressement m'a donné communication du testament, de l'inventaire et de la liquidation de la succession de Pothier.
Je témoigne également ici toute ma reconnaissance
aux autres personnes qui ont bien voulu me donner des
documents historiques sur notre grand jurisconsulte
orléanais.

A. FRÉMONT.

Orléans, ce 24 novembre 1858.

RECHERCHES

HISTORIQUES ET BIOGRAPHIQUES

SUR

POTHIER

———o·o〉§〈o·o———

CHAPITRE I

Mariage du père de Pothier. — Naissance de Pothier. — Son enfance.
— Mort de son père. — Pothier fait ses études au collége des Jésuites, à Orléans. — Degré de force de ces études. — Il est au
nombre des élèves qui, en 1710, déchirent et brûlent les livres
entachés de jansénisme. — *Requête du bourreau.* — En 1762,
Pothier concourt comme magistrat à l'expulsion des Jésuites. —
Il a une heureuse mémoire. — Il fait de bonnes études et les
termine en 1715.

Le père de Pothier était conseiller au Présidial d'Orléans, et je puis affirmer que sa figure respirait la gaieté
la plus franche, si j'en juge par son portrait que j'ai
découvert au musée de notre ville (1). Ce portrait doit
avoir au moins le mérite de la ressemblance ; il a été
peint en 1681 et est signé du nom de Michel Gobin.

(1) Il porte le numéro d'ordre 292.

C'est M. Barbot-Duplessis, ancien conseiller à la Cour royale d'Orléans, parent de Pothier, qui en a fait hommage au musée.

Robert Pothier s'est marié à l'église de Saint-Paterne le 10 janvier 1697, avec Marie-Madeleine Jacquet; il avait alors quarante-deux ans, et sa femme en avait vingt-six.

Je vais donner textuellement, avec toutes les négligences d'orthographe et de style, l'acte de mariage du père de Pothier.

PAROISSE DE SAINT-PATERNE (1)

ANNÉE 1697.

« Le jeudi dix janvier mil six cent quatre-vingt-dix-sept, après un ban de mariage des parties publié tant dans cette église qu'en celle de St-Michel, dispense des deux autres accordées par monsieur Legrand, vicaire; signé Formentin.

« En *datte* du huit du présent mois et le tout insinué au *Gref* des insinuations ecclésiastiques et fiançailles faites, aucun empeschement ou opposition ne m'estant apparu, j'ai soussigné P^tre chanoine, doyen de l'église collégiale de St-Pierre en pont d'Orléans, conjoint canoniquement en mariage maistre Robert Pothier, conseiller au Présidial d'Orléans, fils de maistre Florent Pothier, vivant aussi conseiller au Présidial, et de dame Marie Dela-

---

(1) Cet acte est aux archives de la mairie d'Orléans, et m'a été communiqué, ainsi que tous ceux cités dans ce chapitre, par M. Lhuillier, chef du bureau de l'état civil.

lande, ses père et mère ; et damoiselle Marie-Magdeleine Jacquet, fille de feu Mᵉ Robert Jacquet et de damoiselle Carré, ses père et mère. En présence de Mᵉ Joseph Pothier, Pᵗʳᵉ chanoine de l'église d'Orléans ; Mᵉ Joseph Levassort, conseiller au Présidial d'Orléans ; Charles Fontaine de Mantelon, lieutenant particulier audit Présidial ; Fleurant - Charles Pothier ; René Legay, écuier, sieur de Massuère ; François Renard de la Perere, tous parents et amis des parties. »

Le registre est signé : Pothier Darmonville, Marie-Magdeleine Jacquet, Pothier, J. Levassort, Regnard de la Perere, M. Pothier, Fontaine de Manthelon, Massuère et Delahaye.

Deux années après, le 9 janvier 1699, Robert-Joseph Pothier, notre illustre compatriote, est né de cette union, dans une maison située cloître Sainte-Croix, rue de l'Écrivinerie, aujourd'hui rue Pothier. Cette maison dépendait du chapitre de Sainte-Croix ; Pothier père en avait loué une partie de l'archiprêtre Tourtier, pour le prix de 275 livres 10 sous par an, payable les jours de Noël et de saint Jean-Baptiste, par moitié (1). Aujourd'hui elle est la propriété de Mᵐᵉ veuve Colas - Desormeaux, et porte le numéro 23.

J'aurai plus tard à revenir sur cette maison, dans laquelle Pothier a passé toute sa vie, et composé ses immortels ouvrages.

(1) Inventaire et liquidation de la succession de Pothier.

Voici l'extrait de naissance de Pothier :

PAROISSE DE SAINT-PIERRE-LENTIN.
ANNÉE 1699.

« Le 9ᵐᵉ de janvier 1699, a esté *batizé* Robert-Joseph, fils du légitime mariage de noble personne Robert *Potier*, conseiller magistrat au bailliage et siége Présidial d'Orléans, et de dame Marie-Magᵘᵉ Jacquet, ses père et mère, le *parein* Mʳᵉ Joseph *Potier*, Pᵗʳᵉ chanoine de l'église *cathédralle* d'Orléans, la *mareine* Dˡˡᵉ Suzanne Carré fille, quy ont signé avec moy le père présᵗ. »

Le registre est signé : Pothier, Pothier, S. Carré et Chambon.

On ne s'explique pas que le curé de Saint-Pierre-Lentin ait ainsi défiguré le nom de la famille du nouveauné ; il eût certainement été plus exact s'il avait pu prévoir que ce nom retentirait avec autant d'éclat dans le sanctuaire de la justice et des lois ; fort heureusement la signature du père de Pothier et celle de son oncle, qui l'avait tenu sur les fonts de baptême, sont là pour établir la véritable orthographe de son nom.

C'est par erreur que Letrosne, et tous ceux qui ont écrit après lui, ont dit que Pothier avait perdu son père à l'âge de cinq ans (1). Ce ne fut que le 23 février 1707, que Robert Pothier vint à décéder ; son fils entrait donc dans sa neuvième année. Les soins de sa mère avaient

---

(1) *Éloge de Pothier,* par Letrosne, p. 57. — *Dissertation sur Pothier,* par M. Dupin, p. 5. — *Esquisse biographique de Pothier,* par M. Paul Huot, p. 4.

déjà fait place à l'éducation qu'il allait chaque jour recevoir au collége des Jésuites d'Orléans. Cette rectification avait son importance, surtout au point de vue de l'exactitude des dates, et de l'influence directe que la mère de Pothier aurait pu exercer sur les premières années de la vie que je cherche à retracer.

Voici au surplus le texte de l'acte de décès du père de Pothier :

PAROISSE DE SAINT-PIERRE-LENTIN.

ANNÉE 1707.

« Le vingt-trois *feuvrier* 1707 a esté, par moy curé soussigné, inhumé au cimetière commun de cette ville d'Orléans le corps de Monsieur Maistre Robert *Potier*, sieur Darmonville, conseiller au Présidial d'Orléans, *aagé* environ de cinquante-deux ans, après avoir reçu les sacrements de Pénitence, Eucharistie et Viatique, et Extrême-Onction. Ladite inhumation *faitte* en la présence de son fils, Messieurs *Potier* de la Motte, chanoine de l'église d'Orléans, et (1) trésorier de France, son frère et neveu, et plusieurs autres parents et amis. »

Le registre est signé : Pothier, Pothier, J. Levassort, Jacquet, curé.

C'était la première fois que Pothier apposait sa signature au bas d'un acte; la circonstance était bien grave et bien douloureuse; il allait entrer dans la vie sans guide

---

(1) Ici le nom du neveu est oublié; il s'appelait Charles-Florent Pothier de Gourville.

et sans appui. Sa mère et son oncle le chanoine lui restaient encore; mais ils n'avaient ni l'autorité ni les droits du père.

Je n'ai rien dit de l'enfance de Pothier, parce que je n'ai rencontré aucun document qui ait pu m'éclairer à cet égard : seulement ses contemporains s'accordent à dire que sa santé était d'une délicatesse extrême, que la bonté de son cœur et la douceur de son caractère se sont révélées dès son plus bas âge; nous verrons ces qualités se développer successivement et s'ériger en vertus.

Lors de leur expulsion du royaume de France, les Jésuites ont emporté avec eux tous les registres de leurs nombreux établissements; je n'ai donc pu me procurer la date précise de l'entrée de Pothier à leur collége d'Orléans. Mais il est certain qu'il a dû commencer ses études vers l'époque de la mort de son père, c'est-à-dire au plus tard en 1707; il avait alors huit ans.

Les études du collége des Jésuites d'Orléans étaient-elles fortes? C'est la première question que j'avais à me poser, parce que je sais qu'elle a été controversée entre les hommes qui ont écrit sur Pothier.

Letrosne, son contemporain, dit qu'elles étaient faibles, sans toutefois en administrer la preuve (1); Jousse (2) et Leconte de Bièvre (3), qui ont écrit à la

---

(1) *Éloge historique de Pothier,* par Letrosne, avocat du roi au Présidial d'Orléans. 1773.

(2) *Éloge de Pothier,* par Jousse; il se trouve en tête du *Traité de la possession.* 1772.

(3) *Éloge de Pothier,* par Leconte de Bièvre, procureur du roi à Romorantin. 1772.

même époque, n'en disent rien. Le président de la Place de Montevray a fait une notice sur Pothier dans la *Biographie universelle*, et il affirme, au contraire, que l'école des Jésuites était alors bien dirigée. Enfin, M. Dupin aîné vient le dernier, et nous dit que les Jésuites en effet ont eu de fort bons colléges, mais qu'ils en ont aussi eu de mauvais; puis il laisse au lecteur le choix entre l'opinion de Letrosne et celle du président de la Place de Montevray (1).

Je crois, quant à moi, qu'il ne faudrait peut-être pas ajouter une très-grande confiance à l'opinion de Letrosne, quelque honorable qu'il soit, parce qu'il vivait dans un courant d'idées peu favorable aux Jésuites. Lorsqu'il écrivait, ils venaient d'être expulsés de France par arrêts du Parlement de Paris, et le Présidial d'Orléans, près lequel Letrosne était avocat du roi, avait pris une part active à l'exécution de ces arrêts.

Le président de la Place de Montevray écrivait, au contraire, dans des temps où les questions religieuses n'avaient pas la même vivacité; il avait fait ses études au collége d'Orléans, sous les professeurs qui remplaçaient les Jésuites; il a donc dû être parfaitement renseigné sur la force des études au moment où elles étaient encore dirigées par les pères Jésuites, au commencement du xviiie siècle. Je crois qu'il est dans le vrai; car, après tout, personne ne peut nier que les Jésuites n'aient marché longtemps à la tête de l'instruction publique en France. Pourquoi leur collége eût-il été plus faible à

(1) *Dissertation sur la vie et les ouvrages de Pothier,* par M. Dupin, docteur en droit, avocat à la Cour royale de Paris. 1825.

Orléans que partout ailleurs, lorsque l'on sait surtout que cette ville a toujours été renommée par ses écoles et ses universités?

Quoi qu'il en soit, Pothier ne tarda pas à se faire remarquer par une soumission entière à l'égard de ses maîtres, et une complaisance continuelle pour ses condisciples. Il était fort jeune et n'avait pu encore se former des idées sur la querelle du jansénisme, qui faisait alors beaucoup de bruit; mais il n'en fut pas de même de la part des Jésuites du collége d'Orléans; non-seulement ils protestèrent et écrivirent contre les doctrines du jansénisme, mais ils firent déchirer et brûler publiquement par leurs élèves plusieurs ouvrages de Port–Royal.

Un plaisant janséniste choisit cette occasion pour publier *une requête en vers du bourreau d'Orléans à monseigneur l'intendant de la généralité dudit Orléans, contre les Jésuites de la même ville, qui avaient usurpé sur ses droits en déchirant et brûlant solennellement plusieurs livres de Port–Royal, dans la chapelle de leur maison, le 8 septembre 1710.*

Voici un extrait de cette requête, qui n'a pas moins de quatre-vingt-neuf vers (1).

> Supplie et remontre humblement
> L'exécuteur de la Justice,
> Dit le bourreau vulgairement,
> Disant qu'à son préjudice,
> L'on empiète sur son office,
> Et qu'on l'exerce impunément;

(1) Cette pièce de vers est extraite des *Sarcellades.*

.Et voici, Monseigneur, comment
Certain prédicateur jésuite,
S'arrogeant des droits absolus,
Sur livres que jamais il n'a peut-être lus,
Et dont pourtant il veut décider du mérite,
A prononcé d'Arnaud, de Mons,
De Quesnel, de Bocace et de plusieurs encore,
Duquel le suppliant ignore
Le sujet, le titre et les noms;
Que ces écrits remplis d'ordure et d'hérésie,
Et d'un poison séditieux,
Comme livres pernicieux
Doivent être flétris et notés d'infamie.
Rendez donc, Monseigneur, une juste ordonnance
Qui nous maintienne dans nos droits,
Et fasse à tout Jésuite une expresse défense
De les enfreindre une autre fois;
Ou bien enjoignez à ces pères
De prendre des lettres royaux
Qui les déclarent nos confrères,
Leur donnant comme à nous le titre de bourreaux.
En ce cas ils pourront, sans qu'on le contredise,
Se nommer à bon droit les bourreaux de l'Église.

Pothier, jeune élève du collége des Jésuites, assistait à cette exécution; plus tard il aura des tendances jansénistes, et devra prendre comme magistrat sa part à l'expulsion des Jésuites d'Orléans. On me permettra bien d'établir ici un contraste qui aura son intérêt historique, avant d'en finir avec ce qui a trait à l'éducation de Pothier (1).

(1) Pothier ne prendra jamais une part directe et personnelle soit dans l'expulsion des Jésuites, soit dans la querelle du jansénisme;

En septembre 1761, après de longs et solennels débats, trois arrêts furent rendus par le Parlement de
Paris contre les Jésuites ; l'un frappa leurs prétendues
doctrines régicides, l'autre ordonna la destruction de
leurs livres, le troisième interdit aux pères tout enseignement public.

Le conseil des ministres à cette nouvelle s'assembla
et promulgua des lettres patentes, enjoignant au Parlement de surseoir pendant un an à l'exécution des arrêts
prononcés : opposition du Parlement ; le premier président se rendit auprès du roi et lui exposa les dangers
qu'il voyait dans ce délai. Le monarque persista dans
son opinion. Enfin on se rapprocha, et la surséançe fut
limitée au 1ᵉʳ avril 1762.

Le 1ᵉʳ avril 1762 nous voyons une commission instituée à Orléans, en force des arrêts du Parlement, et
dont Pothier fait partie, se transporter au collége des
Jésuites, appelé prieuré de Saint-Samson ; elle avait
pour mission de mettre le principal et les professeurs
nouveaux en possession de ce collége.

Comme ce nouvel état de choses était l'accomplissement d'un événement considérable en matière politique,
religieuse et d'instruction publique, je crois devoir don-

---

c'est toujours en sa qualité de magistrat qu'il agira. Le Présidial d'Orléans faisait exécuter les arrêts du parlement de Paris, et Pothier
n'avait pas même la direction de cette juridiction, puisqu'il n'était que
simple conseiller. C'est donc à tort, ainsi que je l'établirai manifeste-
ment plus tard, qu'on a prétendu qu'il était janséniste, parce qu'il
avait concouru à l'expulsion des Jésuites, et pris part à la querelle du
jansénisme. Si une pareille opinion était soutenable, il faudrait dire
que tous les magistrats du xviiiᵉ siècle étaient jansénistes.

ner ici les noms des professeurs qui allaient désormais occuper la chaire des révérends pères Jésuites :

François Gombault, principal ;

Eustache-Henri Dubois de Roncières, sous-principal ;

Joseph Poner-Ducours, professeur de physique ;

Étienne-Michel Leblond, professeur de logique ;

François-Nicolas Charbuis, professeur de rhétorique ;

Jean-Joseph Chapuis du Pillier, professeur de seconde ;

Claude Goignon, professeur de troisième ;

Joseph Bonnefous, professeur de quatrième ;

Pierre-Jacques Legrand, professeur de cinquième.

J'ai trouvé aux archives de la Cour impériale d'Orléans, non-seulement la nomination de la commission que je viens de citer, mais encore plusieurs ordonnances du Présidial rendues pour arriver à l'exécution de divers détails relatifs à l'expulsion des Jésuites. Je vais rappeler les principales ; elles sont toutes signées du nom de Pothier, et établissent par conséquent la part qu'il y a prise comme magistrat faisant exécuter les lois de son pays.

Le 20 avril 1762 le bailliage ordonne qu'un architecte visitera le bâtiment de l'ancien collége des Jésuites, à l'effet de constater les réparations nécessaires pour les mettre en bon état.

La bibliothèque de ce collége était fort belle. Jérôme Lhuillier, docteur régent de l'université d'Orléans, l'avait fondée et avait de plus donné un revenu annuel pour l'entretenir ; un monsieur de Brachet avait également donné une rente de 80 livres pour acheter de nouveaux ouvrages. Les Jésuites, avant leur départ d'Orléans, vendirent une partie considérable de ces livres à des particuliers.

Le procureur du roi Tassin de Villepion, informé de ce fait, rendit plainte au Présidial. Il soutenait que l'intention des donateurs était de maintenir à toujours la bibliothèque du collége d'Orléans, et qu'elle était ainsi devenue propriété de la ville.

Le 23 avril le Présidial ordonne, qu'avant faire droit, des experts seront nommés pour constater l'état des livres et le nombre de ceux qui avaient été vendus. Plus tard ces derniers furent revendiqués et réintégrés à la bibliothèque du collége.

Le 28 avril, nomination par le Présidial d'un économe séquestre des biens et revenus du collége des Jésuites d'Orléans; à cette époque les revenus de cet établissement s'élevaient à 14,133 livres.

14 Mai, ordonnance de la chambre du conseil du bailliage d'Orléans, qui autorise le procureur du roi à faire saisir à la douane de Paris et à faire réintégrer dans la bibliothèque du collége plusieurs caisses et ballots renfermant les collections des Bollandistes et Polyglottes, détournées par le frère Baillif, ministre des Jésuites.

7 Juillet, ordonnance de la chambre du conseil du Présidial, qui autorise l'économe du collége à payer aux professeurs leurs appointements, à partir du 1er avril 1762.

Le 27 août, le principal et les professeurs du collége royal de la ville d'Orléans, qui ont remplacé les Jésuites, adressent une requête au Présidial, à l'effet d'obtenir une somme d'argent pour l'acquisition des livres destinés à la distribution des prix. Le Présidial accorde la somme de 150 livres.

Le 1er septembre, Pothier, en remplacement du lieutenant-général, dresse, en conformité des arrêts du Parlement des 6 et 13 août 1762, un procès-verbal de récolement des bâtiments composant le prieuré de Saint-Samson et des meubles les garnissant.

Le 6 juillet 1764, la chambre du conseil du bailliage rend une ordonnance qui prononce l'apport à son greffe et la suppression des livres des ci-devant Jésuites, et ce en conformité d'un arrêt du Parlement du 1er juin 1764.

Enfin le 2 juin 1769, un avis de la chambre du conseil du bailliage est adressé au Parlement de Paris, à l'effet de placer dans des maisons religieuses et hôpitaux : 1° Jean-Nicolas Hazou, prêtre, né à Orléans, âgé de soixante-treize ans ; 2° Jacques-François Nolet, âgé de quarante-quatre ans, né à Saint-Denis-de-l'Hôtel, tous les deux ci-devant Jésuites ; le premier est paralysé de la moitié du corps, et le second est aveugle (1).

Ce dernier acte a dû être cher au cœur de Pothier, car après les actes de rigueur venait une mesure d'humanité ; deux pauvres Jésuites traqués de toutes parts et accablés d'infirmités, allaient trouver dans leur patrie un refuge où ils pourraient mourir en paix.

Mais je reviens aux études de Pothier.

Tout le monde s'accorde à dire qu'il en fit de très-

_____

(1) Toutes ces pièces sont classées aux archives du Présidial, et figurent dans les archives de la cour impériale d'Orléans à leurs dates.

bonnes. Il avait, nous dit le président de la Place de
Montevray, une mémoire heureuse et une grande facilité; il acquit la connaissance approfondie de la langue
latine, qui devait un jour lui devenir si précieuse, et le
goût des bonnes lettres anciennes, qu'il conserva toute
sa vie, quoiqu'il ait eu peu d'occasions de les cultiver.

Il avait aussi appris la langue italienne, qu'il aimait
à parler, et dans tous les temps il sut entretenir quelques habitudes avec les classiques anciens, surtout avec
Horace et Juvénal (1), ses auteurs favoris, dont, même
dans un âge avancé, sa mémoire lui reproduisait à propos
les passages les plus remarquables, qu'il récitait avec un
feu qui lui était propre. Il s'appliqua ensuite à la géo-
métrie, et c'est peut-être à cette circonstance qu'est
dû l'esprit d'analyse qui caractérise si éminemment ses
compositions.

Pothier termina ses études et sortit du collége des
Jésuites aux vacances de l'année 1715; il avait alors un
peu plus de seize ans.

(1) J'ai pu parcourir le Juvénal de Pothier; il appartient aujourd'hui
à M. Champignau, avocat à Orléans.

CHAPITRE II

Pothier, étudiant en droit à l'université d'Orléans. — Sa première inscription écrite de sa main est retrouvée sur un registre. — Il se fait remarquer par ses professeurs. — Il passe ses thèses de bachelier et de licencié. — Noms de ses examinateurs. — Matières de ses thèses. — Les études de droit sont faibles à cette époque dans l'université d'Orléans.

Ce fut le 12 novembre 1715 que Pothier s'achemina vers les grandes écoles pour aller prendre sa première inscription de droit.

Il écrivit son *comparuit* sur *un registre contenant 151 feuillets costé et paraphé par Henry-Gabriel Curault, lieutenant du bailliage et siége Présidial d'Orléans, pour servir aux inscriptions des escoliers estudiants en l'université d'Orléans* (1).

Je vais transcrire ce précieux autographe, qui a un intérêt véritable, puisque c'est le premier acte de Pothier dans la carrière du droit.

(1) Ce registre est déposé à la bibliothèque de la ville d'Orléans. Voir p. 27.

« Je soussigné Robert-Joseph Pothier d'Orléans, y
« demeurant chez ma mère au cloître de Ste-Croix, me
« suis immatriculé cejourd'hui pour commencer d'étu-
« dier au droit en l'université d'Orléans, sous mon-
« sieur Goullu–Duplessis, docteur régent de ladite
« université.

« ROBERTUS JOSEPHUS POTHIER, AURELIUS. »

Dans un procès-verbal (1) qui a été dressé le vendredi
17 mars 1717, par le même lieutenant général Curault,
est constatée une descente aux écoles par ce magistrat ;
il était chargé, en exécution de l'arrêt du Parlement de
Paris du 9 août 1700, de passer l'inspection des élèves.
Soixante-quinze écoliers ont répondu à l'appel : Pothier
est du nombre. Ils signent tous le procès-verbal, et près
de la signature de Pothier on voit figurer celle de Prevost
de la Janès, qui allait aussi se distinguer dans la science
du droit, et (2) devenir le protecteur et l'ami de Pothier.

J'ai encore découvert un registre (3) ayant pour titre :
Enregistrement des insinuations d'attestations, *quin-
quennium*, nominations et autres pièces nécessaires aux
gradués du 14 mars 1716 au 31 juillet 1723.

Sur ce registre se trouvent des attestations qui prou-

(1) Ce procès-verbal est déposé aux archives de la cour impériale
d'Orléans.

(2) Prevost de la Janès publia en 1750 les *Principes de la jurisprudence française*, ouvrage remarquable et apprécié par le *Journal
des savants*, juillet 1752, p. 457.

(3) Ce registre est déposé à la bibliothèque de la ville d'Orléans.

vent combien Pothier se fit remarquer de ses professeurs,
et combien il était assidu à l'étude du droit; il est peut-
être le seul élève qui ait autant attiré l'attention de ses
supérieurs, si j'en juge par le petit nombre d'attestations
de ce genre donné à ses condisciples.

Voici celles obtenues par Pothier, et que je transcris
textuellement :

1re (1). Nos consiliarius regis in famosâ universitate
Aurelianensi antecessor, omnibus quorum interest, te-
stamur Robertum Josephum Pothier Aurelium nostris
ad institutiones juris civilis prælectionibus summâ cum
assiduitate, diligentiâ ac modestiâ interfuisse, à martinalibus anni millesimi septingentesimi decimi quinti, ad
vacationum ferias anni academici insequentis, ut nobis
constitit ex inscriptionum tabulis universitatis nostræ,
et ex dictatis quæ nobis exhibuit, in quorum omnium
fidem has ei testimoniales litteras manu propriâ subscriptas concessimus, Aureliæ, die secundâ augusti, anno
Domini millesimo septingentesimo decimo septimo.

Signatum GOULLU–DUPLESSIS, antecessor.

2^{e}. Robertus Josephus Pothier Aurelius meas prælectiones juris scriptis et auribus excepit per hunc annum
academicum, in cujus rei fidem his subscripsi, Aureliæ,
die ultimâ mensis julii, anno millesimo septingentesimo
decimo septimo.

Signatum LEGRAND, antecessor Aureliensis.

(1) Au verso de la p. 34 du registre cité.

3ᵉ. Ego infra scriptus Aurelianensis antecessor testor omnibus quorum interest, aut interesse poterit, Robertum Josephum Pothier Aurelium meas lectiones summâ assiduitate et diligentiâ excepisse, à martinalibus anni proximè elapsi, ad usque hunc diem ; in cujus rei fidem has illi litteras testimoniales manu propriâ subscriptas dedi, die tertiâ augusti, anno millesimo septingentesimo decimo septimo.

Signatum BERROYER, antecessor.

Supra scriptæ attestationes relatæ sunt in acto universitatis Aureliensis, die quintâ augusti, anno millesimo septingentesimo decimo septimo.

BOULLAY, proscriba.

4ᵉ (1). Nous, Joseph Lenormand, conseiller du Roy, docteur et professeur du droit françois en l'université d'Orléans, certifions que le Sʳ Robert-Joseph Pothier d'Orléans, a étudié au droit françois pendant le cours de la présente année académique, et pris nos leçons ainsy qu'il nous est apparu par les registres de l'université et par nos écrits qu'il nous a représentés, en foy de quoy nous lui avons donné le présent certificat.

A Orléans, le 29 juillet 1718.

Signé LENORMAND.

5ᵉ. Robertus Josephus Pothier Aurelius meas prælectiones juris scriptis et auribus excepit toto hoc anno academico, in cujus rei fidem his subscripsi Aureliæ,

_____

(1) Au recto de la p. 67 du même registre.

die vigesimâ tertiâ mensis julii, anno millesimo septingentesimo decimo octavo.

Signatum LEGRAND, antecessor Aurelianensis.

Supra scriptæ attestationes relatæ sunt in acto universitatis Aurelianensis, die vigesimâ secundâ augusti,
anno millesimo septingentesimo decimo octavo.

BOULLAY, proscriba.

Le 9 janvier 1717, Pothier demande des examinateurs
et des matières tirées au sort, pour parvenir au degré de
bachelier.

Les examinateurs sont : M. le recteur ; M. Berroyer,
docteur régent ; MM. Gorrant, Pajon, docteurs agrégés.

Matières civiles : *Instit. de legatis.*

Matières canoniques : **De electione et electi potestate** (1).

Le 13 du même mois, il passe son examen de baccalauréat.

Die tricesimâ januarii, anno 1717, Robertus Josephus
Pothier Aurelius privatim examinatus est pro consequendo in utroque jure baccalaureatus gradu atque
idoneus repertus est qui ad eum gradum aspiret.

GOULLU-DUPLESSIS, rector ; BERROYER, antecessor ;
GORRANT (2).

(1) *Registre des suppliques*, du 29 janvier 1715 au 7 avril 1725,
déposé à la bibliothèque de la ville.

(2) *Registre des examens*, du 22 juin 1714 au 2 juillet 1723, p. 16,
déposé à la bibliothèque de la ville.

Le 5 août suivant, Pothier passe sa thèse publique de baccalauréat *in utroque jure.*

Die quintâ augusti, anno 1717, Robertus Josephus Pothier Aurelius theses juridicas publicè propugnavit pro consequendo in utroque jure baccalaureatus gradu, atque idoneus repertus est qui ad eum gradum promoveretur.

Berroyer, rector; Goullu–Duplessis, antecessor; Gorrant, Pajon, Fourvieulx (1).

Le 8 avril 1718 Pothier demande des examinateurs, et des matières tirées au sort pour obtenir le degré de licencié.

Ses examinateurs sont : M. le recteur; M. Legrand, antecessor; MM. Barbot, Proust de Chambourg, docteurs agrégés.

Matières civiles : *Instit. quibus alienare licet vel non.*

Matières canoniques : *De simoniâ* (2).

Le 8 août suivant il passe son examen de licence.

Die octavâ augusti, anno 1718, Robertus Josephus Pothier Aurelius, hujus academiæ baccalaureus, privatim examinatus est pro consequendo in utroque jure licenciatus gradu, atque idoneus repertus est qui ad eum gradum aspiret.

Goullu–Duplessis, rector; Legrand, Gorrant (3).

---

(1) Registre des thèses de baccalauréats et licences, du 4 janvier 1703 au 20 juillet 1726, p. 85, déposé à la bibliothèque d'Orléans.

(2) Registre des suppliques, du 29 janvier 1715 au 7 avril 1725.

(3) Registre des examens, du 22 juin 1714 au 2 juillet 1723, p. 25.

Enfin c'est le 22 août 1718 que Pothier passe sa thèse publique pour la licence *in utroque jure.*

Die vicesimâ secundâ augusti, Robertus Josephus Pothier Aurelius, hujus universitatis baccalaureus, theses juridicas publicè propugnavit pro consequendo in utroque jure licenciatus gradu, atque idoneus repertus est qui ad eum gradum promoveretur.

. Goullu–Duplessis, rector; Legrand, antecessor; Gorrant (1).

Aux termes de la déclaration du roi en date du 18 janvier 1700, les licenciés en droit ne pouvaient prêter leur serment d'avocat et exercer leur profession, sans avoir préalablement subi un examen public de droit français devant deux docteurs régents et deux docteurs agrégés, présidés par le professeur de droit français. Voici la mention des registres de l'université qui établit que Pothier a passé cet examen.

Le 29 août 1718 Me Robert-Joseph Pothier d'Orléans, licencié de cette université, a subi l'examen public en droit français, et a été trouvé capable.

Goullu–Duplessis, recteur; Berroyer, antecesseur; Lenormand, Gorrant (un nom illisible) (2).

Malgré le titre de fameuse que le professeur Goullu-Duplessis donne à l'université d'Orléans; malgré la

____

(1) Registre des thèses de baccalauréats et licences, du 4 janvier 1703 au 20 juillet 1726, p. 93.

(2) Registre des examens de droit français, du 18 mai 1701 au 28 février 1761.

bonne opinion que de son côté le président de la Place
de Montevray exprime dans un article de la *Biographie
universelle* (1), sur cette même université, qu'il qualifie
d'école antique et justement renommée, il faut pourtant
reconnaître qu'à l'époque où Pothier y est entré comme
élève, elle était notablement tombée.

Le professeur Goullu-Duplessis et le président de la
Place de Montevray ont reporté, avec trop de complaisance, leur pensée vers le commencement du xve siècle,
époque à laquelle les écoliers de diverses nations venaient étudier à Orléans. Il est en effet constaté, par des
registres très-curieux déposés à notre bibliothèque publique, que dans ce temps-là un grand nombre d'écoliers
allemands notamment, sont venus étudier à l'université
d'Orléans, où les études de droit étaient alors très-
fortes.

Letrosne, que j'aimerai toujours à citer parce qu'il est
instruit, impartial et contemporain de Pothier, s'exprime
ainsi sur l'état de l'université d'Orléans vers le commencement du xviiie siècle (2) :

« M. Pothier fit son droit dans l'université d'Orléans,
qu'il devait un jour rendre si célèbre, et y trouva moins
de secours encore pour l'étude des lois, qu'il n'en avait
trouvé au collége pour celle des lettres. Les professeurs
qui occupaient alors les chaires de l'université, absolument indifférents aux progrès des jeunes gens, se con-
tentaient de leur dicter quelques leçons inintelligibles,
et qu'ils ne daignaient pas mettre à leur portée. Ce

(1) Tome XXV.
(2) *Éloge de Pothier*, par Letrosne, p. lviij.

n'était pas proprement la science du droit qu'ils ensei-
gnaient. Ils ne présentaient de cette science si belle et
si lumineuse par elle-même, que ces épines et ces
contrariétés qui lui sont étrangères, et qui n'y ont été
introduites que par l'incapacité et la mauvaise foi des
rédacteurs des Pandectes : au lieu d'expliquer les textes
d'une manière propre à instruire, ils ne remplissaient
leurs leçons que de ces questions subtiles, inventées
et multipliées par les controversistes.

« A cette manière d'enseigner, on aurait pu croire qu'ils
n'avaient pas d'autre objet que de fermer pour toujours
le sanctuaire des lois aux étudiants, par le dégoût qu'ils
savaient leur inspirer : semblables à ces anciens prati-
ciens qui, pour tenir le peuple dans leur dépendance,
lui cachaient avec si grand soin les formules des actions,
et s'étaient approprié la connaissance des lois qu'ils
avaient soin de voiler sous une écorce mystérieuse.

« Un enseignement si peu instructif et si défectueux,
ne pouvait satisfaire un esprit aussi solide et aussi juste
que celui de M. Pothier.

« Heureusement il ne fut pas capable de le rebuter ;
il en sentit les défauts, et suppléa par son travail aux
secours qui lui manquaient. Dans toutes les sciences ce
sont les premiers pas qui sont les plus difficiles ; il les
franchit seul par l'étude sérieuse des instituts, dans
laquelle il s'aida du commentaire de Vinnius, et se
prépare ainsi à aller puiser à la source même du
droit, par l'étude la plus profonde et la plus suivie des
pandectes. »

CHAPITRE III

Éducation religieuse de Pothier. — Il forme le projet d'entrer dans la
vie monastique. — Sa mère s'y oppose. — Il embrasse la carrière de
la magistrature, mais il ne continue pas moins à pratiquer avec
ferveur. — Il étudie de préférence les ouvrages de Pascal et de
Nicole. — Il s'occupe d'une manière toute particulière de théologie.
— Ses ouvrages font aujourd'hui autorité dans les séminaires.

Si la mère de Pothier vivait de nos jours, elle ferait
certainement partie de cette phalange des mères chrétiennes, qui se réunissent chaque mois dans notre belle
église de Saint-Euverte (1), pour écouter les touchantes
instructions de nos révérends pères missionnaires; elle
irait y entendre pendant le carême la parole brillante
et convaincue de notre saint évêque, Mgr Dupanloup,
qui a l'imagination de Fénelon et l'éloquence de Bossuet;
c'est assez dire que la mère de Pothier dut élever son
fils dans les sentiments d'une haute piété.

(1) Saint-Euverte est, après Sainte-Croix et Saint-Aignan, l'église
la plus remarquable d'Orléans. Fermée en 1793, elle a été, dans ces
derniers temps, vendue par la ville aux Pères de la Miséricorde, qui
ont entrepris de la restaurer magnifiquement. Le chœur et les deux
ailes sont dès à présent rendus au culte.

A huit ans Pothier entra au collége des Jésuites, où il se fit de suite remarquer par un naturel doux et une piété sincère; il avait peu d'empressement pour les plaisirs de son âge, et son esprit méditatif aimait la contemplation. Les idées religieuses devaient agir profondément sur cette nature délicate et pensive.

La piété de Pothier devint telle qu'après avoir achevé ses études de droit, il forma le projet de se faire religieux, et d'entrer dans la congrégation des chanoines réguliers.

Mais il en fut empêché par l'attachement qu'il avait pour sa mère.

La Providence le destinait à donner, dans la vie civile, l'exemple de toutes les vertus chrétiennes. Il tourna ses regards vers la carrière de la magistrature, qu'avaient suivie son père et son aïeul. C'était un autre sacerdoce; en effet, l'étude de la jurisprudence grave dans nos cœurs ces principes d'équité, sur lesquels nous devons baser toutes nos actions; elle nous apprend la manière dont nous devons nous conduire envers Dieu et envers les hommes; elle fixe notre esprit sur les choses qui sont légitimes et sur celles qui sont injustes : *Jurisprudentia est divinarum atque humanarum rerum notitia, justi atque injusti scientia* (1).

Pothier étudia de préférence la doctrine du célèbre théologien Nicole, l'un des plus remarquables écrivains de Port-Royal, qui cependant n'adopta pas toutes les opinions des jansénistes. Il aima Pascal. L'admiration

(1) § 1. *Inst. de Justitia et jure.*

de Pothier pour ces deux hommes nous explique ses tendances jansénistes, dont j'aurai à parler plus tard.

Ces tendances peuvent également s'expliquer par la direction que son oncle le chanoine donna à ses idées; car il n'est pas douteux que celui-ci ne soit mort janséniste. Il ne put même être administré qu'en secret, et la plus grande partie des chanoines se dispensa d'assister à son enterrement.

Pothier fut philosophe chrétien.

Sa philosophie était celle de ces hommes sages qui connaissent en même temps la dignité de leur origine et les bornes de leur intelligence; qui, par un effet sublime, élèvent leur âme au-dessus de toutes les erreurs de la terre, pour ne la rendre attentive qu'aux vérités du Ciel; qui se courbent avec respect sous le joug aussi doux qu'honorable de la religion, en professant ses dogmes et en pratiquant ses maximes; qui ne trouvent de vrai bonheur pour l'homme que dans l'exercice des vertus et dans une parfaite soumission aux lois; en un mot, une philosophie chrétienne. Pothier sut donner à ses ouvrages et à ses actions l'empreinte de cette douce et sublime philosophie.

L'étude à laquelle il a consacré un temps considérable, de vingt à trente ans, fut celle de la religion; il cherchait à éclairer sa foi et à entretenir sa piété par la lecture des saintes Écritures. Son attachement au christianisme était fondé sur une profonde conviction puisée dans la connaissance de ses preuves, et fortifiée par l'amour de la pratique. Il se levait avant cinq heures et allait chaque jour entendre la messe qui se disait à la cathédrale, pendant matines, dont il entendait même une partie. De tous les arts, il n'aima jamais que la musique, nous dit Letrosne, mais par sentiment et sans en avoir la moindre notion; il n'y cherchait que ce qui pouvait élever à Dieu; il ne l'aimait que lorsqu'elle chantait ses louanges et qu'elle exprimait bien le sens des paroles. Il y était alors très-sensible, et ne pouvait s'empêcher de laisser paraître, par le mouvement de son visage, même par ses gestes, l'impression qu'il éprouvait. Si ses occupations le lui eussent permis, il aurait assisté à tout l'office de la cathédrale, tant il trouvait de plaisir et de goût au chant des psaumes : il faisait passer dans son âme toute la chaleur dont ces divins cantiques sont remplis.

Pothier avait un profond éloignement pour les doctrines des encyclopédistes, et ne parlait d'eux qu'avec une certaine répugnance. Il gémissait sur les progrès de l'incrédulité et sur le relâchement des mœurs de la jeunesse.

Une lettre qu'il écrivait à l'un de ses anciens élèves, donnera, mieux que je ne pourrais le faire, la mesure de ses sentiments à cet égard.

Cette lettre, ainsi que toutes celles que je citerai au cours de ce récit, est écrite par Pothier, au courant de la plume, pour dire ce qu'il veut dire, et il ne pense pas le moins du monde à la forme. Il était doué d'une fécondité inépuisable et ne châtiait pas son style, car il n'avait pas le temps de se relire; il écrivait par nécessité et ne songeait guère que ses lettres seraient livrées un jour à la publicité.

A monsieur Pompon, avocat au parlement, chez monsieur Petit, loueur de carrosses de remise, rue de Berri, faubourg Saint-Germain, à Paris (1).

« Mon cher Monsieur,

« Les sentiments d'estime et d'amitié que j'avais pour vous en 1766 sont les mêmes en 1767, et continueront toujours d'estre les mêmes *dum spiritus hos reget artus.* J'apprens, par la lettre obligeante que vous m'avez fait l'honneur de m'écrire, que de votre costé l'amitié que vous m'avez témoignée jusqu'à présent, est toujours la même; on ne peut estre plus sensible que je le suis aux nouveaux témoignages que vous m'en donnez, je vous prie de me la continuer.

« Je ne peux trop vous féliciter de la liaison que vous avez faite avec monsieur Gordien ; elle vous sera très-avantageuse non-seulement pour le progrès de vos études, par les secours mutuels que vous vous donnerez l'un et l'autre, mais aussi pour les mœurs, pour les bons exemples que vous vous donnerez l'un et l'autre, qui vous serviront de préservatif contre l'air empesté de Paris, où le diable est continuellement occupé à souffler dans les conversations le poison de l'incrédulité et du libertinage. Je prie le Seigneur qu'il vous en préserve, comme il a préservé des flammes les trois jeunes Israé-

(1) L'original de cette lettre est entre les mains de M. Pompon, propriétaire à Orléans.

lites dans la fournaise. Je suis de tout mon cœur, mon cher Monsieur,

« Votre très-humble et très-obéissant serviteur,

« POTHIER.

« A Orléans, le 11 janvier 1767. »

Il eut pendant toute sa vie pour ami intime le vénérable M. Pichard, chanoine de Saint-Aignan, aussi versé dans la connaissance de l'Écriture sainte, que Pothier l'était dans celle du droit. Tous les ans ils passaient les vacances à la Bigaudière, terre de Pothier; on peut aisément se figurer l'intérêt de la conversation de deux hommes aussi instruits; elle roulait sans cesse sur le droit et sur la religion. Pothier tira un grand avantage de ses relations avec le savant chanoine, et dans tous ses ouvrages sur le droit il a traité les matières qu'il enseigne non-seulement suivant le for extérieur, mais encore suivant le for intérieur. Il y développe ces grands principes d'équité qui plus tard ont passé dans notre législation.

Ce sont ces ouvrages que les théologiens consultent lorsqu'ils ont à traiter un point de théologie morale.

Un savant et spirituel professeur en théologie du grand séminaire d'Orléans, me disait dernièrement dans une causerie que j'avais provoquée pour m'instruire :

« Les œuvres de Pothier sont aussi estimées et aussi souvent consultées par les théologiens et par les canonistes que par les jurisconsultes, spécialement son traité *des Obligations.* Il n'y a d'exception que pour son traité *du Contrat de mariage*, lequel, au milieu de très-bonnes choses, renferme une grave erreur doctrinale ; l'auteur, sous l'empire d'un préjugé alors très-commun, parce qu'il n'avait pas encore été redressé et formellement condamné, comme il l'a été depuis, notamment par le pape Pie VI (bulle *Auctorem fidei*), suppose que l'Église n'a aucune autorité sur le contrat de mariage, mais seulement sur le sacrement, comme si le contrat naturel ou le consentement, matière de sacrement, n'était pas un objet *mixte* ressortissant à la fois de l'un et l'autre for, par conséquent assujetti aux prescriptions et empêchements, même dirimants, de l'autorité ecclésiastique.

Pothier est d'autant plus précieux aux théologiens, qu'il remonte toujours au droit naturel, et qu'il examine toutes les questions au point de vue de la conscience.

La vertu principale de notre illustre jurisconsulte était la charité ; il avait un grand détachement des richesses de ce monde. Sa fortune était belle pour le temps où il vivait ; mais, loin de chercher à l'augmenter jamais, il prenait le nécessaire pour faire marcher sa maison et donnait le reste aux pauvres. On a trouvé dans sa succession quarante billets s'élevant ensemble à la somme assez considérable de 19,305 livres 12 sous 7 deniers (1). Ce sont des prêts faits aux hospices, à des ouvriers malheureux, à des jeunes gens pour les aider à s'établir, à des avocats, à un greffier et même à un régent de l'uni-

---

(1) Inventaire du 9 mars 1772, dressé par M. Rou, notaire à Orléans.

versité ; pas un de ces billets ne portait intérêt. Ces détails de sa vie intime, qu'il cachait soigneusement et qui se trouvent authentiquement prouvés après sa mort, disent une fois de plus combien Pothier était bon et généreux en dehors même de ses abondantes aumônes de chaque jour.

Depuis qu'on sait que je recueille des documents historiques sur Pothier, chacun m'apporte son offrande, et je cède au désir de reproduire ici un autographe en quatre lignes que j'ai sous les yeux, et qui établit que la bonté de Pothier était inépuisable.

« J'ai remis à la veuve André Dubois, et à ses enfants, tout ce qu'ils peuvent me devoir, des arrérages de la rente qu'ils me doivent jusqu'ici et compris l'année échue en mil sept cent cinquante-trois.

« Fait à Orléans, le 1er février mil sept cent cinquante-cinq (1).

« POTHIER. »

La veuve Dubois était une pauvre femme chargée de famille, et notre bon Pothier lui faisait remise de sa dette : si je voulais chercher je n'en finirais pas, tant il portait loin l'esprit de charité.

Sentant sa mort approcher, il fit un testament olographe que je reproduirai en entier plus tard; mais je vais en rappeler ici quelques dispositions qui prouvent

---

(1) Cet autographe appartient à la succession de M. Amy, ancien juge de paix d'Orléans, et m'a été communiqué par M. Ernest Amy, l'un de ses fils.

que jusqu'à sa mort Pothier fut attaché à la religion catholique et à ses ministres; l'une de ces dispositions est touchante par sa simplicité et par la forme qu'il donne à une dernière aumône.

« Je lègue à M. Ducamel, curé de Saint-Pierre-Lentin, 100 livres de pension viagère par chacun an, à prendre sur ma métairie de Moynai, pour suppléer à ses aliments auxquels le revenu modique de sa cure pourrait ne pas suffire, et pour tenir lieu d'honoraires d'une messe que je le prie de dire par chaque semaine pendant sa vie. S'il estait empêché de la dire par maladie où quelqu'autre empêchement il en sera dispensé, sans estre obligé de la faire acquitter par un autre, ni de la remplacer dans les semaines suivantes.

« Je fais remise à l'hôpital de deux billets qu'ils me doivent (sic), l'un de 2,000 livres et l'autre de 800 livres, à la charge qu'ils me feront dire un service.

« Je lègue à l'Hôtel-Dieu 2,000 livres payables dans les deux ans à mon décez, à la charge de me faire dire une messe (1). »

Lorsqu'en 1823 le corps de Pothier fut exhumé de l'ancien cimetière et transféré dans l'église cathédrale de Sainte-Croix, où il repose encore aujourd'hui, le bruit se répandit que cette auguste cérémonie avait été attristée par l'abstention d'une notable partie du clergé,

---

(1) Testament olographe déposé dans l'étude de M. Devade, notaire à Orléans.

qui s'était rappelé que Pothier avait été janséniste : cela
est une erreur; car le *Moniteur universel*, dans son numéro du 19 novembre 1823, et le procès-verbal de
translation dressé par M. le comte de Rocheplatte, alors
maire d'Orléans, attestent, au contraire, que Mᵍʳ Brumauld de Beauregard et un nombreux clergé y assistaient.

Enfin Mᵍʳ Dupanloup, notre évêque actuel, et
M. l'abbé Huet, curé de Sainte-Croix, ont accepté
avec empressement de faire partie de la commission
instituée pour l'érection de la statue de notre grand
jurisconsulte, qui se recommande autant par sa piété
que par son savoir.

Mᵍʳ Dupanloup m'a de plus, en m'adressant sa
souscription, écrit une lettre qui est trop belle et trop
favorable aux idées religieuses de Pothier pour que je
ne la transcrive pas ici :

« Orléans, ce 14 novembre 1858.

« Monsieur,

« J'ai bien tardé à vous envoyer mon offrande pour
l'érection de la statue de Pothier : ce n'est pas que dès
l'abord, je n'aie donné toutes mes sympathies à la proposition généreuse dont vous avez été le promoteur si
bien inspiré et l'interprète universellement applaudi.

« Mais il convenait peut-être de laisser à la magistrature française tout l'honneur de l'initiative qu'elle avait
le droit de réclamer.

« Aujourd'hui que nous pouvons marcher à sa suite, je viens contribuer, pour une faible part, à une œuvre pour laquelle j'aurais été heureux de pouvoir faire un plus grand sacrifice, si les besoins de tant d'autres œuvres qu'il faut encourager et soutenir dans ce vaste diocèse me l'avaient permis.

« J'aurais voulu, au lieu de cette modique offrande, en présenter une plus proportionnée à notre juste admiration pour un si éminent jurisconsulte. Illustre dans sa modestie, grand dans les laborieux emplois de sa vie et de ses facultés, si pieux malgré les entraînements déplorables et les tristes erreurs du temps, Pothier, par sa simplicité antique et la sévérité de ses mœurs, par la renommée et l'influence profonde de ses travaux, par le souvenir de ses vertus, doit être cher à tous ceux d'entre nous qui ne voudront pas encourir ce reproche d'insouciance envers les gloires domestiques et nationales que Tacite, en racontant la vie d'un grand homme, adressait à ses contemporains : *Incuriosa suorum œtas*. Les Orléanais, au contraire, ont montré qu'ils étaient dignes d'élever un monument à celui de leurs concitoyens dont la vie a vérifié le sens de ces divines paroles : *Si justitiam quis diligit, labores hujus magnas habent virtutes : sobrietatem enim et prudentiam docet, et justitiam et virtutem, quibus utilius nihil est in vitâ hominibus.*

« Veuillez agréer, Monsieur, l'hommage de ma considération la plus distinguée.

« † Félix, *évêque d'Orléans.* »

Je ne terminerai pas ce chapitre sans citer l'une des plus belles et des plus religieuses lettres de Pothier. Il s'adresse à M. Guyot, oncle du docteur régent de l'université d'Orléans, prédicateur fort écouté à cette époque à Paris.

A M. l'abbé Guyot, à Paris.

« Monsieur,

« Vous ne me devez point de remercîments, c'est moi qui vous en dois du favorable accueil que vous avez bien voulu faire à mes petits ouvrages dont j'ay pris la liberté de vous faire remettre un exemplaire; c'est la connaissance que j'ay de votre indulgence et des bontez que vous avez pour moi qui m'a fait prendre cette liberté, quelque peu dignes que je les crusse de vous estre presentez. On ne peut estre plus sensible que je le suis aux nouvelles marques que vous me donnez de votre amitié, en me faisant part du plan du sermon que vous avez presché devant le roi et de la péroraison. J'ai trouvé votre plan excellent. La première partie vous a mené naturellement à relever l'excellence de la loi nouvelle que Dieu grave dans le cœur des fidèles, en leur donnant le saint amour de ce qu'il commande, qui les leur fait exécuter, sans quoi la connaissance de ce que Dieu nous commande, quelque grand et quelque précieux que ce don soit en lui-même, ne peut néanmoins par notre faute tourner qu'à notre condamnation. Cette loi nouvelle est la seule chose que nous ayons à désirer et à ambitionner dans cette vie:

Desiderabilia super aurum et lapidem pretiosum multùm;
toutes les autres choses que les hommes recherchent ne
sont que des illusions et des puérilités. Je vous prie,
Monsieur, de vouloir bien demander pour moi à Dieu,
dans vos prières, qu'il grave cette loi dans mon cœur.

« J'ai été aussi très-content de votre péroraison, qui
m'a paru très-chrétienne ; je prie le Seigneur qu'il ré-
pande ses bénédictions sur votre ministère.

« Je suis avec respect, Monsieur, votre très-humble
et très-obéissant serviteur,

« POTHIER (1).

« A Orléans, ce 13 février 1765. »

(1) Autographe tiré du cabinet de M. Jarry Lemaire, propriétaire à
Orléans.

CHAPITRE IV

Pothier est nommé conseiller au Présidial. — État de décadence des Présidiaux au commencement du XVIIIe siècle. — Pothier ranime le goût du droit et de la magistrature à Orléans. — Il prend de suite une position éminente au Présidial. — Il est aimé de tous ses collègues, et correspond avec eux pendant les vacances. — Il repousse la question comme une rigueur immorale et inutile. — Comment se pratiquait la question au Présidial d'Orléans. — Pothier commet une faute comme magistrat, il la répare d'une manière éclatante. — Il écoute avec impatience les avocats, et leur fait des observations lorsqu'il préside. — Date du jour où il siégea pour la dernière fois.

Pothier a été nommé conseiller du roi, juge magistrat au bailliage et siége présidial d'Orléans, suivant lettres de provision à lui accordées le 31 mai 1720 ; il avait donc un peu plus de vingt et un ans lorsqu'il entra dans la magistrature (1).

(1) Le 18 mai, même année, les officiers du bailliage et siége présidial d'Orléans délivrent, en conformité de l'arrêt du conseil du 18 novembre 1670, un certificat constatant que Pothier, avocat au Parlement, n'a aucuns parents ou alliés aux dits siéges du bailliage et présidial d'Orléans au degré prohibé. Cette pièce se trouve aux archives de la Cour impériale d'Orléans.

La multiplicité d'affaires que les cours souveraines avaient à juger, et l'utilité qui devait résulter de laisser aux juges du second ordre le soin de terminer en dernier ressort les causes présentant peu de gravité, déterminèrent Henry II à donner l'édit du mois de janvier 1551. Cet édit ordonne qu'il sera établi un Présidial dans les principaux bailliages et sénéchaussées du royaume de France. Il devait se composer de neuf magistrats pour le moins, y compris les lieutenants généraux et particuliers, civils et criminels.

Il fut dit que ces magistrats, que rappellent les juges de nos tribunaux de première instance de chef-lieu, connaîtraient de toutes matières civiles n'excédant pas la somme de 250 livres tournois en capital, ou 10 livres de rente annuelle, et qu'ils les jugeraient sans appel comme juges souverains, et en dernier ressort, ainsi que les dépens, à quelque somme qu'ils pussent s'élever;

Qu'ils connaîtraient en outre de toutes matières criminelles, selon le règlement qui en avait été fait par les ordonnances précédentes;

Et qu'enfin, les sentences qu'ils rendraient sur des matières n'excédant pas la valeur de 500 livres, ou 20 livres de rente, s'exécuteraient par provision nonobstant appel, tant en principal que dépens, à quelque somme que les dépens pussent s'élever.

Cet état de choses exista pendant toute la carrière judiciaire de Pothier, puisque ce n'est que par un édit du mois de novembre 1774, que la compétence des Présidiaux fut élevée à la somme de 2,000 livres.

A l'époque où Pothier fut nommé conseiller au Prési-

dial d'Orléans, la magistrature du second ordre était dans
un état de décadence extrême; cela tenait à plusieurs
causes. Le relâchement des mœurs du siècle philosophique contrastait avec l'austérité des fonctions du magistrat; toutes les idées étaient tournées vers l'opulence
ou les grandeurs; or un conseiller au Présidial touchait
de modestes gages, comme on disait alors, et il ne pouvait aspirer aux titres nobiliaires qui étaient conférés de
plein droit aux conseillers des Parlements.

Aussi vers le commencement du xviiie siècle tous les
Présidiaux de France en général, et celui d'Orléans en
particulier, se trouvaient-ils dépourvus de sujets. Ils
crurent même devoir, vers l'année 1761, présenter au
roi des mémoires et des enquêtes pour obtenir, à défaut
d'une rémunération pécuniaire suffisante, une distinction
honorifique consistant dans une concession de noblesse,
telle qu'elle avait été accordée à l'armée par l'édit
de 1750 (1).

Pothier, qui avait une fortune indépendante, peu de
goût pour les grandeurs, et un vif amour du droit, ne
laisse échapper aucune plainte et ne manifeste aucun
désir; nous le voyons seulement, le 18 novembre 1723,
présenter son humble requête pour obtenir le paiement
de ses modestes gages s'élevant à 50 livres.

Cette pièce est écrite en entier de la main de Pothier,
et je la transcris textuellement:

(1) Discours sur l'état actuel de la magistrature, et sur les causes
de sa décadence, prononcé à l'ouverture des audiences du bailliage
d'Orléans le 15 novembre 1763, par M. Letrosne, avocat du roi.

« A Messieurs,

« Messieurs les présidents, thrésoriers généraux de France, au bureau des finances de la généralité d'Orléans, grands voyers, conseillers du Roy.

« Supplie humblement Robert-Joseph Pothier, disant que Sa Majesté l'aurait pourvu, par des lettres de provision du trente et un may mil sept cent vingt, de l'état et office de son conseiller juge magistrat, au bailliage et siége présidial d'Orléans aux gages de 50 livres (1). Pourquoy le suppliant, afin de pouvoir être en état de toucher les dits gages, vous présente cette requête à ce qu'il vous plaise ordonner que les lettres de provision du suppliant seront enregistrées à votre greffe, mander au receveur des tailles de l'élection d'Orléans, ou autre qu'il appartiendra, payer au suppliant, d'année en année, les gages appartenant à son office, aux termes et en la manière accoutumée, aux offres que fait le suppliant de donner valable quittance audit receveur, et en outre copie collationnée, tant de ses lettres de provision, que de son arrêt de réception et de votre ordonnance, qui interviendra, et ce pour la première fois et ferez bien.

« POTHIER (2). »

(1) On serait étonné de la modicité d'un pareil traitement, si l'on ne se rappelait que, sous la législation d'alors, les juges percevaient aussi, sous le titre d'épices, salaires et vacations, des émoluments qui venaient un peu grossir leur traitement. Voir l'édit de 1669.

(2) Cette pièce est tirée du cabinet de M. Laisné de Sainte-Marie, président de chambre à la Cour impériale d'Orléans.

Cette requête est communiquée au procureur du roi à Orléans, le 18 novembre 1723, et est répondue favorablement le 22 du même mois (1).

Pothier chercha à ramener, par toute espèce de moyens, l'étude du droit et le goût de la magistrature à Orléans. De concert avec Prevost de la Janès, l'un des magistrats du Présidial les plus distingués, il organisa une conférence, où se réunissait la jeunesse studieuse le mercredi de chaque semaine ; elle se tint d'abord chez Prevost de la Janès, et ensuite dans sa propre maison. Lorsque trente ans plus tard il devint professeur, il réchauffa, comme j'aurai bientôt l'occasion de le dire, le zèle d'une foule de jeunes gens qui devinrent des magistrats distingués.

Cet heureux résultat, qui fit du Présidial d'Orléans un tribunal exceptionnel, avait besoin d'être bien constaté à la gloire de Pothier.

Pendant les dix premières années de sa vie de magistrat, il étudia avec un grand soin chaque matière du droit et en composa un petit traité, persuadé que la seule manière d'étudier avec fruit est d'écrire pour mieux retenir; il ne croyait certainement pas alors travailler pour la postérité, car il n'avait à cette époque nulle intention de livrer à la publicité des ouvrages qui l'ont plus tard immortalisé.

Il ne tarda pas à se faire remarquer de ses collègues, et, quoiqu'il fût le plus jeune de la compagnie, on lui confia de nombreux rapports qu'il fit avec une clarté

(1) Même pièce.

parfaite : chaque question était étudiée à fond, et la raison de décider apparaissait aux esprits les moins clairvoyants.

La magistrature et le barreau s'aperçurent bien vite qu'ils possédaient un magistrat qui devait jeter un grand éclat sur le Présidial d'Orléans.

Pothier fut le premier au bailliage qui usa du droit, qu'avaient les rapporteurs, d'opiner dans les affaires où ils siégeaient; quoiqu'il n'eût pas vingt-cinq ans, ses collègues l'avaient engagé à exercer ce droit, tant ils avaient déjà de confiance dans ses lumières et dans la rectitude de son esprit.

A vingt-cinq ans il était familiarisé avec les affaires au point de pouvoir traiter, avec la plus grande supériorité, les questions de procédure civile et criminelle, qui d'habitude ne sont bien comprises que par des hommes qui ont déjà une longue pratique.

La position éminente qu'il se créa si promptement au palais, ne lui attira aucune jalousie de la part de ses collègues, tant son caractère était bon et bienveillant, et tant il réunissait en sa personne les vertus et les qualités qui font les grands magistrats.

Il aimait sa compagnie et elle le lui rendait bien. Son zèle pour la justice ne se démentit pas un seul instant pendant les cinquante-deux années qu'il siégea comme simple conseiller; il expédiait les affaires avec une très-grande promptitude, son intégrité était au-dessus du soupçon; il avait de la fermeté, et personne ne réprima avec plus de sévérité les infractions à la loi civile ou criminelle.

Chaque année il allait passer les vacances, pendant la vie de sa mère, à l'Air-Dubois, maison de vigne, qu'il possédait commune de Chaingy, et plus tard à sa terre de la Bigaudière, située commune de Luz, et qu'il avait achetée en 1733. Il entretenait pendant ce temps une correspondance suivie avec ses collègues du Présidial et de l'Université; les premiers le consultaient même sur les questions de droit qu'ils avaient à juger pendant les vacations. Je vais citer quelques-unes de ces lettres, charmantes par leur simplicité, et qui prouvent combien il était intimement lié avec les membres de sa compagnie et combien il s'occupait de ses fonctions, même pendant les vacances.

A monsieur Jousse, conseiller au Présidial,
cloître Sainte-Croix, à Orléans (1).

« Monsieur et cher confrère,

« J'ai reçu avec un grand plaisir la lettre que vous m'avez fait l'honneur de m'écrire, on ne peut être plus sensible que je ne le suis à cette marque de votre amitié pour moy; je n'ay pas pû vous écrire plustost pour vous en témoigner ma reconnaissance. Je contais sur un blâtier qui avait acheté du bled, pour le mener à Orléans, pour le marché de mercredy dernier, mais un acheteur postérieur a achété le même bled, et a été plus diligent

---

(1) Lettre tirée du cabinet de M. Noël de Buzonnière, membre de la société d'agriculture, sciences, belles-lettres et arts d'Orléans, et de la société archéologique de la même ville.

à l'enlever, de manière que, n'ayant pas de bled, il n'est pas allé à Orléans; c'est l'espèce de la loy *Quoties*. Je suis bien charmé d'apprendre que monsieur votre fils se porte de mieux en mieux; je luy suis bien obligé de son souvenir, et je vous prie de luy en faire mes remercîments. J'ai vu un de ses futurs camarades, qui me vint voir mercredy dernier, dont j'ay été fort content: c'est un neveu de M. Cellier de Nermon, notre confrère, qui doit commencer son cours de droit à la Saint-Martin; il m'a paru avoir de l'esprit; il tient de sa mère, qui en a beaucoup.

« Je ne suis pas surpris de ce que vous me marquez que M. Haudry va plaider; il me vint voir à Orléans il y a quelques mois, et il me parut fort dans cette disposition. Il ne fut pas content de moy, parce que je ne donnais pas dans son sens; c'est un malheur pour luy et pour sa famille, les procureurs en profiteront. Je suis fâché de la mort de la bonne femme l'Aumônier; elle a toujours été très-attachée à notre curé. Je ne vois pas qu'il doive s'inquiéter du baptême que monseigneur de Mazetin veut faire. Lorsqu'il viendra pour le faire, monsieur notre curé n'aura qu'à le prier de faire la cérémonie, cela ne préjudiciera pas à ses droits; M. le curé y assistera et dressera l'acte sur les registres. M. Lhuillier m'avait écrit la plupart des nouvelles que vous m'avez écrites, sauf celle du procès des notaires, que je ne savais pas. Il m'en a écrit une dont vous ne me parlez pas, qui est l'affaire que les avocats suscitent à leur confrère Picault, qu'ils veulent obliger de prouver le vol qu'il prétend luy avoir été fait sur la route de Besançon, comme s'il pouvait avoir la preuve d'un pareil fait qui s'est passé sans témoins : de ce qu'il ne peut en avoir la preuve, c'est une très-grande injustice que d'en conclure que ce fait a été par luy faussement avancé *ad emungendam pecuniam*. Je l'ay toujours connu pour un fort honneste garçon, et je le crois très-incapable d'une pareille imposture.

« Il y a eu une promotion dans la justice de Châteaudun ; le lieutenant a été nommé à l'office de bailly, à la place de feu M. Costé, et M. Loyré, mon ami, a été nommé à l'office de lieutenant. Il souhaiterait sçavoir s'il est obligé de se faire recevoir à Blois ; vous me ferez plaisir de m'écrire ce que vous en sçavez, et de vous informer de notre greffier s'il est d'usage à Orléans que les lieutenants des justices du ressort, tels que celuy de Mont-Pipeau, celuy de la Ferté, etc., se fassent recevoir par-devant monsieur le lieutenant général, ou s'il suffit qu'ils se fassent recevoir dans leur justice par le bailly. Il souhaiterait sçavoir aussi quels sont les droits qui sont deus pour ces réceptions, et quels sont ceux qu'on prend à Orléans. Il en coûte à Blois des sommes exorbitantes. Permettez-moy de présenter mes respects à madame et mademoiselle Jousse. M. Pichard est très-sensible à l'honneur de votre souvenir, il m'a chargé de vous en faire ses remercîments. Je suis de tout mon cœur, monsieur et cher confrère,

« Votre très-humble et très-obéissant serviteur,

« POTHIER.

« A Luz, ce 24 octobre 1760. »

Lettre sans suscription (1).

« Monsieur et cher confrère (2),

« Je reçus dimanche dernier, lorsque j'étais sur le point d'aller au lit, le paquet que vous m'avez fait l'honneur de m'envoyer, et je partis le lendemain de bon matin pour le Verger, c'est pourquoy je n'eus pas le tems de de l'examiner avant mon départ; cela m'a fait prendre le parti de l'emporter avec moy au Verger, où je l'ai examiné. Voici ce que je pense sur la question qui est proposée dans les mémoires, et dont la décision dépend de l'interprétation d'une clause du contrat de mariage de M. Maréchal. Il est dit : « Arrivant dissolution de communauté, par mort ou autrement, pourront, ladite future épouse et ses enfants *survivants*, ledit sieur futur époux renoncer à la communauté, pourquoi faire ils auront le temps de l'ordonnance pendant lequel ils vivront aux dépens de la communauté, et, en y renonçant, ils reprendront tout ce que ladite future y a apporté, etc. » Pour parvenir à l'interprétation de la clause, il faut observer qu'il y a deux espèces de renonciation à la communauté. La première est celle par laquelle la femme et ses héritiers peuvent, pour se décharger des dettes de la communauté, renoncer à la communauté en y laissant

(1) Il résulte du texte de cette lettre qu'elle est adressée à Jousse.

(2) Lettre tirée du cabinet de M. Noël de Buzonnière, à Orléans.

et perdant tout ce qui y est apporté par la femme. Cette espèce de renonciation à la communauté est de droit commun, la femme et ses héritiers ne peuvent être privés de la faculté de cette espèce de renonciation, ce n'est pas cette espèce de renonciation qui a fait l'objet de la clause du contrat de mariage.

« La seconde espèce de renonciation à la communauté est celle par laquelle on renonce à la communauté en remportant ce qui y a été apporté par la femme. Cette espèce de renonciation est contraire au droit commun, la femme et ses héritiers n'ont la faculté de renoncer de cette manière à la communauté que lorsqu'elle leur a été expressément accordée par le contrat de mariage.

« Les clauses des contrats de mariage qui accordent cette faculté s'interprètent très-rigoureusement, de manière que quoy qu'ordinairement ce qu'une des parties contractantes stipule, elle soit censée la stipuler tant pour elle que pour ses héritiers; néanmoins, par cette clause, la femme, lorsqu'elle y est seule nommée, est censée n'avoir stipulé que pour elle seule la faculté de *renoncer en reprenant*. Lorsqu'on veut que les enfants ayent la même faculté, il faut les comprendre expressément dans la clause.

« Cette faculté de *renoncer en reprenant* peut être accordée par le contrat de mariage purement et simplement. On peut aussi la faire dépendre de l'événement de quelque condition que ce soit; car, ce qu'on pouvait ne pas accorder en tout, on a pu le faire dépendre de l'événement d'une condition.

« Ces principes présupposés il faut passer à l'interpré-

tation de la clause. Il est question de savoir si la faculté
de renoncer en reprenant la mise en communauté a été
accordée purement et simplement par cette clause aux
enfants de M. Maréchal, ou si elle ne leur a été accordée
que sous l'événement d'une condition, savoir sous la
condition qu'ils survivront à leur père. Je trouve les
termes de la clause formels pour décider que la faculté
de renoncer en reprenant, ne leur est accordée que sous
cette condition de l'événement de leur survie; et, qu'en
conséquence, ils ne peuvent être que créanciers condi-
tionnels de l'apport de leur mère, jusqu'à ce que la mort
de leur père ayt fait exister la condition. On ne peut pas
donner un autre sens à ces termes de la clause *survivant
ledit futur époux;* ou je n'entens pas le françois, ou ces
termes signifient *au cas qu'ils survivent.*

« Par la consultation du 16 juin on prétend que ces
termes *survivant ledit futur époux* ne doivent se rapporter
qu'à la femme; mais ces termes étant mis immédiatement
après ceux-ci *et ses enfants,* il n'est pas possible de ne les
pas rapporter aux enfants parce que, dit-on, la condition
de la survie ne pouvant s'accomplir que par la mort du
père, inutilement leur aurait-on stipulé cette faculté
de reprendre, puisque la reprise leur sera alors inutile
et qu'ils auront, comme héritiers de leur père, les biens
dont on leur a stipulé la reprise. La réponse est facile;
cette reprise ne leur est pas inutile, il n'est pas inutile
à des enfants d'estre créanciers de leur père : leur père
peut se remarier et avoir des enfants d'un autre mariage; il peut mal faire ses affaires et laisser une succession insolvable. On dit en second lieu dans cette consul-

tation, que si les termes *survivant ledit futur* se rapportaient aux enfants, il s'ensuivrait que les enfants ne pourraient pas même renoncer. La réponse est facile : ils ne pourront pas *renoncer en reprenant,* parce que cette manière de renoncer ayant pû ne leur estre pas accordée en tout, elle peut estre suspendue par une condition, mais la faculté de renoncer, en laissant dans la communauté l'apport, ne leur est pas interdite. On dit encore la reprise leur est accordée *arrivant dissolution de communauté par mort ou autrement.* Donc, dit-on, ils doivent avoir cette faculté dès l'instant de la dissolution. Réponse : cela serait vray si, au cas de la dissolution de communauté, la clause n'avait pas ajouté le cas et la condition de la survie.

« Je n'ay pû, mon cher confrère, vous répondre plustost n'étant de retour que d'hier au soir fort tard ; M. Rousseau n'est pas de mon avis, il prétend que les termes *survivant ledit futur* ne renferment qu'une condition résolutoire, et qu'en conséquence les enfants peuvent exercer aujourd'hui la reprise ; sauf que, s'ils ne survivent pas à leur père, la répétition de la reprise pourra estre prétendue par le père ; mais il me semble que ces mots *survivant* signifient *en cas qu'ils survivent;* lesquels me paraissent exprimer une vraye condition suspensive. Je compte partir lundy pour Luz. M. de la Borde sort d'ici ; je lui ai proposé votre question ; il est de mon avis. Je suis très-sensible à l'honneur du souvenir de Madame. Je vous prie de lui en faire mes très-humbles remercîments, et de lui présenter mes respects, aussi bien qu'à mademoiselle Jousse ; bien des compliments à

monsieur votre fils. Je suis de tout mon cœur, monsieur
et cher confrère,

« Votre très-humble et très-obéissant serviteur,

« POTHIER.

« A Orléans, ce samedy matin 18 septembre 1762. »

A monsieur Guyot, docteur régent de l'Université,
rue de la Vieille-Monnaye, à Orléans (1).

« Monsieur et cher confrère,

« On m'a envoyé ici d'Orléans, la lettre que monsieur
votre frère m'a fait l'honneur de m'écrire, par laquelle
il m'a annoncé le présent qu'il m'a fait des ouvrages
du père André, dont il est l'éditeur. Je lui ai écrit d'ici
pour lui en faire mes remercîments; je n'en ai pas besoin
ici, il sera assez temps que vous me les remettiez à
Orléans.

« A l'égard de votre question, la rente düe à feue
mademoiselle Picault, quoique constituée par un simple
billet, n'en estait pas moins, en la personne de mademoiselle Picault, un bien immeuble, susceptible par conséquent des hypothèques des créanciers de mademoiselle
Picault. Il est vrai que si le rachapt en eust été valablement fait avant aucune saisie du fond entre les mains du
débiteur de la rente, les hypothèques des créanciers

_____

(1) Lettre tirée du cabinet de M. Jarry-Lemaire.

seraient esteintes par l'extinction de la chose hypothé-
quée. Ce remboursement eust été valablement fait, s'il
eust été fait à mademoiselle Picault de son vivant; mais
cette rente qui, par la mort de mademoiselle Picault,
appartenait à sa succession vacante, a-t-elle été valablement racheptée à un créancier particulier de cette succession? La possession en laquelle il estait du billet, lui
donnait-elle qualité pour recevoir le rachapt? Je ne le
crois pas; mais si la rente n'a pas esté valablement racheptée, si le débiteur n'a pas esté libéré, si la rente
subsiste encore, c'est un bien immeuble appartenant à
la succession vacante de mademoiselle Picault, sur laquelle les créanciers de cette succession peuvent exercer
leur hypothèque. C'est pourquoi je pense que le prix
ne doit estre rapporté au profit de l'ancien créancier
hypothécaire, qui a le droit de saisir réellement la rente
comme étant encore subsistante. Au reste, je peux me
tromper; M. de Domeci est de retour à Orléans : deman-
dez-lui-en son sentiment. Je suis, avec les sentiments de
la plus grande considération et de l'attachement le plus
inviolable, monsieur et cher confrère,

« Votre très-humble et très-obéissant serviteur,

« POTHIER.

« A Orléans, ce 17 septembre 1767 »

Pothier fut aussi bon juge au criminel qu'au civil. La
justesse et la pénétration de son esprit lui tenaient lieu
de la connaissance des hommes qu'il n'avait que mé-

diocrement. Ses questions aux accusés étaient toujours justes et faites avec une telle habileté qu'il détruisait, à force de bon sens, les systèmes mensongers de défense les mieux organisés.

On évitait seulement de lui distribuer des procédures criminelles dans lesquelles on prévoyait que la question devait être posée, non pas que l'on craignît, comme Letrosne l'a avancé, que la sensibilité de ses organes physiques ne put supporter un pareil spectacle, mais parce qu'on savait que sa haute piété et sa raison éclairée lui faisaient considérer la question comme un acte inhumain et très-souvent inutile.

Il faut convenir que c'était un spectacle bien cruel que celui de la question, qui permettait aux juges de faire souffrir des douleurs atroces à l'accusé ou au condamné, pour le forcer à confesser sa culpabilité ou celle de ses complices.

Ce moyen si dangereux pouvait être employé dans deux circonstances différentes : 1° Lorsqu'il existait contre l'accusé de fortes présomptions qu'il avait commis un crime emportant la peine de mort, et qu'il niait son crime avant la condamnation. La question que le magistrat ordonnait dans ce cas, se nommait question *préparatoire*. 2° Lorsque après un arrêt de condamnation à mort, le juge avait la conviction que le coupable avait des complices qu'il s'obstinait à ne pas vouloir nommer. La question que le magistrat ordonnait, dans ce second cas, s'appelait question *préalable*.

Il y avait dans le Présidial une chambre contenant l'appareil destiné à donner la question, une sellette sur laquelle l'accusé était placé et interrogé par le rapporteur du procès, un bureau pour le greffier, deux chaises et un petit tableau de l'Évangile sur lequel le patient prêtait serment de dire la vérité; tel était le triste ameublement de cette lugubre pièce.

Si la question était *préparatoire,* le greffier donnait lecture à l'accusé du jugement qui le condamnait à la question, puis il était visité par un médecin et deux chirurgiens, qui déclaraient s'il n'avait pas quelque infirmité qui le mettait hors d'état de souffrir l'extension.

Si la question était *préalable,* c'est-à-dire jointe à une condamnation à mort, lecture était faite au condamné, qui se mettait à genoux, de la double condamnation à mort et à la question, ensuite il était placé sur la sellette.

Alors commençaient des tortures horribles. Les membres de la victime étaient soumis à une extension douloureuse, les jambes étaient froissées à l'aide de brodequins de fer, et lorsque l'accusé était brisé par la souffrance et inondé d'eau froide, il était étendu sur un matelas près du feu, et le médecin s'approchait de lui pour s'assurer s'il allait passer de vie à trépas (1).

Pothier était du reste convaincu du danger et de l'in-

(1) Consulter un mémoire adressé au Présidial d'Orléans en 1697, par le Parlement de Paris, et qui entre dans tous les détails de la question, telle qu'elle devait être appliquée à Orléans, la manière de l'appliquer variant et n'étant pas la même dans le ressort de tous les Parlements du royaume. Répertoire de Guyot, au mot *question,* p. 371, t. 50.

suffisance de ce mode d'instruction. Il croyait, comme Labruyère, que la question était une prime donnée aux coupables robustes, et que les natures faibles devaient toujours y succomber. La note qu'il a placée au bas de la loi première, § 23, au digeste, *de quæstionibus*, nous donne toute sa pensée à cet égard. Dans cette loi Ulpien dit qu'il ne faut pas toujours ajouter foi aux déclarations obtenues à l'aide de la torture; que c'est chose fragile, hasardeuse et sujette à tromper; et Pothier s'empresse d'appuyer cette réflexion du jurisconsulte romain, par un exemple qu'il emprunte aux *Annales* de Tacite. Un certain Antonius Natalis, ayant été appliqué à la question, eut une telle frayeur des tourments qu'il allait endurer que, dans l'espoir de s'en délivrer, il chercha calomnieusement à rejeter le crime sur Annæus Seneca, quoique celui-ci fût complétement innocent (1).

Depuis l'année 1720, époque de l'entrée de Pothier comme conseiller au Présidial, jusqu'en 1754, il siégea silencieusement et ne présida presque jamais l'audience. Il écouta d'abord les avocats avec une scrupuleuse attention; mais à mesure que ses connaissances se développaient, il remarquait davantage les lieux communs, les inexactitudes et même les hérésies de droit qui étaient plaidées. Tantôt il laissait à son esprit la liberté de s'occuper ailleurs, tantôt il donnait quelques marques d'impatience, en un mot, il se façonnait difficilement au supplice d'écouter pendant des heures entières.

---

(1) La question *préparatoire* fut abolie par Louis XVI, et la question *préalable* par la révolution de 89.

Cependant Pothier avait vieilli sur son siége, et il était devenu professeur de droit français, et doyen du Présidial. Nous le voyons présider, en cette dernière qualité, pour la première fois, en septembre 1754 (1). Lui, d'habitude si doux et si facile, devenait irritable au dernier point lorsqu'il présidait. Souvent, lorsque l'avocat du défendeur avait pris ses conclusions, il exposait les moyens du demandeur, en deux mots, et disait à l'avocat : *Maître un tel, voilà ce qu'on vous oppose, c'est à ce moyen seul qu'il faut répondre;* une autre fois il disait à un jeune avocat, qui avait été son élève et qui s'écartait de sa doctrine : *Ah! ce n'est pas cela que je vous ai enseigné* (2).

Assurément Pothier sortait là de son rôle de président, et il eût mieux fait de s'écrier avec le vertueux Lamoignon : « Laissons-leur la liberté de dire les choses nécessaires, et la consolation d'en dire de superflues. N'ajoutons pas au malheur qu'ils ont d'avoir des procès, celui d'être mal reçu de leurs juges; nous sommes établis pour examiner leurs droits, et non pas pour éprouver leur patience. » Et le président de Lamoignon leur laissait éprouver la sienne (3).

Les amis de Pothier lui faisaient des représentations à ce sujet; il promettait d'être plus calme, mais il n'en

----

(1) Extrait des minutes du bailliage d'Orléans, déposées aux archives de la Cour impériale d'Orléans, de septembre 1754 à février 1772.

(2) *Éloge de Pothier* par Letrosne, p. 147.

(3) *Vie du président de Lamoignon*, p. 36, en tête de l'édition de ses arrêtés.

faisait rien. Il sera beaucoup pardonné à qui a beaucoup présidé.

Une seule fois Pothier faillit dans le cours de sa longue
carrière de magistrat, et la manière dont il sut réparer sa
faute est devenue pour lui un nouveau titre à l'éloge.
Leconte de Bièvre, son contemporain, raconte qu'un
jour Pothier, jeune alors, fut chargé de présenter le
rapport d'une affaire civile, concernant une pauvre veuve
dont il avait reçu la visite, et à laquelle il avait donné
des espérances sur le succès de sa cause. A l'audience il
négligea de parler d'une pièce décisive en faveur de la
veuve, qui perdit son procès ; combien d'autres, à la
place de Pothier, eussent rejeté cette perte sur la négligence de ses défenseurs ou sur l'inattention de ses
collègues ! mais il ne capitulait pas avec sa conscience,
il se hâta d'indemniser la plaideuse, victime de son
inadvertance. Glorieuse réparation d'une faute involon-
taire ! La vie du ministre Chamillard nous fournit un
trait semblable ; n'étant encore que conseiller au Parlement, il avait été nommé rapporteur d'un procès qui
fut perdu par sa négligence ; il la répara sur-le-champ
en rendant à la partie condamnée la somme de 20,000
livres, qui faisait le fond de la contestation ; action d'autant plus louable que la fortune de Chamillard était alors
très-médiocre.

Du mois de septembre 1754 au mois de février 1772,
j'ai trouvé quarante et une sentences signées de Pothier,
auxquelles il a concouru comme président. Ce sont toutes
des sentences civiles offrant un médiocre intérêt ; elles
ne sont pas motivés comme celles rendues par nos tri-

bunaux actuels, et ne contiennent qu'un dispositif précis et clair commençant par ces mots sacramentels : *Tout bien considéré* (1).

Je dois indiquer une précieuse date. Pothier a siégé au Présidial d'Orléans, pour la dernière fois, le 19 février 1772 ; il présidait l'audience. Il a condamné M. Baguenault, écuyer, seigneur de Puchesse, demeurant à Orléans, paroisse Saint-Paul, et Claude Charpentier, son laboureur, demeurant à l'Ardoise, paroisse de Saint-Denis-en-Val, à payer au sieur Chollet, curé de ladite commune, et en sa qualité de curé, la dixme à raison d'une gerbe de bled par arpent de terre ensemencée en bled : ladite gerbe à plein lien, suivant l'usage de la paroisse de Saint-Denis-en-Val (2).

M. Boilève de Domecy était conseiller rapporteur (3).

Pothier est décédé le 2 mars suivant. Il est donc mort en quelque sorte sur son siége.

Il a eu pour successeur au Présidial d'Orléans Charles-Louis Petau, qui a été installé le lundi 15 mai 1775 (4).

(1) Voir les minutes du bailliage d'Orléans, déposées aux archives de la Cour impériale d'Orléans, de septembre 1754 à février 1772.

(2) Voir les minutes du bailliage d'Orléans, déposées aux archives de la Cour impériale d'Orléans, de septembre 1754 à février 1772.

(3) M. Boilève de Domecy a été désigné par Pothier pour être son exécuteur testamentaire.

(4) Ce procès-verbal d'installation est aux archives de la Cour impériale d'Orléans. Étaient présents : Henri Gabriel Curault, écuyer, conseiller du roi, lieutenant général aux bailliage et siége présidial d'Orléans, président ; assisté de MM. Alix, doyen, Jousse, Lhuillier des Bordes, Paris, Seurrat, Crignon de Bonvalet, Miron de Pont-le-Roy, Patas de Mesliers et Henry, conseillers juges magistrats et avocat du roi audit Présidial. Le bailliage d'Orléans était ainsi composé au moment de la mort de Pothier.

CHAPITRE V

Depuis 1720, époque à laquelle Pothier fut nommé conseiller au Présidial d'Orléans, il passait sa vie dans son cabinet et au Palais, à étudier le droit. Il entretenait des liaisons intimes avec ses collègues au Présidial, quelques docteurs régents de l'Université, et un avocat du nom de Perche, aussi distingué par son érudition que par la noblesse avec laquelle il exerçait sa profession.

Sa mère avait la surveillance du ménage et la direction de la fortune; elle prodiguait à son unique enfant tous ces petits soins qui rendent la vie douce et le travail facile.

Presque tous les soirs l'oncle de Pothier, qui, lui aussi, avait une vive tendresse pour le jeune magistrat, venait faire sa partie de piquet. Pothier n'aimait pas le jeu; mais, pour être agréable au vénérable chanoine, il en avait appris la marche. Letrosne nous dit qu'un

jour Pothier, vers les derniers temps de sa vie, retenu
par un orage, coucha chez lui à la campagne. Les personnes présentes voulurent savoir s'il se rappelait le jeu
de piquet, qu'il avait joué dans sa jeunesse avec son
oncle le chanoine; le jeu l'ennuya si fort, qu'il cherchait
à perdre pour aller se coucher. Il n'avait pas joué depuis
un grand nombre d'années, mais il se souvenait parfaitement du jeu et ne fut maladroit qu'à manier les
cartes.

La mère de Pothier était toujours aux petites réunions
de la rue de l'Écrivinerie, auxquelles assistaient quelques
amis intimes qui venaient le plus souvent troubler la
partie de jeu par leurs dissertations sur le droit; elle ne
jouait pas, mais elle se contentait d'écouter et d'être
heureuse auprès de son fils.

Hélas! ce bonheur ne devait pas être de longue durée; après une courte maladie, elle expira le 4 septembre 1728, et non pas le 2 mars 1762, comme l'a
écrit, par erreur, M. Dupin, dans sa Dissertation sur
Pothier (1).

Au surplus, voici le texte de l'acte de décès de la mère
du grand jurisconsulte orléanais.

PAROISSE DE SAINT-PIERRE-LENTIN (2).
ANNÉE 1728.

« Le 6ᵉ jour du mois de septembre de l'année 1728,
dame Marie-Magdeleine Jacquet, veuve feu M. Pothier,

---

(1) Voir la note de la p. 9.
(2) Cet acte est aux archives de la mairie d'Orléans, et m'a été communiqué par M. Lhuillier, chef du bureau de l'état civil.

conseiller au bailliage et siége présidial d'Orléans, âgée d'environ cinquante-sept ans et demy, décédée le quatre du mesme mois, après avoir été confessée, avoir reçu le saint Viatique et l'Extrême-Onction, a été par moy, curé de cette paroisse soussigné, inhumée dans le cimetière commun de cette ville, en présence de M. Pothier, conseiller audit Présidial, son fils, de M. Pothier, prêtre chanoine de l'église d'Orléans, et de plusieurs autres parents et amis dont plusieurs ont signé avec nous. »

Le registre est signé : Pothier, Pothier, Barbot, Pothier de Rueneufve, du Camel, curé.

L'année suivante, Pothier le chanoine décédait à son tour, laissant son neveu seul et n'ayant plus pour parents que des collatéraux éloignés.

Il était alors âgé de trente ans, sa santé s'était raffermie, et, si j'en juge par un portrait du peintre Natoire dont j'aurai l'occasion de parler dans le cours de ce récit, il possédait alors tous les avantages de la jeunesse.

Il s'empressa d'organiser sa maison d'une façon assez large, et je constate ici, contrairement à une opinion admise, qu'il vécut en sage et non en anachorète.

Il prit pour gouvernante Thérèse Javoi, fille pieuse et intelligente (1); il adjoignit à son service Jean Lefort, dit César; ils s'attachèrent l'un et l'autre à lui et ne le quittèrent jamais; enfin, dans les dernières années de sa

(1) J'aurai plus d'une fois l'occasion de parler de cette servante dévouée, lorsque je m'occuperai plus particulièrement de la vie intime de Pothier.

vie, Nanette Javoi, nièce de Thérèse, vint augmenter le personnel de son domestique.

Pothier continua d'habiter, jusqu'à sa mort, la maison de son père, située rue de l'Écrivinerie; mais au lieu de n'en occuper qu'une partie, louée du temps de sa mère 275 livres 10 sous, il la prit tout entière au prix de 450 livres.

Il n'y avait pas la moindre trace de luxe dans la maison de Pothier, mais l'aisance et le bien-être se révélaient dans tous les détails de son intérieur.

J'ai sous les yeux l'inventaire fait après son décès (1), et il me sera facile de reproduire exactement la physionomie de l'intérieur de la maison de Pothier. On me pardonnera d'entrer dans ces détails, mais tout devient le sujet de l'intérêt le plus vif dans la vie d'un homme célèbre.

Dans l'antichambre du cabinet se voyaient un bureau à six tiroirs, fermant à clef et contenant des papiers; deux tables à manger de bois de sapin ayant leurs châssis en bois de chêne; une tenture de tapisserie, trois cartes de géographie, deux petits tableaux, une petite armoire en musette et des chaises.

Il est à croire que cette antichambre servait à Pothier de salle à manger, car aucune autre pièce de la maison n'est désignée comme ayant eu cette destination; elle était, du reste, placée tout près de la cuisine, et contenait des tables à manger.

---

(1) Cet inventaire a été dressé le 9 mars par M. Rou, notaire à Orléans.

A côté de cette pièce, et sur le même plan, était située la chambre à coucher de Thérèse Javoi ; elle était convenablement meublée et tendue d'une tapisserie à personnages.

Le cabinet de Pothier, qui faisait suite à l'antichambre, était vaste et bien éclairé ; son ameublement consistait en un bureau à écrire, garni de maroquin, ayant plusieurs tiroirs dans lesquels se sont trouvés des papiers précieux ; six fauteuils de canne, trois fauteuils couverts de tapisserie, deux chenets, deux chevrettes, pelle, pincette, le tout en fer, deux bras de cheminée en cuivre, une table de bois de noyer recouverte en serge, cinq chaises de paille, une armoire, un corps de bibliothèque garni de ses tablettes, et contenant seize cent quatre-vingt-deux volumes (1), quatre estampes et un tableau à cadre de bois doré.

La chambre à coucher était au premier étage, et précédée d'une autre chambre où étaient placées une armoire en noyer à deux battants, et une armoire en sapin renfermant les costumes que Pothier portait au Présidial et à l'Université ; on y remarquait notamment une robe d'étamine noire, une soutane et un manteau de même étoffe, une robe de rape de castor écarlate et une chausse herminée de la même étoffe et de la même couleur.

La garde-robe de l'homme privé était fort modeste ; elle a été estimée 440 livres. Je me garderai bien d'en donner ici le détail, de parler de son manchon et de sa robe de chambre de flanelle à fleurs ; mais je ne puis

---

(1) J'aurai l'occasion de revenir sur la bibliothèque de Pothier.

m'empêcher de dire qu'on y voyait figurer quarante-
deux coiffes de nuit, parce que cela me rappelle une
anecdote assez plaisante qui m'a été racontée par le fils
d'un élève de Pothier.

Notre grand jurisconsulte travaillait le plus ordinairement la tête couverte de l'une de ces mêmes coiffes
de nuit, et ne se parait de sa perruque que pour recevoir des visites ou pour sortir. Un matin, pressé par
l'heure de l'audience, il revêt sa robe de palais en toute
hâte, garde sa coiffe de nuit, prend son portefeuille et
traverse le grand marché ainsi costumé pour se rendre
au Châtelet. Personne ne songe à rire; mais on entend
ces mots, prononcés avec un véritable intérêt : « Ce bon
monsieur Pothier est donc bien malade, puisqu'il garde
sa coiffe de nuit pour aller au palais? » Puis on le salue
avec respect et on se garde bien de rire. Cependant
César s'aperçoit de la distraction de son maître, court
après lui, et, au milieu du marché, substitue adroite-
ment la perruque poudrée à la malencontreuse coiffe de
nuit. Il est douteux que le conseiller au Présidial d'Orléans ait remarqué cette substitution, tant il avait
l'esprit préoccupé de la question de droit que soulevait
sans doute l'affaire qu'il allait juger.

La chambre à coucher de Pothier était aussi spacieuse
que son cabinet; il paraît qu'il l'habitait presque exclu-
sivement vers les derniers temps de sa vie.

C'était là qu'il réunissait le soir quelques élèves pri-
vilégiés; de ce nombre était M. Dupuis, père du conseiller actuel de la Cour impériale d'Orléans. Ce dernier
m'a raconté le fait.

Elle était garnie de la manière suivante : deux chevrettes, deux chenets, pelle, pincette, tenaille, le tout
en fer poli; un miroir de toilette à cadre de bois brun;
sur la cheminée une glace à cadre de bois doré, estimée
80 livres; quatre chaises, trois tabourets et deux fauteuils de bois de noyer tourné, recouverts de tapisserie;
huit chaises de bois de noyer tourné, recouvertes de
damas; un bois de lit de noyer à colonnes torses; une
paillasse, un sommier de crin, un matelat de laine, un
lit et un traversin de plume d'oie, deux couvertures de
laine blanche, une housse de damas gris en six rideaux,
fond à dossier, grandes et petites pentes, et courte-
pointe de même étoffe; un surtout d'indienne en quatre
rideaux, avec un couvre-pied de même indienne; une
tenture de tapisserie à personnages, une table couverte
de tapisserie, douze chaises de bois d'aulne empaillées,
un panier en bois d'osier, un bureau de bois de rapport,
à plusieurs tiroirs fermant à clef; deux rideaux de fe-
nêtre en toile de coton, dont un encadré d'indienne;
un chien peint sur toile ayant un cadre de bois doré.

La maison se composait, de plus, d'une chambre de
réserve assez grande, et d'une autre petite pièce: l'une
et l'autre étaient convenablement meublées; enfin dans
le grenier se trouvait une chambre de domestique habitée par César.

La cuisine était assez bien garnie d'ustensiles en fer
et en cuivre. Il y avait une vaisselle d'étain et de faïence
très-suffisante pour un homme sobre, et ne recevant à
dîner que quelques amis et ceux de ses élèves qui s'é-
taient le plus distingués.

La cave révélait la sobriété du maître de la maison; on y a seulement trouvé du vin du cru, à savoir :

Cent bouteilles de vin rouge de la récolte de 1765, estimées 66 livres;

Un poinçon du même vin, et de la même année, estimé 100 livres;

Deux autres poinçons de vin rouge, de la récolte de 1770, estimés ensemble 150 livres;

Trois quarts de vin du cru de Checy, rouge et blanc, de la récolte de 1771, estimés ensemble 75 livres.

L'argenterie de Pothier était assez belle et a été estimée 2,616 livres 18 sous 3 deniers.

Son argent comptant s'élevait à la somme de 2,179 livres 19 sous 6 deniers.

Enfin il avait un cheval et une voiture, ou chaise à quatre places, garnie de velours d'Utrecht bleu; elle était peinte en marron et rouge.

Pendant tout le temps de l'existence de sa mère, Pothier allait passer le temps de ses vacances avec elle dans une maison de vigne, appelée l'Air-Dubois, qu'ils possédaient dans la paroisse de Chaingy.

Cette maison se composait, notamment au rez-de-chaussée, d'une grande pièce qui servait évidemment de salle à manger et de cabinet de travail, puisqu'au moment de l'inventaire on y a trouvé une armoire remplie de vaisselle, un bureau et sept chaises recouvertes en tapisserie.

La chambre à coucher de Pothier était au premier étage; elle s'est trouvée fort convenablement meublée : le lit, à colonnes de tradition, était évidemment celui où il couchait pendant les vendanges qui se faisaient, depuis un temps immémorial, sous la direction de Mathurin Lauriau, tonnelier, demeurant à Orléans au puits Saint-Christophe, paroisse de Recouvrance.

Quelques années après la mort de sa mère, Pothier acheta la terre et seigneurie de la Bigaudière, située paroisse de Luz en Dunois. Cette terre lui avait été vendue par Julien-Nicolas Colas, écuyer, seigneur de Malmusse, suivant acte passé devant Me Poullain, notaire à Orléans, le 28 avril 1733, pour le prix de 17,000 livres (1).

Elle consistait, nous dit l'acte de vente, en bâtiments, tant pour le maître qu'à l'usage de la métairie, jardin, garenne, quatre muids de terres labourables, mesure de Châteaudun, par chaque saison, quelques terres en friche dont la qualité n'est pas exprimée, onze setiers au moins de terres labourables, situées à Ménainville, dite paroisse de Luz.

Pothier avait surtout été poussé à faire cette acquisition par le voisinage de plusieurs membres du Présidial et de l'Université d'Orléans, qui avaient leurs terres dans ces parages. Il y passait toutes ses vacances, et c'est de cette retraite qu'est sortie la plus grande partie des traités qu'il a laissés. Letrosne était l'un de ses voisins, et je vais le laisser nous donner quelques détails sur la

---

(1) Par son testament Pothier a légué cette terre à Mme de Brachet, et lors de la délivrance qui en a été faite, elle a été estimée 25,000 livres ; on m'assure que dans ces derniers temps elle a été revendue 100,000 francs ; elle appartient aujourd'hui à M. Denis Dabout.

terre et seigneurie de la Bigaudière qui ne manquent
pas d'intérêt (1). « Il y avait, nous dit-il, un petit logement, par bas, aussi simple et aussi modeste que sa
personne, et meublé de même. C'était vraiment la maison du sage. Le jardin était fort petit et aussi antique
que tout le reste, et le terrain en était très-mauvais ; un
petit parterre, couvert de vieux et grands ifs, qu'il
trouvait admirables, en faisait l'ornement, et quelques
allées d'épines tout le couvert. Je lui disais un jour que
si l'on avait porté la maison à quelque distance, on aurait
trouvé de bonne terre, et qu'on aurait eu de l'agrément
du jardin. Il me répondit : *On a vraiment bien fait de la
mettre ici ; les autres terres donnent du blé, et le terrain
est assez bon ici pour se promener.* »

La fortune de Pothier était belle assurément pour le
commencement du xviiie siècle, et la liquidation de sa
succession m'a mis à même de faire cesser toute incer-
titude à cet égard, et de fixer, de la manière la plus
exacte, la nature et le chiffre de cette fortune.

Lors de la mort de Pothier elle était telle qu'il l'avait
reçue de sa famille, et elle s'élevait à 167,703 livres
11 sous 11 deniers, non compris les meubles et les
immeubles, dont il avait disposé par son testament olographe des 26 et 30 juillet 1771.

Cette fortune se composait, outre la maison de l'Air-
Dubois et la terre de la Bigaudière, dont je viens de
parler, d'un mobilier de ville et de campagne, de quelque argent comptant, d'un assez grand nombre de rentes

(1) *Éloge de Pothier*, par Letrosne, p. 156-157.

foncières, de la métairie d'Athanas, située paroisse de
Mareau-aux-Bois; de la métairie des grands et petits
Moynet, située paroisse de Rosière en Beauce; de la
métairie de Rueneuve, située en la paroisse d'Arthenay,
métairie indivise avec l'Hôtel-Dieu d'Orléans; d'une maison située à Orléans, rue de la Bretonnerie, paroisse de
Saint–Paterne; d'une maison située à Orléans, faubourg
Saint-Jean, paroisse de Saint-Laurent-des-Orgerils; d'une
maison située à Orléans, porte Saint–Jean, paroisse de
Saint–Paul; d'une maison sise au Portreau, paroisse
Saint–Marceau; de prairies appelées Prés–Luçon; de
vignes et de prés situés paroisse de Sully-la-Chapelle;
de pièces de terre situées paroisse de Ruan; d'une censive à prendre sur trente-sept maisons situées à Orléans,
rue des Carmes, rue de la Limare, et autres adjacentes;
enfin d'un étal à vendre chair à la grande boucherie
d'Orléans, et deux autres de la petite boucherie, située
paroisse de Saint–Germain d'Orléans.

Pothier eût pu faire une brillante alliance : il appartenait à une famille distinguée; il avait une fortune
indépendante, une position de magistrature honorable;
à la mort de sa mère il était à cet âge où l'on songe à
faire un établissement; mais, d'après la manière dont
il avait organisé sa vie, on conçoit facilement qu'il ait
renoncé au mariage. Il n'eut pas le temps d'y penser;
abîmé d'abord dans ses études profondes et continuelles,
il s'occupa ensuite et sans relâche de ses gigantesques
travaux de magistrat, de professeur et de jurisconsulte,
qui ne lui laissèrent sentir ni le vide de la vie, ni le
besoin d'une société domestique.

Il aimait cependant la société des femmes d'esprit.
Au commencement du xviiie siècle, les nombreuses communautés d'Orléans étaient dirigées par des supérieures
d'une grande distinction, appartenant à de nobles familles, et sa correspondance nous prouve qu'il était leur
confident et leur conseil ; plus d'un cas de conscience,
je pourrais l'affirmer, lui fut soumis par ces saintes filles
qui connaissaient son érudition et sa piété.

Les dames qui s'occupaient alors d'œuvres de bienfaisance se recrutaient, comme aujourd'hui, dans la
meilleure société de notre ville ; elles ne faisaient leurs
aumônes qu'après avoir consulté Pothier, qui était toujours de moitié dans le bienfait.

Les femmes des magistrats et des professeurs formaient naturellement le petit cercle intime de notre
grave jurisconsulte. Il allait leur rendre visite le dimanche après les vêpres ; toutes étaient heureuses de
le recevoir, car sa conversation était des plus intéressantes, et procurait toujours aux personnes qui
l'écoutaient le calme du cœur.

Il voyait plus intimement Mme et Mlle Jousse. Il dis-
tingua aussi une femme qui, par les grâces de sa personne et l'élévation de son esprit, l'emportait sur toutes
les autres ; je veux parler de la sœur de M. le conseiller
Cellier de Nermon (1).

Pothier, du reste, ne fut point un esprit enthousiaste.
Ne lui demandons ni passion ni entraînement ; son tempérament sans doute s'y opposait. C'est un savant du

---

(1) Voir au chapitre précédent une lettre de Pothier à Jousse.

xve siècle, égaré dans le xviiie, et à peine accessible aux idées nouvelles qui vont agiter le monde. Il ignore Voltaire, il sait à peine s'il existe des philosophes, il effleure le jansénisme plutôt qu'il n'y entre. En politique comme en religion, la passion lui manque; il en fut de même en amour.

Il n'eut jamais d'affections terrestres; semblable à un pur esprit, il vécut célibataire et chaste comme Newton. Il n'eut qu'une passion dans sa vie, qui fut la passion du droit; qu'un amour, qui fut l'amour de Dieu : sentiments ineffables qui firent de lui un homme supérieur, et, ce qui est mieux encore, un homme de bien.

Ce bénédictin du droit était fait pour vivre dans un cloître plutôt que dans le monde. Cette absence d'entraînement, ce culte du bon sens, tenaient-ils à son éducation première, à sa nature, à sa constitution, ou bien aux regrets qu'il éprouva toute sa vie de n'avoir pu suivre ses premiers instincts, qui le portèrent vers la vie religieuse? A toutes ces causes peut-être, sans qu'il soit possible de décider laquelle fut déterminante (1).

---

(1) J'ai trouvé dans le catalogue de la bibliothèque de Pothier, sous le numéro 721, un volume in-12 ayant pour titre : *Réflexions importantes sur la virginité;* Orléans, 1700.

CHAPITRE VI

Pothier fait pendant dix années une étude approfondie des Pandectes. — Il met en ordre quelques titres pour son usage personnel. — Il les communique à Prévost de la Janès vers 1735. — Celui-ci est frappé de la portée d'un pareil ouvrage, et le communique à son tour au chancelier d'Aguesseau. — Le chancelier encourage Pothier et lui écrit de nombreuses lettres. — Fragments de cette correspondance. — Pothier fait plusieurs voyages à Paris pour conférer de son ouvrage avec le chef de la magistrature. — Lettre de Pothier adressée à M. Vallet de Chevigny, docteur régent de l'université d'Orléans, à l'occasion d'un titre des Pandectes. — De Guyenne rédige la préface des Pandectes sous les inspirations de Pothier. — Ce travail paraît sous le titre de : *Pandectæ Justinianæ in novum ordinem digestæ.* — Il est attaqué dans le journal de Leipsick. — Réponse de Breton de Montramier. — Pothier tombe dangereusement malade.

Comme j'ai eu l'occasion de le dire dans un autre chapitre, Pothier fut nommé conseiller au Présidial d'Orléans le 31 mai 1720. Il comprit de suite que pour bien savoir le droit français qu'il allait appliquer tous les jours, il fallait avoir une connaissance approfondie du droit romain. Il se mit donc courageusement à l'œuvre, et pendant plus de dix années il étudia du matin au soir le Digeste. On se le représente courbé et méditant sur cet assemblage confus de la législation romaine ; il le lut et le relut mille et mille fois, ce qui était indispensable pour qu'il pût se familiariser à la longue avec ces innombrables textes latins. On peut dire que Pothier a fait pendant ces dix années ce que les Pères de l'Église faisaient pour apprendre l'Écriture sainte. Ce livre divin devenait leur occupation continuelle ; c'est ainsi que saint Augustin, saint Chrysostome, saint Basile, saint Grégoire et saint Bernard ont étudié ; aussi toutes leurs Œuvres abondent en citations de l'Écriture sainte. Pothier fit de même pour l'étude des Pandectes. Le *Corpus juris* et le Commentaire de Barthole ont été trouvés dans un état complet de délabrement lors de l'inventaire de sa bibliothèque (1).

Dès que son esprit eut embrassé toutes les richesses de la législation romaine, il se mit à l'œuvre, non pour faire un travail magnifique qui dût passer à la postérité, telle n'était pas sa prétention ; il voulait seulement composer dans le silence de son cabinet une classification raisonnée des Pandectes de Justinien qu'il pût consulter chaque jour pour son usage personnel ; il fallait écarter les textes inutiles, rapprocher ceux qui se trouvaient épars et qui traitaient du même sujet ; les ranger sous les titres qui les concernaient et dans l'ordre qu'il leur convenait d'occuper ; il fallait enfin donner à chaque chapitre des proportions convenables et une liaison solide et naturelle.

(1) Le catalogue de la bibliothèque de Pothier est imprimé et annexé à la liquidation de sa succession.

Pothier réussit merveilleusement ; un travail opiniâtre, un esprit droit et méthodique lui rendirent ses premiers essais faciles.

Vers 1735, il les communiqua timidement à Prévost de la Janès, professeur de droit à l'Université d'Orléans et son confrère au Présidial. Il avait une grande confiance dans les lumières de cet homme distingué, et il désirait connaître son opinion sur son travail.

Prévost de la Janès fut de suite frappé de la portée d'un pareil ouvrage, et fit le voyage de Paris pour entretenir le chancelier d'Aguesseau des essais de Pothier.

L'illustre chancelier, qui depuis longtemps désirait voir se réaliser la pensée que le modeste magistrat de province venait de concevoir, se passionna pour l'œuvre de Pothier : il l'encouragea, l'adopta et lia avec le conseiller au Présidial d'Orléans une correspondance remplie de vues élevées.

Il eût été curieux de pouvoir publier toute cette correspondance, qui nous eût en quelque sorte fait assister au laborieux enfantement de la restauration des Pandectes. J'ai fait de nombreuses démarches pour découvrir les textes originaux de ces lettres, mais je n'ai pu parvenir à mon but. Je ne pourrai donc donner ici que quelques fragments qui se trouvent imprimés dans les notes de l'*Éloge de Pothier* par Letrosne, et qui depuis ont été publiés dans les Œuvres complètes du chancelier d'Aguesseau.

Pothier avait consenti à laisser entre les mains de Prévost de la Janès les autographes qu'il avait reçus

du chancelier ; plus tard ils sont devenus par succession la propriété de M. d'Orléans de Villechauve,
beau-frère de Prévost de la Janès, qui sut conserver et
apprécier ce riche dépôt. Ce sont ces autographes qui
furent communiqués à Letrosne par M. d'Orléans de
Villechauve, au moment où il composa son Éloge sur
Pothier.

Lorsque M. de la Place de Montevray publia une
notice sur Pothier dans le tome XXXV de la *Biographie
universelle*, il chercha à se procurer ces mêmes lettres
et les demanda à la famille d'Orléans; mais il nous dit
qu'il acquit alors la certitude que cette précieuse correspondance avait été la proie du vandalisme révolutionnaire.

J'ai moi-même fait faire des démarches auprès de
cette honorable famille, et il m'a été répondu que les
lettres du chancelier d'Aguesseau n'avaient pu être
retrouvées.

J'aurais également bien désiré avoir les lettres que
Pothier à écrites de son côté au chancelier; je les ai
fait demander au chef actuel de cette illustre famille,
mais j'ai eu le regret d'apprendre qu'elles n'avaient pas
été conservées.

Cependant les fragments des lettres qui nous restent
du chancelier d'Aguesseau à Pothier, nous suffisent bien
pour témoigner de l'immense intérêt qu'il portait à
l'œuvre gigantesque qu'allait entreprendre notre savant
et modeste compatriote, et pour nous donner la mesure
de l'étendue des connaissances de l'éminent chancelier
de France.

La première lettre ne se trouvait pas dans la correspondance laissée par Prévost de la Janès.

Voici la deuxième (1) :

« Monsieur,

« J'ai reçu le travail que vous avez fait sous le titre *de Solutionibus,* et je profiterai du premier moment de loisir que j'aurai pour l'examiner avec toute l'attention que mérite un ouvrage si difficile à bien exécuter, et dont l'entreprise seule mérite des louanges. Je vous communiquerai avec plaisir les réflexions que j'y aurai jointes, afin que vous puissiez mettre le public en état de profiter un jour du fruit de vos veilles.

« D'Aguesseau.

« 16 février 1736. »

L'homme d'État, le chef de la magistrature était trop occupé pour écrire de suite, il fit attendre plus de six mois la lettre promise (2).

Voici cette lettre :

« ..... Je suis fort content de ce que j'ai vu du travail que vous avez entrepris, et même bien avancé sur la jurisprudence romaine, et j'y trouve un ordre, une netteté et

_____

(1) Toutes ces lettres du chancelier d'Aguesseau se trouvent dans ses Œuvres complètes, publiées par M. Pardessus en 1819, t. XVI, p. 308-314.

(2) Vers la même époque le chancelier d'Aguesseau écrivait à Furgole à l'occasion de son ouvrage *sur les Obligations,* dont il lui avait fait hommage. — Même ouvrage, p. 314.

une précision qui peuvent rendre cet ouvrage aussi
utile que l'entreprise est louable. Il me semble seulement
qu'on pourrait le porter à une plus grande perfection,
et j'ai fait quelques remarques en le lisant qui tendent à
cette fin; comme il serait bien long de s'expliquer par
écrit sur une pareille matière, je ne serais pas fâché
d'avoir quelques conversations avec vous, pour vous
expliquer plus aisément ma pensée. Vous allez être dans
un temps de vacations; et si vous voulez en profiter pour
venir passer deux ou trois jours à Paris, je serai fort aise
de connaître un homme de votre mérite, et de vous faire
part de mes réflexions. Mais si vous n'avez point d'autres
raisons qui vous appellent en ce pays, il sera bon que
vous m'avertissiez par avance du temps dans lequel vous
pourrez y venir, afin que je vous fasse savoir si je serai
libre de mon côté, dans le temps qui vous conviendra.
Le bon usage que vous savez faire de votre loisir, m'engage à ménager vos moments avec une attention que
vous devez regarder comme une preuve de l'estime avec
laquelle je suis, etc.

                                    « D'Aguesseau.

« 8 septembre 1736. »

« Pothier, nous dit Letrosne (1), se rendit à cette bienveillante invitation du chancelier et partit pour Paris
dans le courant du même mois; il se présenta à l'hôtel
de la chancellerie, on lui dit que d'Aguesseau n'était pas
visible. Il s'en alla et voulait repartir le lendemain; si ses

(1) *Éloge de Pothier*, par Letrosne, p. 140.

amis ne l'eussent retenu, il eût répété ce que fit la Fontaine, qui partit de Paris pour aller voir sa femme à la
Ferté-Milon et revint sans l'avoir vue, parce qu'au moment de son arrivée elle était au salut. On pourrait
peut-être comparer le caractère de ces deux hommes en
plus d'un point. Il retourna donc voir M. le chancelier,
qui, averti qu'il était dans son antichambre, alla au-
devant de lui et le reçut avec une distinction qui étonna
beaucoup toute l'audience, qui avait jugé cet homme
sur sa surface. » Ils eurent une conférence qui dura
assez longtemps, et le 24 septembre M. le chancelier
remit à Pothier un mémoire dans lequel il lui exprimait
ses vues sur l'ouvrage qu'il avait entrepris. Ce mémoire
se termine par la comparaison du travail de Vigelius avec
le plan de Pothier, qui lui est si supérieur; voici la fin de
cet intéressant travail.

« L'ouvrage de Vigelius, qui a une idée fort appro-
chante de celle de M. Pothier, pourra lui être d'un très-
grand secours; et il y a quelque chose de meilleur et
de plus utile dans le dessein de M. Pothier, parce qu'il
n'emploie que les termes des lois, et présente le texte
dans sa pureté; au lieu que Vigelius écrit presque toujours d'après lui-même, sans s'assujettir aux expres-
sions des jurisconsultes, et se contente de citer les lois
dont il emprunte les principes. »

Nous allons voir d'Aguesseau suivre avec le plus vif
intérêt toutes les phases du travail de Pothier et s'associer en quelque sorte à son œuvre; voici les nouvelles
réflexions qu'il lui adresse en 1736 :

« En travaillant sur chaque titre particulier, il fau-

drait en extraire comme par récapitulation : 1° les lois
qui définissent les termes de droit ; 2° les règles générales
qui se trouvent dans les lois du titre : ce travail jusqu'à
présent n'a été bien exécuté par personne. Quand on
aurait eu une attention persévérante à le faire sur tous
les titres, on réunirait tout ce qui se trouverait dans
chacun sur les deux points que je viens de marquer, pour
en former deux titres généraux : l'un *de verborum significatione*, l'autre *de regulis juris*, qui seraient meilleurs
que ce que l'on trouve sous ces deux rubriques dans le
Digeste, et il ne s'agirait plus que de donner à l'un et à
l'autre un ordre plus naturel et plus parfait que celui
qu'on a suivi dans l'arrangement de ces deux titres dans
le corps du droit. »

Trois années s'écoulent, d'Aguesseau est emporté par
le torrent des affaires publiques, et Pothier se renferme
avec une nouvelle ardeur dans le silence de son cabinet ;
enfin le chancelier écrit, le 1ᵉʳ janvier 1739, quelques
mots d'encouragement au modeste conseiller du Présidial, qui lui envoyait de temps en temps des chapitres
de son ouvrage.

« Je vois avec plaisir la persévérance avec laquelle
vous continuez de travailler à un ouvrage aussi vaste
et aussi pénible que celui dont vous avez déjà fait une
si grande partie. Je me reproche depuis longtemps le
silence que j'ai gardé sur les derniers essais que vous
m'en avez envoyés ; mais outre que le temps de vous
écrire sur ce sujet, comme je l'aurais désiré, m'a manqué,
je crois qu'il vaut mieux vous laisser avancer votre tra-

vail, dont j'ai été fort content ; parce que les remarques
qu'on pourrait y faire seront mieux placées quand vous
en serez à la révision de tout l'ouvrage. Il serait à
souhaiter que vous pussiez avoir des adjoints capables
de diminuer vos peines en les partageant..... Vous me
ferez plaisir de me marquer de temps en temps en quel
état sera votre ouvrage. Je suis, etc.

« D'Aguesseau. »

Pothier répond à cette lettre pour remercier le chancelier d'Aguesseau et pour lui dire que son travail
marche toujours, et il ne tarda pas à recevoir la lettre
suivante :

« Paris, le 23 août 1740.

« Je n'ai pu trouver plus tôt le temps de répondre à
la lettre que vous m'avez écrite pour m'informer du progrès du grand ouvrage que vous avez entrepris ; j'y ai vu
avec plaisir que vous le suiviez avec une application et
un courage infatigables. Les analyses que vous voulez
mettre à la tête de chacun des titres, pourront être d'une
grande utilité pour les jeunes gens ; elles formeront
comme des éléments de toute la jurisprudence civile.
Vous en profiterez le premier par les vues que ce travail
vous donne pour perfectionner encore plus ce que vous
avez déjà fait. Il serait effectivement à désirer que vous
trouvassiez quelqu'un qui pût vous soulager à l'égard
des notes..... Je ne saurais trop louer la constance et
la diligence avec laquelle vous continuez à vous livrer à

un travail si pénible et si immense, ni trop vous assurer
de l'estime, etc.

« D'Aguesseau. »

Le chancelier s'intéresse de plus en plus aux travaux
de Pothier; il va lui écrire pour lui demander ce que
coûtera la copie de son ouvrage.

« Paris, 10 juin 1741.

« Vous prendrez la peine de me marquer à quoi
montera la dépense nécessaire pour la copie que vous
voulez faire faire de votre ouvrage. Je suis, etc.

« D'Aguesseau. »

Tout en travaillant, Pothier entretenait une correspondance active à l'occasion même des Pandectes. Il
recevait les conseils de ses amis et les suivait lorsqu'ils
lui paraissaient bons. La lettre suivante prouvera combien il était reconnaissant lorsqu'on voulait bien l'aider
dans la tâche laborieuse qu'il s'était imposée.

A monsieur de Chevigny, docteur régent de la faculté
d'Orléans.

« A Luz, ce 20 juillet 1744 (1).

« J'ai reçu, monsieur, hier au soir, les observations
que vous avez bien voulu vous donner la peine de faire
sur mon titre *pro socio*. Je vous en fais mille remercî-

(1) Cet autographe a été publié en tête du premier volume de l'édition

ments. J'en ai été très-satisfait, et j'ai déjà 'fait usage de presque toutes. J'ai surtout reformé les n°ˢ 84, 85 et 86, où j'avoue que j'étais tombé dans une faute grossière sur le sens de la loi 67, § 1, qui y est employée. Mais j'ai quelque difficulté sur le sens que vous y donnez; vous prétendez que ces termes *si suo nomine* signifient *si partem duntaxat, quam in ea pecunia habebat fœnera- vit.* Cela ne me paraît point être le sens. Le jurisconsulte ne distingue point *an universam pecuniam an partem duntaxat fœneraverit,* mais *an nomine societatis an pro- prio nomine fœneraverit.* Ces choses me paraissent toutes différentes : *proprio nomine fœnerat, qui non tanquam societatis negotium gerens,* mais *tanquam proprium ne- gotium gerens fœnerat;* or, *potest sic fœnerare non solum partem suam,* mais *universam pecuniam communem.* Cela s'entend *de universa pecunia, non parte.* Vous opposez que l'associé ne pouvant aliéner plus que sa part *non potest plus suá parte fœnerare.* Il est vrai que lorsque l'associé *fœnerat pecuniam communem proprio nomine,* tant que l'argent est *extant mutuum non consistit nisi pro parte hujus socii, quum non possit plus ea parte alienare.* Mais aussitôt que celui qui a reçu l'argent l'aura con- sommé de bonne foi *reconciliabitur mutuum;* et par là il

des Pandectes de M. Latruffe, édition de 1819. Il est adressé à M. Val- let de Chevigny, né à Jargeau (Loiret), le 4 septembre 1693. Il fut professeur en droit à l'Université d'Orléans, dont il était le doyen à l'époque de la mort de Pothier. M. de Chevigny avait de très-vastes connaissances en droit romain ; il était lié avec notre jurisconsulte, qui avait une très-grande confiance dans ses lumières. M. Vallet, aujour- d'hui l'un des médecins les plus distingués d'Orléans, est parent de M. Vallet de Chevigny.

arrive que cet associé *non solum partem suam sed universam pecuniam communem proprio nomine fœnerat.* Or en ce cas le jurisconsulte décide que les intérêts qu'il reçoit *ex eo nomine* ne doivent être rapportés à la société, *quia cum periculum nominis ipsum spectet, debet consequi usurorum commodum.*

« A l'égard de ma note sur la loi **71**, vous dites que vous ignorez en quel sens je dis que *nomina non veniunt in judicio communi dividundo;* c'est que l'objet de cette action étant de partager des choses communes, il n'y a que des choses communes par indivis qui puissent être l'objet de cette action, or *non potest fingi nomen inter aliquos pro partibus indivisis commune.* Car, ou j'ai prêté de l'argent *meo nomine,* et en ce cas *nomen non est commune sed mihi proprium;* ou je l'ai prêté *tanquam negotium gerens societatis nomine societatis,* en ce cas chaque associé y a une part divisée, et par conséquent *nomen* n'est pas non plus en ce cas *commune;* c'est pour cela qu'il est dit que *per hoc judicium (communi dividundo) rerum corporalium fit divisio,* parce qu'il n'y a proprement que ces choses *in quas cadere possit communio.*

« J'ai été très-charmé de votre explication de la loi 69. Je vous avoue que je n'entendais pas cette loi. L'explication qu'en donne Cujas ne me paraît pas supportable. Je m'en tiendrai à la vôtre. J'ai l'honneur d'être avec bien de la reconnaissance, Monsieur,

« Votre très-humble et très-obéissant serviteur,

« POTHIER.

« Si vous voulez me faire l'honneur de m'écrire, ayez la bonté d'envoyer votre lettre chez M. Mignot, au Martroy. »

Cependant Pothier avait soin de tenir le chancelier au courant des progrès de son ouvrage; il paraît même qu'il lui envoya une note sur les frais d'impression. Voici sa réponse.

« Paris, 3 mars 1742.

« J'ai remis votre premier mémoire entre les mains de M. d'Argenson, qui n'est pas moins disposé que moi à vous procurer toutes les facilités dont vous pouvez avoir besoin pour l'impression du grand ouvrage que vous avez presque achevé avec un travail infatigable. Il doit m'en rendre compte demain, et, si vous voulez venir chez moi à Paris, mercredi matin, je serai en état de vous faire une réponse plus précise.

« D'AGUESSEAU. »

Pothier se rend à cette nouvelle invitation du chef de la magistrature; il est accompagné dans son voyage par M. de Bièvre, qui nous rend ainsi compte de ses impressions (1).

« Je n'oublierai jamais qu'en 1742 j'eus l'honneur d'accompagner M. Pothier dans le voyage qu'il fit à

(1) *Éloge de Pothier,* par Leconte de Bièvre, procureur du roi près le bailliage de Romorantin, p. 19.

Paris pour y présenter son manuscrit à M. le chancelier. J'étais jeune alors et ne connaissant notre jurisconsulte que de réputation. Je ne pouvais concilier celle
qu'il s'était acquise avec un extérieur aussi simple que
le sien ; mais lorsqu'il s'ouvrit, et qu'il eut la complaisance de m'exposer le plan de son ouvrage, de me
dévoiler avec énergie les beautés des lois romaines, il
m'inspira d'autant plus d'admiration qu'il me donnait
de surprise. Je dirais qu'il fit passer dans mon âme
quelques étincelles de ce feu qui l'animait pour la jurisprudence, si je ne craignais qu'on me reprochât de ne
les avoir pas assez entretenues. Ce qui pourrait excuser
la prévention dont je fus si avantageusement désabusé,
il en trouva une pareille chez les magistrats et les
jurisconsultes que M. d'Aguesseau avait assemblés pour
le mieux recevoir. Il fut pour eux un spectacle aussi
étonnant qu'ils pouvaient l'être pour lui, avec cette
différence qu'ils ne le quittèrent pas sans avoir découvert l'étendue de son mérite, et qu'il les quitta peut-
être sans qu'ils eussent rempli l'idée qu'ils se formaient
du leur. On pense bien que, sa mission remplie, les
attraits de la capitale ne ralentirent en rien l'empressement qu'il eut de retourner en sa patrie pour y
reprendre ses fonctions. »

Enfin, dans le courant de l'année 1744, Pothier répandit le *prospectus* de son ouvrage sur les Pandectes dans
le public. Je n'ai pas besoin de dire que le chancelier
d'Aguesseau le reçut avant tout le monde; il en remercie
l'auteur en ces termes :

« Paris, 6 décembre 1744.

« Je reçois avec plaisir le *prospectus,* que vous m'avez envoyé, du grand ouvrage que vous avez entrepris. Vous savez combien j'en ai approuvé le dessein et les différents essais que j'en ai vus. Le dernier que vous avez fait imprimer achève de me donner une idée avantageuse de votre travail, et la forme de l'impression et du caractère me paraît fort convenable... J'aurai soin de le faire annoncer dans le *Journal des Savants* (1), pour vous procurer promptement le plus grand nombre de souscriptions qu'il sera possible. Elles ne se feraient pas attendre longtemps si l'empressement du public répondait toujours au mérite des ouvrages.

« D'Aguesseau. »

L'année suivante d'Aguesseau écrivit deux lettres, qui sont les dernières; elles prouvent de plus en plus combien il portait d'intérêt à la publication de l'œuvre que Pothier avait en quelque sorte accomplie sous ses yeux. Voici ces deux lettres.

« Paris, 10 janvier 1745.

« Je ne doute pas que vous n'employiez cette année aussi utilement que les autres, à achever et à faire

(1) D'Aguesseau tint sa promesse, et un premier article sur les Pandectes de Pothier parut dans le *Journal des Savants* en 1748. Voir le mois de novembre 1748, p. 649.

imprimer ce grand ouvrage qui vous occupe depuis longtemps, et qui me paraît être très-bien reçu dans le public... Si les deux titres de *Verborum significatione* et de *Diversis regulis juris antiqui*, sont entièrement finis de votre part, je serais bien aise que vous prissiez la peine de me les envoyer, ou de me les apporter quand vous aurez occasion de venir à Paris; parce que j'ai quelques vues sur ces deux titres, dont je crois que vous pourriez profiter pour leur donner toute la perfection nécessaire si vous ne l'avez pas déjà fait.

« D'Aguesseau. »

« Paris, 20 avril 1745.

« Je n'ai pu trouver encore le loisir de répondre, comme je le voulais, à la lettre que vous m'avez écrite le 13 janvier dernier, sur le grand ouvrage dont vous êtes occupé, et je profite d'un temps où je suis un peu plus libre pour vous dire d'abord que j'approuve fort en général le plan que vous vous êtes formé pour recueillir et arranger les règles que les titres de *Regulis juris* et *Verborum significatione* doivent renfermer; mais je ne saurais être de votre sentiment sur le dessein dans lequel vous me paraissez être d'en faire un ouvrage séparé, qui ne sera imprimé qu'après que votre Digeste, mis en ordre, aura été donné au public, et je trouve deux inconvénients dans ce dessein.

« Le premier est que les deux titres dont il s'agit, et qui, selon votre lettre, seront compris dans votre ou-

vrage, ne s'y trouveront que d'une manière très-super-
ficielle et très-imparfaite; puisque, si j'ai bien conçu
votre pensée, ils ne contiendront que les règles que
vous n'aurez pu placer sous aucun de tous les titres
précédents : ce ne sera donc qu'une espèce de *résidu*,
qui ne répondra nullement à la promesse que ces titres
font aux lecteurs, ou à ce qu'ils leur annoncent.

« Le second inconvénient est qu'il faudra par là que
ceux qui s'attachent à la jurisprudence romaine aient
deux livres au lieu d'un, et qu'ils soient souvent obligés de chercher dans deux ouvrages ce qu'ils devraient
trouver dans un seul.

« Ainsi, soit parce qu'on doit tendre toujours à l'intégrité d'un dessein également rempli dans toutes ses
parties, soit parce qu'il est juste d'avoir égard à la
facilité et à la commodité de ceux qui s'en servent, je
crois que, sans renvoyer à un autre temps ces deux
titres plus étendus que vous vous proposez de donner
sur les règles du droit et sur la signification des mots,
il est fort à propos que vous les fassiez entrer dès à
présent dans l'ouvrage qui est sous la presse. Comme
vous en avez sans doute tous les matériaux déjà ras-
semblés, vous n'aurez pas besoin de beaucoup de temps
pour les mettre dans l'ordre que vous m'avez marqué,
et qui est fort bon, quand même cela devrait retarder
un peu l'impression de votre livre: le public en serait
bien dédommagé par l'avantage d'avoir un ouvrage
parfait, où il trouverait tout ce qu'il peut désirer, sans
être obligé d'en attendre une espèce de supplément; et
vous y gagneriez même du côté de la réputation du

livre, à laquelle les deux titres dont il est question peuvent beaucoup contribuer; parce qu'ils seront peut-être le premier objet de l'attention des connaisseurs, qui voudront juger promptement par là du mérite et de l'utilité de la méthode.

« Je ne doute pas, au surplus, qu'en travaillant sur ces deux titres, vous n'ayez fait et que vous ne fassiez encore un grand usage du savant ouvrage que Jacques Godefroi a fait sur le titre *de Regulis juris*, et de celui de Petrus Faber, président des enquêtes du parlement de Toulouse, qui était aussi un des plus habiles juris-consultes que la France ait produits. Je ne vous parle point de plusieurs autres auteurs, qui vous sont sans doute bien connus, et surtout M. Domat, dont on peut tirer de grands secours sur ce qui regarde les règles générales du droit.

« Vous ne m'avez pas parlé dans votre lettre du plan que vous vous êtes formé sur le titre *de Verborum significatione;* mais je présume que, quand vous vous proposez de faire imprimer ce titre séparément et d'une manière plus étendue, votre intention n'est pas de le faire dégénérer en dictionnaire, ou en *Lexicon juris*, semblable à celui de Brisson ou de Calvin; et que, suivant l'esprit général de ce titre, vous le renfermerez dans les explications de mots qui ont été donnés par les lois mêmes, et qui contiennent ou qui indiquent un principe ou une règle de droit, ou la manière d'en interpréter les textes.

« Ce sont à peu près les réflexions que j'ai faites en lisant votre dernière lettre; et vous devez les regarder comme une nouvelle preuve du cas que je fais de votre travail et de l'estime avec laquelle je suis, etc.

« D'Aguesseau. »

Enfin le magnifique ouvrage de Pothier touchait à sa fin ; ce fut de Guyenne, avocat au Parlement de Paris, et ami intime de l'auteur, qui fut chargé de revoir et de corriger les épreuves (1). Cet homme distingué a fait de plus la préface, qui est bien écrite, et contient soixante-douze pages in-folio ; c'est une véritable introduction à l'étude du droit romain. Pothier lui en a fourni le plan et les matériaux ; mais, quoique très-versé dans la littérature ancienne, il n'aimait pas ce genre de composition châtiée et ornée ; il ne s'attachait qu'au côté positif de la science. Il paraît que de Guyenne eut aussi une large part dans le Commentaire de la loi sur les Douze Tables, qui est en tête du deuxième volume de la première édition.

Le premier volume in-folio de cette édition parut

---

(1) Étienne-Léon de Guyenne est né à Orléans en 1712 et mort à Paris le 25 avril 1767. Il exerça avec distinction la profession d'avocat au Parlement de Paris ; il y acquit surtout une grande réputation comme avocat consultant. Il était l'ami de Pothier ; il apporta le plus grand soin et la plus grande exactitude dans la révision des épreuves des Pandectes. Ce travail lui a coûté dix années de son meilleur temps, et lui a fait abandonner le palais. Il était garçon, aussi plein de religion que Pothier, bien moins riche, et aussi détaché des biens de cette vie ; il disait que cette entreprise était la tâche que la Providence lui avait imposée, et quelque onéreuse qu'elle ait été pour lui, il s'en est acquitté avec un zèle et un soin admirables. Il a laissé plusieurs Mémoires imprimés.

dans le courant de l'année 1748, sous le titre de : *Pandectæ Justinianœ, in novum ordinem Digestæ, cum legibus Codicis et novellis quæ jus Pandectorum confirmant, explicant et abrogant;* la publication ne fut complète qu'en 1752.

N'otre savant Pothier a travaillé pendant vingt-cinq ans à cet immense ouvrage, et nous pouvons dire, avec l'un de ses panégyristes, qu'il a interrogé les anciens, étudié les modernes, dévoré tous les commentateurs; que sa scrupuleuse érudition a tout consulté, tout vérifié, reproduit et classé tout ce qui méritait de rester, et qu'enfin il a fait ce que soixante jurisconsultes, choisis par Justinien, n'avaient pu faire sur les lois de leur pays (1).

C'est là l'ouvrage qui a valu à Pothier le titre de *Pandectorum restitutor felicissimus* (2). Ouvrage tel que dans mon opinion, nous dit M. Dupin aîné, s'il fallait opter entre sa perte et celle de *tous* les autres ouvrages composés sur le droit romain, je n'hésiterais pas à m'écrier : Sauvez les Pandectes de Pothier (3).

Cette œuvre de labeur, de clarté et de science devait passer à la postérité, et si à son apparition elle ne fut pas acclamée autant qu'elle en était digne, c'est parce qu'il fallait qu'elle fût bien comprise avant d'être admirée; elle n'a du reste été l'objet que de critiques fort

(1) Notice sur Pothier par Dupin jeune, publiée dans la *Galerie Française.*

(2) C'est le célèbre syndic de Rotterdam, Meerman, qui lui décerna ce titre glorieux. — Notice de M. de la Place de Montevray, p. 7.

(3) *Dissertation sur Pothier,* par M. Dupin aîné, p. 75.

légères. Cependant un journaliste anonyme de Leipsick,
jaloux sans doute qu'une aussi grande entreprise n'eût
pas été accomplie par un jurisconsulte allemand, se
permit dès l'origine une amère diatribe : il en parle
comme d'un ouvrage qui n'avait rien de neuf et d'intéressant; comme d'un travail sans mérite, entrepris par
Pothier pour se faire un nom à peu de frais.

Breton de Montramier, professeur de droit à l'Université d'Orléans, et l'ami de Pothier, prit sa défense
dans une lettre devenue fameuse, et qu'il adressa aux
auteurs du *Journal des Savants*. Cette lettre est pleine
d'érudition, de verve et de cœur. Breton de Montramier n'a pas de peine à établir que le journaliste allemand n'avait senti ni le mérite ni la portée de l'ouvrage;
que Pothier ne s'était jamais proposé de faire un commentaire des lois romaines, mais seulement de présenter
les textes mêmes, et de les éclairer par la manière de
les mettre en ordre et de les lier ensemble.

J'ai eu un instant l'idée de publier cette lettre, qui
n'a été tirée qu'à un très-petit nombre d'exemplaires,
et que j'ai trouvée à la bibliothèque d'Orléans (1); mais
M. Latruffe l'ayant reproduite dans sa belle édition,
j'ai cru devoir m'en abstenir (2).

---

(1) Cette lettre est attachée en tête du premier volume de la première édition des *Pandectes* de Pothier.

(2) Antoine Breton de Montramier est né à Sully-sur-Loire, petite
ville de l'Orléanais, le 1er septembre 1712, et est mort à Orléans
le 14 mars 1781. Il se consacra entièrement à l'étude du droit romain
et à la culture des belles-lettres; il parlait et écrivait avec une grande
facilité les langues latine, italienne et française. Il devint professeur
de droit en l'université d'Orléans. Il se lia avec Pothier; l'amitié de

Cependant, comme il faut toujours que le temps amène le jour de la justice, l'ouvrage de Pothier finit par être apprécié surtout par les Allemands, si bons juges en semblable matière. Henri Kellinghusen, conseiller aulique de Prusse, fit exprès le voyage d'Orléans pour voir notre célèbre compatriote et s'entretenir avec lui; il remporta dans sa patrie trente exemplaires des Pandectes de Pothier.

Mais vingt-cinq années de travaux incessants avaient altéré la santé de Pothier, qui n'avait jamais été malade; il fut atteint d'une fièvre maligne. Son état donna les plus vives inquiétudes à la cité tout entière.

« Heureusement, nous dit Letrosne, la maladie céda, mais le rétablissement ne fut pas entier; il demeura perclus des jambes, et prit aisément son parti sur cette privation qui dura assez longtemps pour lui faire craindre qu'elle ne cessât jamais. Il s'estimait trop heureux que Dieu lui eût conservé la liberté de l'application et du travail. Il donna à l'étude d'autant plus de temps, que la vie sédentaire lui en laissait plus de libre, et n'espérait plus recouvrer l'usage des jambes, après avoir

ces deux jurisconsultes, fondée sur un égal amour pour l'étude et pour la pratique de toutes les vertus civiles et religieuses, n'éprouva jamais la plus légère altération. Breton de Montramier a beaucoup écrit; mais nous n'avons de lui que quelques ouvrages imprimés, qui sont: 1º la lettre aux auteurs du *Journal des Savants*, dont je viens de parler; 2º un éloge de Pothier, prononcé en latin à la rentrée des classes de l'Université, en novembre 1772; 3º une réponse de l'Université d'Orléans, ou *Mémoire sur les moyens de rendre les études du droit plus utiles*. Orléans, 1764; 4º enfin un mémoire pour servir à l'histoire d'Orléans, par un des membres de la société littéraire d'Orléans.

tenté inutilement plusieurs remèdes, lorsque enfin on
se douta que la faculté de marcher pouvait être em-
pêchée, moins par un obstacle réel et invincible, que
par le défaut trop long d'exercice; on lui conseilla
d'essayer à marcher, par le moyen de deux poulies,
qui, roulant dans des coulisses attachées au plancher
de sa chambre, le tenaient suspendu sous les bras, et
lui permettaient de remuer les jambes sans leur laisser
porter tout le poids du corps. Il se soumit à cet essai
qui lui dénoua les jambes; peu à peu il en recouvra
l'usage; il ne lui resta que de la roideur. Il avait été
très-grand marcheur avant sa maladie; il le fut assez
depuis pour son besoin, car plus il avança en âge, plus
ses occupations se multiplièrent au point de lui interdire
presque toute dissipation. Lorsqu'on l'exhortait à en
prendre, il disait que le chemin de chez lui au Châtelet
était un exercice suffisant (1). »

(1) *Éloge de Pothier,* par Letrosne, p. 95-96.

CHAPITRE VII

Pothier archer-huissier en la lieutenance de robe courte du duché d'Orléans. — En 1743 il est nommé membre de la chambre du terrier
ou domaine, instituée pour le renouvellement du terrier du duché
d'Orléans. — En 1746 il est élu échevin de la ville d'Orléans. — La
confiance publique lui érige un tribunal volontaire. — Plusieurs
lettres autographes de Pothier, dans lesquelles il donne des avis et
des consultations.

J'ai trouvé dans l'inventaire fait après le décès de
Pothier, un titre qui l'investissait d'une fonction que je
ne m'attendais pas à rencontrer chez lui.

Il possédait l'office d'*archer-huissier* en la lieutenance
criminelle de robe courte du duché d'Orléans, dont les
gages étaient annuellement de 60 livres, payables le
1er janvier. Cette charge appartenait à Pothier, comme
héritier de son père, qui l'avait acquise de Michelle
Johannet, veuve de Jean Brizeteau, par contrat passé
devant Me Brimbœuf, notaire à Orléans, le 26 juillet 1703.

Comme on le pense bien, les fonctions d'archer-huissier ne furent jamais exercées par Pothier ou par son

père ; elles étaient incompatibles avec celles de conseiller au Présidial (1).

Louis Arard remplissait les fonctions de cet office, en vertu des provisions qui lui avaient été délivrées par S. A. S. Mᵍʳ le duc d'Orléans, le 10 septembre 1751, sur la nomination de sa personne faite par M. maître Jean-Léon Boyetel, lieutenant criminel de robe longue et de robe courte au bailliage et siége présidial d'Orléans, le 6 du même mois, et il en recevait les gages sur quittances. Il retenait un tiers de ces gages, et les deux autres tiers appartenaient à Pothier, propriétaire dudit office.

A la mort de Pothier, il fut vendu à un sieur Tivier, procureur au châtelet d'Orléans, pour la somme de 280 livres (2).

Il existait à Orléans une chambre du *terrier* ou *domaine*. Elle avait été établie en l'année 1743, pour la confection du terrier du duché d'Orléans et du comté de

---

(1) Un édit du mois de novembre 1554 avait créé des archers-huissiers de robe courte pour l'exécution des sentences, commissions, décrets et ordonnances de justice criminelle, et ils furent attachés à certains siéges présidiaux, dans lesquels il y avait des lieutenants de robe courte. La nomination de ces archers-huissiers appartenait aux lieutenants criminels de robe courte, à qui il était défendu de se faire payer cette nomination ; ils pouvaient, dans les affaires criminelles, faire tous les exploits de justice qui appartenaient à l'office du sergent, dans les limites du ressort des Présidiaux où ils étaient établis. Les archers-huissiers de robe courte institués à Orléans avaient le droit d'exploiter partout le royaume, même au civil, suivant une déclaration du roi du 27 mars 1656, et un arrêt du grand conseil du 30 mars 1658. (*Encyclopédie méthodique*, Jurisprudence. Tome Iᵉʳ, au mot *archer*, p. 422.)

(2) Inventaire et liquidation de la succession de Pothier.

Beaugency, qui en était une dépendance, et pour juger les contestations concernant les droits seigneuriaux et féodaux dépendant du même duché, qui pouvaient surgir incidemment à la confection de ce terrier.

A l'égard de toutes les autres demandes qui pouvaient se rattacher aux droits seigneuriaux et féodaux dépendant du duché d'Orléans, autres que celles incidentes à la confection du terrier, elles se portaient devant les juges ordinaires, à qui la connaissance en appartenait.

Cette chambre était composée de cinq commissaires, qui jugeaient au nombre de trois. Les appels de leurs sentences se portaient à la grand'chambre du Parlement de Paris, mais leurs jugements s'exécutaient par provision (1).

Il était naturel de choisir ces commissaires parmi les jurisconsultes les plus versés dans la connaissance des lois féodales. Un magistrat aussi éminent que Pothier ne pouvait être mis à l'écart. Dans son Commentaire sur la coutume d'Orléans, il avait donné au titre des fiefs une savante introduction, qui mettait au grand jour ses vastes connaissances en matière féodale (2).

Pothier fut donc nommé commissaire de la chambre du terrier ou domaine, le 29 mars 1743, et il n'a exercé ces fonctions qu'à partir du 28 février 1747, ainsi que

---

(1) Les audiences de la chambre du terrier ou domaine se tenaient au Châtelet, les jeudis, à 10 heures du matin, de quinzaine en quinzaine. (*Détail historique de la ville d'Orléans*, par Daniel Jousse, conseiller au Présidial. Orléans, 1752, p. 71.)

(2) C'est en 1740 que Pothier fit paraître son premier ouvrage *sur la coutume d'Orléans*.

cela résulte de son acceptation et de celle des autres commissaires constatées à la suite des lettres patentes contenant leur nomination.

M. Dupin, dans sa savante dissertation sur Pothier, a dit, à la page 33, que les officiers de cette chambre n'y siégeaient que par *commission des ducs d'Orléans*. C'est une erreur qu'il me sera facile de rectifier en reproduisant les lettres patentes du roi. Ce document a d'ailleurs de l'intérêt au point de vue historique, et il expliquera clairement en quoi consistaient les nouvelles fonctions dont Pothier allait être investi (1).

« Louis, par la grâce de Dieu, roi de France et de Navarre, à nos amés et féaux conseillers, les gens tenans notre cour de Parlement à Paris, salut :

« Notre très-cher et très-amé oncle duc d'Orléans, de Valois, de Chartres et de Nemours, comte de Beaugency, nous a fait exposer que pour avoir une entière connaissance des droits appartenants auxdits duché et comté, réunir ce qui a été recélé ou usurpé et pourvoir aux améliorations qui pouvaient être faites des droits et domaines en dépendants, nous aurions, en l'année 1676, accordé nos lettres pour la confection d'un terrier desdits duché et comté ;

---

(1) M. le comte de la Borde, directeur général des archives de l'empire, a bien voulu me donner communication de ce document inédit ; il se trouve copié aux archives de l'empire dans des volumes in-folio intitulés : *Sommaire des titres du duché d'Orléans*, E, 12874, vol. I, p. 221.

« Que ce terrier commencé n'ayant pas été achevé, ne peut servir à la conservation desdits droits et domaines;

« Que plusieurs des aveux et déclarations qui ont été fournis n'ont pas été assez exactement vérifiés, en sorte que les jugements intervenus sur iceux pourraient servir de prétexte à ceux qui les ont obtenus, pour les soustraire de la mouvance desdits duché et comté, et se perpétuer dans la jouissance des domaines recélés et usurpés dont la réunion aurait dû être ordonnée;

« Que depuis il s'est fait d'autres usurpations, pourquoi notre dit oncle aurait besoin d'autres nos lettres pour la confection d'un nouveau terrier du duché d'Orléans et comté de Beaugency, dont il jouit à titre d'apanage, et qu'il fût commis des personnes expérimentées pour connaître en première instance de toutes les opérations dudit terrier.

« A ces causes désirant pourvoir à la conservation et rétablissement des droits de notre dit oncle, et étant bien informé du zèle et de la capacité de nos amés et féaux Henry-Gabriel Curault, lieutenant général au bailliage et siége présidial d'Orléans; Jean-Léon Boyetel, lieutenant criminel; Antoine-François Lhuillier, lieutenant particulier; Charles-Colas d'Aujouan, doyen des conseillers, et Robert-Joseph Pothier, conseiller ès dits siéges,

« Nous les avons commis et commettons par ces présentes signées de notre main, pour, à la requête du substitut de notre procureur général au bailliage et siége présidial d'Orléans, poursuite et diligence de Claude Hocquet, fermier des domaines des duchés d'Orléans et comté de Beaugency, que nous préposons à cet

effet, ils ayent à faire savoir tant par publications, pro-
clamations à son de trompe et cry public, que par
affiches qui seront mis ès places et lieux ordinaires et
accoutumés, et partout où besoin sera à toutes communautés tant ecclésiastiques que séculiers, gens de main-
morte, et tous particuliers, vassaux, détempteurs et
possesseurs des fiefs, justices, seigneuries, droits de
patronages, châteaux, maisons, terres et autres héritages et droits de quelque qualité et condition qu'ils
soient tenus ou mouvans desdits duché et comté en
plein fief et redevables d'aucuns droits seigneuriaux, etc.,
cens, surcens, rentes foncières et autres redevances et
devoirs quelconques sans aucune exception, ensemble
tous possesseurs de biens et droits desdits duché et comté
par engagement, aliénation, échanges, emphitéose ou
autrement, à quelque titre que ce puisse être, soit que
les choses par eux tenues soient situées dedans et dehors
l'étendue desdits duché et comté;

« Que dans le temps qui leur sera par eux indiqué, ils
ayent à faire en la forme ordinaire les foy et hommages
dont ils peuvent être tenus, et que par les notaires qui
seront choisis par notre dit oncle, ils ayent dans le temps
qui leur sera prescrit à fournir les aveux et dénombre-
ments et déclarations des noms, qualités, continences,
tenans et aboutissans, charges et redevances, tant en
fiefs que roture, de tous et un chacun les bâtiments,
droits et héritages quelconques qu'ils tiennent et pos-
sèdent dans sa mouvance et directe de notre dit oncle,
à cause desdits duché d'Orléans et comté de Beaugency, etc...

« Mandons au premier notre huissier ou sergent faire pour l'exécution des présentes et de leurs ordonnances et jugements, toutes significations, assignations, exécutions, contraintes et autres actes requis et nécessaires en vertu des présentes, et ce, sans demander autre permission, et sera ajouté foy aux copies des présentes collationnées par l'un de nos amés et féaux conseillers, secrétaire, comme à l'original ; car tel est notre plaisir.

« Donné à Versailles, le 29ᵉ jour de mars, l'an de grâce 1743, et de notre règne le 28ᵉ. Signé Louis, et plus bas par le Roy : Phelypeaux, et scellé du grand sceau de cire jaune.

« Registrées, ouy le procureur général du Roy pour jouir par ledit impétrant de leur effet et contenu, et être exécutées selon leur forme et teneur, suivant l'arrest de ce jour.

« A Paris, en Parlement, le 8 avril 1743. Signé Dufranc.

« Ces présentes lues et publiées à l'audience civile du bailliage d'Orléans, tenante par M. Curault, lieutenant général, présidant la commission, ouy et ce requérant le procureur du Roy de ladite commission, ce fait, ont été registrées au greffe civil dudit bailliage pour y avoir recours quand besoin sera, suivant l'ordonnance de ce jour, 14 avril 1744. Signé Juchereau.

« Enregistré au greffe de la commission l'ordonnance de MM. les commissaires portant acceptation de ladite commission de ce jour, par moi avocat au Parlement, greffier de ladite commission, soussigné :

« A Orléans, ce 28 février 1747. Signé Odigier. »

Pothier n'était pas d'humeur fiscale. Les agents pré-
posés à la perception des droits domaniaux témoignèrent
plusieurs fois leur mécontentement de ses décisions, car
elles restreignaient les limites ordinaires de leurs préten-
tions aux bornes exactes de l'équité; et dans les cas douteux, il se prononçait toujours contre le fisc, nous dit
M. de Bièvre. Cela ne faisait pas le compte des receveurs
et des fermiers; aussi disaient-ils, en terme de finance,
que Pothier était intraitable (1). Mais leurs plaintes ne
trouvèrent pas d'accès auprès du duc d'Orléans, puisque
le jurisconsulte profond, le magistrat intègre, l'homme
de bien, siégea dans la chambre du terrier ou domaine
pendant toute sa vie.

Le 14 mars 1746, Pothier fut élu par ses concitoyens
échevin de la ville d'Orléans, pour trois années; et
Mgr le duc d'Orléans confirma cette élection, le 26 du
même mois (2).

Voici le texte de cette nomination :

«Monseigneur, premier prince du sang, duc d'Orléans,
de Valois, de Chartres, de Nemours et de Montpensier,
s'étant fait représenter un procès-verbal de l'assemblée

(1) *Éloge de Pothier*, par M. Leconte de Bièvre, p. 80.
(2) Cette nomination se trouve à la bibliothèque de la ville
d'Orléans, dans le *registre des élections des maires et échevins*,
commencé en l'année 1630, sur lequel sont inscrits les événements
les plus remarquables et les pièces les plus intéressantes.

M. Paul Huot a publié au cours de l'année 1852 une esquisse
biographique sur Pothier, dans laquelle il dit que celui-ci occupa la
place d'échevin depuis 1747 jusqu'à sa mort. Il y a donc une double
inexactitude et sur la date de la nomination et sur la durée des
fonctions.

générale des habitants de la ville d'Orléans, tenue dans
l'hôtel commun de ladite ville, le 14 du présent mois
de mars, pour l'élection d'un échevin officier et d'un
échevin marchand, qui doivent exercer lesdites charges
pendant la présente année 1746, et les deux suivantes
1747 et 1748, S. A. S. a choisi entre les sujets qui lui
ont été proposés par ledit procès-verbal, et nommé pour
échevin officier, le sieur Pothier, conseiller au Présidial
d'Orléans, et pour échevin marchand, le sieur Isambert
l'aîné, pour, par eux, entrer dès à présent en exercice
desdites charges et y servir pendant lesdites trois années,
conformément au résultat du conseil de S. A. S., du
10 août 1741 ; aux obligations, charges et conditions
ordinaires, et de prêter le serment en tel cas requis,
sur les lieux, par-devant le sieur lieutenant général du
bailliage de ladite ville, que S. A. S. commet à cet effet,
les dispensant de le venir prêter entre ses mains à cause
de l'éloignement et sans tirer à conséquence.

« Fait à Paris, le 26ᵉ jour de mars 1746. Signé Louis
d'Orléans, et plus bas Mathas. »

Presque tous les biographes de Pothier blâment cette
nomination, et prétendent qu'il n'entendait rien aux
détails de l'administration et ne pouvait être d'aucune
utilité dans les conseils de la cité. Ils se plaisent même
à raconter une anecdote qui jette un certain ridicule sur
l'éminent jurisconsulte ; ils disent que pendant la durée
de ses fonctions municipales, il eut à faire avec le maire
et les autres échevins, le 15 février 1749, la publication
de la paix d'Aix-la-Chapelle, qu'il monta à cheval et

qu'on se rappela longtemps la singulière tournure qu'avait dans cette cavalcade le magistrat en robe.

Tout ceci n'est pas sérieux ; il n'est pas possible qu'un homme aussi profondément versé dans les affaires que l'était Pothier, n'ait pas été d'une grande utilité au maire et aux échevins ; il les aura plus d'une fois aidés de ses conseils éclairés. Je n'en veux pour preuve qu'une délibération, remarquable par son esprit de haute équité, que j'ai trouvée consignée sur le registre indiqué plus haut.

Un abus s'était glissé dans l'administration des deniers de la ville ; Pothier trouva moyen de le détruire, et cela avec beaucoup d'adresse et sans blesser ses collègues.

Je transcris cette délibération, qui a évidemment été rédigée par Pothier ; on la lira avec intérêt, elle n'a pas besoin de commentaire.

« Les maire et échevins, gouverneurs de la ville d'Orléans, assemblés en l'hôtel commun de ladite ville pour y délibérer en la manière accoutumée, ayant reconnu que les impositions d'ustencile et d'industrie, le logement des gens de guerre et autres charges publiques, mettaient un grand nombre d'habitants de ladite ville dans l'impuissance de payer leur capitation, nous aurions cherché tous les moyens de leur procurer quelque soulagement, et comme le Roy accorde sur toutes les impositions un droit de recette ou collecte à celui qui est chargé d'en faire le recouvrement, que cette recette se fait à Orléans, par celui qui est pourvu de notre commission, laquelle est ordinairement donnée au premier échevin, qui profite des émoluments attachés à ladite recette, quoique la compagnie soit également et solidairement responsable des deniers de la recette, et qu'elle puisse donner cette commission à tout autre qu'au premier échevin, même à un étranger, nous aurions représenté à M. le chevalier d'Orléans de Tracy, premier échevin, que la vue de soulager les pauvres habitants de notre ville était le seul motif qui nous engageait à réformer l'usage suivant lequel tout le bénéfice de la recette a passé jusqu'à présent au profit de celuy qui est pourvu de notre commission, qu'il était même indécent que l'ancien d'une compagnie respectable et choisie par le suffrage des habitants, parût profiter des deniers imposés et payés par les citoyens; nous aurions trouvé M. d'Orléans de Tracy dans des sentiments désintéressés et dignes de sa naissance et de son état, et aurait consenti que l'usage cessât à son égard comme premier échevin et que le bénéfice de la recette sur toutes les impositions restât à la disposition des maire et échevins pour être employé à la décharge et au payement de la capitation des pauvres habitants de notre ville; M. Baguenault (1), maire, a consenti dans les mêmes vues de désintéressement à la reforme de l'ancien abus, qui lui accordait ainsi qu'au premier échevin l'affranchissement de ses ports de lettres, ce qui a déjà été fait par M. Vandebergue, ancien receveur de la ville; ledit sieur Baguenault, maire, abandonne aussi et laisse à la disposition de la compagnie les droits et émoluments qui pourraient lui revenir de l'exercice de la charge de lieutenant gé-

(1) Le nom de Baguenault compte encore aujourd'hui parmi les familles les plus distinguées de l'Orléanais.

néral de police, dont il fait les fonctions depuis la mort
du sieur Vandebergue, lieutenant général de police, ce
qui continuerait jusqu'à ce qu'il y ait un officier en titre.

« En conséquence, Nous, maire, et échevins susdits,
avons unanimement arrêté et résolu qu'à l'avenir et à
commencer de la présente année 1748, les droits de
recette accordés sur toutes les impositions de cette ville
dont le recouvrement se fait en l'hôtel de ville, sous les
ordres desdits sieurs maire et échevins, resteront à la
disposition de la compagnie pour être par elle employés
au soulagement des pauvres habitants qui seraient hors
d'état de payer leur capitation, que le receveur de l'hôtel
de ville jouira seulement des droits et émoluments attachés à la recette des octrois tant anciens que nouveaux,
ainsi que des deniers patrimoniaux de ladite ville; que
dorénavant le maire et le premier échevin ne jouiraient
de l'affranchissement de leurs ports de lettres que lorsqu'elles concerneront les affaires de l'hôtel de ville,
lesquelles seront mises en liasses pour être passées en
dépense dans le compte général, qui se rend chaque
année, et que les émoluments de la charge de lieutenant
général de police, qui est exercée par M. Baguenault,
maire, depuis le décès du sieur Vandebergue, seront
par lui remis et laissés à la disposition de la compagnie,
pour être par elle employés ainsi qu'elle le jugera convenable pour le bien de la ville et pour le soulagement
des habitants.

« Fait et arrêté audit hôtel commun, le 18 avril 1748.

« Signé Baguenault, maire, d'Orléans de Tracy,
Isambert, Pothier, Tassin, et plus bas Rigault. »

Enfin Pothier cessa ses fonctions d'échevin le 26 mars 1749, emportant avec lui les regrets de ses collègues et de la cité tout entière, regrets qui se manifestèrent d'une manière éclatante au moment de son décès; en effet, à cet instant suprême le maire et les échevins se réunissent spontanément, et voulant honorer la mémoire de l'ancien échevin qui a rendu de grands services à la cité, prennent la délibération suivante, que je trouve consignée sur le même registre.

« MM. les maire et échevins voulant rendre hommage à la mémoire du célèbre Pothier, conseiller au Présidial, docteur-régent et professeur en droit françois en l'Université de cette ville, connu par toute la France par ses ouvrages et ses lumières, *recommandable en cette ville par les services qu'il a rendus aux citoyens de tous les ordres*, ont délibéré de faire célébrer un service le 19 mars 1772 dans l'église des RR. PP. jacobins pour le repos de son âme, auquel tous les corps ont été invités suivant l'usage.

« Ils ont aussi arrêté de faire poser un marbre sous les galeries du grand cimetière, vis-à-vis la chapelle du Saint-Esprit, où il a été inhumé le 4 mars 1772. »

Pothier était avare de son temps lorsqu'il s'agissait de prendre quelques distractions, ou un peu de repos; mais il en était prodigue lorsque l'occasion se présentait d'être utile aux personnes qui avaient besoin de ses conseils; malgré la multiplicité des travaux de toutes sortes dont il était accablé, il donnait des consultations verbales et

répondait exactement à toutes les lettres qu'on lui adressait.

Il mettait ainsi en pratique ces nobles enseignements
d'un moraliste du xvie siècle, dont il aimait les doctrines : « Le magistrat doibt estre de facile accès, prest
à ouyr et entendre toutes plaintes et requestes, tenant
sa porte ouverte à tous, et ne s'absenter point, se souve-
nant qu'il n'est à soy mais à tous, et serviteur du public.
Il doit aussi esgalement recevoir et escouter tous les
grands et petits, riches et pauvres, estre ouvert à tous ;
dont un sage le compare à l'autel auquel on s'adresse
estant pressé et affligé pour y recevoir du secours et de
la consolation (1). »

La confiance publique lui avait érigé un tribunal
volontaire qui faisait une rude concurrence au bailliage
et au Présidial d'Orléans et des pays circonvoisins. Il a
empêché une multitude de procès par ses sages et lumineux conseils ; il a réconcilié un grand nombre de familles, qui se seraient brouillées à tout jamais sans sa
bienveillante intervention.

Je vais donner à l'appui de ce que j'avance le texte
même de quelques lettres inédites qu'il écrivait de son
cabinet à des amis, à des plaideurs qui s'adressaient à
lui pour savoir quelle était son opinion sur tel ou tel
point du droit.

(1) *Traité de la Sagesse*, de Pierre Charron. Charron exerça
d'abord la profession d'avocat, puis entra dans les ordres, et se fit
bientôt un nom par ses prédications. Il a encore laissé un *Traité
des trois Vérités* (existence de Dieu, vérité du christianisme, vérité
du catholicisme). On trouve dans le catalogue des livres de Pothier,
sous le n° 908, *De la Sagesse*, par Charron, Amsterdam, Elzévir, 1662.

J'avais à choisir entre un grand nombre de lettres
contenant des consultations. J'ai donné la préférence aux
sept que je vais transcrire. Les questions résolues par
Pothier sont variées et peuvent intéresser les hommes
qui s'occupent de droit. J'aurais pu citer à l'infini, car
dans ces derniers temps il m'a été confié une foule d'autographes de Pothier; mais il faut savoir se borner.

A monsieur Jousse, conseiller au Présidial *d'Orléans* (1).

« Monsieur et cher confrère,

« J'ai été sensible à la perte que vous avez faite de
monsieur votre frère la Grand-Cour : j'avais l'honneur de
le connaître il y a très-longtemps et j'avais une grande
vénération pour lui, pour sa piété; il jouit à présent
d'un bonheur où nous devons tendre.

« L'affaire dont vous me parlez ne me paraît pas
souffrir beaucoup de difficulté; on doit supposer que
dans le bail à rente que l'hôpital Saint-Antoine a fait
à un particulier d'une maison, dans la censive de la
Magdeleine, il y avait la clause que le cens continuerait d'estre payé au nom du bailleur. Cette clause
se trouve dans presque tous les anciens baux que fe-
saient autrefois les gens d'Église. Au moyen de cette
clause, ce n'est que par la mort des vicaires vivants

---

(1) Cette lettre autographe est tirée du cabinet de M. Noël
de Buzonnière; elle n'est pas datée.

et mourants que les relevoisons sont dues suivant l'article 126. Si les dames de la Magdeleine ont été négligentes d'en faire nommer un depuis la mort du dernier, c'est leur faute ; elles n'ont d'autres droit que d'en demander un aujourd'hui.

« J'ai vu ici M. Léon, qui est un très-bon sujet. Sa cousine est une sainte fille qui était entièrement dévouée au service des pauvres malades, tant en ville qu'en campagne. J'avais fort exhorté sa mère à empêcher le parti qu'elle a pris de se faire religieuse. Permettez-moi de présenter mes respects à Mme Jousse. Je suis de tout mon cœur, cher confrère,

« Votre très-humble et très-obéissant serviteur,

« POTHIER. »

A monsieur le Tellier, avocat au Parlement et au Présidial de Chartres (1).

« Sur votre première question je pense que la veuve n'est pas fondée à demander aucune part dans l'héritage, situé dans le Chartrain, que son mari a acquis pendant le mariage. Elle ne le peut à titre de commune, car elle n'est pas commune ; la communauté, comme vous l'avez fort bien prouvé par votre mémoire, ne se règle pas par la coutume des lieux, où les héri-

---

(1) Cette lettre autographe est tirée du cabinet de M. le Tellier, juge au tribunal de première instance de Corbeil. M. le Tellier, avocat au Parlement et au Présidial de Chartres, était son grand-père.

tages acquis durant le mariage sont situés, parce que, comme dit Dumoulin, *non habet locum in vim consuetudinis immediate et in se;* mais en vertu d'une convention implicite qu'on suppose entre des personnes qui contractent mariage étant domiciliées dans une coutume qui admet la communauté, parce que *in contractibus tacite veniunt ea quæ sunt moris et consuetudinis :* une telle convention ne peut se supposer dans votre espèce, puisque, lorsque les parties se sont mariées, elles avaient leur domicile en Normandie, qui n'admet pas la communauté, et qui même la deffend. Elle n'y peut non plus prétendre le tiers que la coutume de Normandie donne aux veuves, *veluti quodam hæreditatis jure,* dans les héritages acquis par leur mari durant le mariage *in præmium collaborationis;* car cette disposition de la coutume est un statut réel qui ne peut s'étendre aux héritages situés hors de son territoire.

« Sur la deuxième question, je crois que le billet des quatre sœurs ne peut se soutenir; il ne peut pas passer pour une vente; il n'est pas fait double; le frère ne s'oblige pas de payer le prix; la somme que les sœurs se réservent est précisément celle qui ne peut leur être contestée; elles cèdent pour rien la portion de leur créance qui leur est contestée par leur mère. C'est donc une donation qu'elles font de cette portion de leur frère; mais ce billet ne peut valoir comme donation : les donations étant nulles si elles ne sont faites par acte devant notaire, dont il y ait minute, et si elles ne contiennent une acceptation en termes exprès et solennels.

« Je suis très-sensible au souvenir de M. Lefrancois. Je vous prie de lui en faire mes remercîments.

« J'ai l'honneur d'estre, avec la plus grande considération, Monsieur,

« Votre très-humble et très-obéissant serviteur,

« POTHIER.

« A Orléans, ce 26 juin 1765. »

A monsieur Pompon, avocat au Parlement, logé chez un loueur de carrosses, rue de Bussi, faubourg Saint-Germain, à Paris (1).

« J'ai été très-charmé, mon cher Monsieur, de recevoir de vos nouvelles, par votre dernière, que monsieur votre père s'est donné la peine de m'apporter lui-même. Je lui ai dit que ce serait pour vous une perte de temps que de vous mettre chez un procureur en qualité de clerc. Il m'a paru très-disposé à vous laisser entièrement le maître de ce que vous jugeriez à propos de faire; vous prenez un fort bon parti de revenir ici et de vous fixer dans votre patrie.

« A l'égard de votre question : les héritiers du mari n'ont aucune action contre celui à qui la femme a donné son argent à *fond* perdu. Le contrat est un titre onéreux; ayant reçu à titre onéreux la somme détournée,

(1) Cette lettre autographe est tirée du cabinet de M. Aubin, président du tribunal de première instance de Romorantin (Loir-et-Cher).

il n'est sujet à aucune action, à moins qu'il ne fût jus-
tifié qu'il a été *conscius fraudis*. Les héritiers n'ont
d'action que contre la femme, et, s'ils ont la preuve
du détournement, ils peuvent la faire condamner à leur
rapporter la somme détournée, et la faire déclarer
déchue de son droit de communauté et de don mutuel
en la somme détournée, en punition de ce détournement ; en exécution de laquelle sentence ils pourront
arrêter les arrérages de sa pension.

« Je vous prie de faire bien mes compliments à
M. Gardien, pour qui j'aurai toute ma vie toute l'estime possible.

« Je suis de tout mon cœur, avec les sentiments que
vous me connaissez, Monsieur et très-cher ami,

« Votre très-humble et très-obéissant serviteur,

« POTHIER.

« A Orléans, le 2 avril 1767. »

A monsieur Carré de Pontault, lieutenant particulier,
à Gien (1).

« Monsieur,

« Je crois mal fondée la prétention de la mère : notre
coutume et celle de Paris disent bien que le prix des
héritages des mineurs aliénés durant la minorité, ap-

_____

(1) Cette lettre autographe est tirée du cabinet de M. l'abbé
Desnoyers, vicaire général et chanoine titulaire du chapitre de Sainte-
Croix d'Orléans.

partiendra, dans la succession du mineur décédé mineur,
à l'héritier qui aurait dû succéder à l'héritage s'il se fût
trouvé en nature dans la succession; ce qui a été établi
pour empêcher les fraudes, afin que des tuteurs, suivant leurs intérêts, ne procurassent pas l'aliénation des
héritages des mineurs. Mais il n'y a aucune loi qui
ordonne qu'on fera raison à l'héritier au mobilier du
mineur, de l'emploi qui a été fait de ce mobilier, au
payement de ses dettes, cet emploi étant l'emploi naturel qu'un tuteur est obligé d'en faire.

« A l'égard de votre autre question, il me paraît que
les règlements de police, qui fixent à un certain nombre
le nombre des bêtes à laine que chaque laboureur doit
avoir, ne peut recevoir d'application que dans les paroisses où les pâturages sont communs, comme en
Beausse, et non de celles où chacun a ses pâturages
particuliers.

« J'ai l'honneur d'estre, avec la plus grande considération, Monsieur,

« Votre très-humble et très-obéissant serviteur,

« POTHIER.

« Permettez-moi d'assurer de mes civilités Monsieur
votre lieutenant général.

« A Orléans, ce 4 novembre 1768. »

A monsieur le Tellier, avocat au Parlement et au Présidial
de Chartres (1).

« Monsieur,

« Il n'est pas douteux que l'ayeule tutrice de ses mineurs, est responsable envers eux du mauvais emploi
qu'elle a fait de leurs deniers, faute par elle d'avoir
pourvu suffisamment à la sûreté de l'emploi, et de
s'être fait authoriser par un avis de parents. J'exhorterais
néanmoins les mineurs à s'abstenir de cette contestation, quoique bien fondée, par respect pour la mémoire
de leur ayeule qui a fait pour le mieux.

« A l'égard de votre deuxième question, si la disposition testamentaire ne contenait rien de plus que ce que
vous me marquez, elle n'est pas valable; mais si l'ayeule
avait fait ses deux pupilles conjointement avec les autres
enfants ses légataires universelles, à la charge, par ses
deux pupilles, d'approuver la gestion qu'elle a faite de
leur tutelle, les mineurs seraient déchus du legs faute
de satisfaire à la condition.

« J'ai l'honneur d'estre, avec la plus grande considération, Monsieur,

« Votre très-humble et très-obéissant serviteur,

« POTHIER.

« Ce 13 juillet 1769. »

_____

(1) Cette lettre autographe est tirée du cabinet de M. le Tellier,
juge à Corbeil.

A monsieur Loyré, avocat fiscal à Châteaudun (1).

« Je n'ay reçu, Monsieur, la lettre que vous m'avez fait l'honneur de m'écrire, qu'aujourd'hui dimanche, et je n'ay pu par conséquent faire partir ma réponse par votre messager que vous me marquez partir aujourd'hui dimanche, et qui était vraysemblablement parti avant que j'aye reçu votre lettre.

« Il n'est pas douteux que nous sommes obligés, dans le for de la conscience, d'obéir aux loix positives; c'est pourquoy il n'estoit pas permis à Mme Binet de faire passer, contre la défense de la loy, ses biens à son mary par une personne interposée; et, par la même raison, il n'est pas permis à M. Sevin de luy prêter son ministère pour commettre cette fraude contre la loy; Mme Binet, en faisant ce que la loy défend, commet une injustice, et M. Sevin participeroit à l'injustice en lui prêtant son ministère, ce qui l'obligeroit, solidairement avec Mme Binet, à restitution envers les héritiers de Mme Binet, qui n'a pu les priver de ses biens, pour les faire passer à son mary, à qui la loy luy défendait de les faire passer.

« La circonstance de la mort du mary ne change rien. Les héritiers de M. Binet n'ont aucun droit aux biens de Mme Binet, de leur chef, puisque ce n'est pas à eux, mais à son mary à qui elle a voulu les laisser, et ils n'y ont

_____

(1) Cette lettre autographe est tirée du cabinet de M. Godou, avocat près la Cour impériale d'Orléans.

aucun droit comme héritiers de Binet, puisque Binet estoit une personne prohibée, qui n'y pouvant avoir de droit luy-même, n'a pu leur en transmettre aucun. M. Sevin ne peut donc point s'interposer pour leur faire passer le legs; il ne doit pas non plus le garder pour eux, puisque vous me marquez qu'il a lieu de penser que le legs ne luy a été fait que dans la vue de le faire passer au mary.

« J'ay l'honneur d'estre, avec la plus parfaite estime, Monsieur,

« Votre très-humble et très-obéissant serviteur,

« POTHIER.

« Il n'y a d'autre parti que celuy de répudier le legs (1). »

M. Sevin a pu être tenté; mais, en présence d'une pareille lettre, il n'a pas dû succomber.

A monsieur de la Brière, ancien baillif, à Piviers (2).

« Monsieur,

« J'ai lu avec bien de la satisfaction le mémoire de M. Boys que vous avez eu la bonté de m'envoier. Sa consultation, dans l'affaire de la Popelinière, que vous m'envoyastes il y a quelques années, m'avoit déjà donné une très-grande idée de son mérite; ce nouveau mé-

---

(1) Cette lettre n'est pas datée.
(2) Cet autographe est tiré du cabinet de M. Boucher de Molandon, membre de la Société archéologique d'Orléans.

moire sert à me la confirmer. Il y traite sa matière avec
autant de clarté que de solidité; mais je ne me suis pas
cru en état de lui dire mon avis sur la question, ces
matières ne m'étant pas assez connues.

« J'ai eu l'honneur de lui écrire pour m'en excuser,
et pour le remercier de son mémoire. Je suis charmé
que cela m'ayt procuré l'occasion de recevoir de vos
nouvelles, qui me font toujours un très-grand plaisir.

« Je suis, avec la plus grande considération, Monsieur,

« Votre très-humble et très-obéissant serviteur,

« POTHIER.

« Ce 11 juin 1768. »

CHAPITRE VIII

Pothier désire une chaire de droit romain, mais il redoute le concours. — En 1750, il est nommé par le roi professeur de droit
français. — Son installation. — L'Université d'Orléans prend un
nouvel éclat sous un pareil maître. — Il assiste rarement aux
réunions particulières des docteurs régents, mais il est présent à
tous les concours. — A sa mort il est remplacé par Robert de
Massy.

Le restaurateur des Pandectes avait toujours désiré
une modeste chaire de professeur de droit romain en
l'Université d'Orléans ; mais comme on ne pouvait l'obtenir que par le concours, il ne se sentit pas le courage
d'affronter cette épreuve ; il eut peut-être raison, car
chacun sait que Pothier était d'une timidité et d'une
modestie extrêmes, et il fallait qu'il se soumît à être
pendant plus d'un an sur les bancs, au risque, dans la
dispute publique, d'avoir une absence d'esprit qui lui
fît perdre le fruit de plusieurs années de travail et com-
promît sa grande réputation de jurisconsulte. Joignez à
cela la cabale qui est de tous les temps et de tous les
pays. Il renferma donc son désir en lui-même et se borna
à faire pendant trente ans des travaux qui, plus tard,

devaient non-seulement servir de guide aux élèves, mais encore de texte au code Napoléon.

Cependant, au mois d'octobre 1749, Prévost de la Janès, professeur de droit civil en l'Université, vint à mourir ; Pothier était en ce moment à sa terre de la Bigaudière, et bien que la chaire de droit français fût laissée à la nomination du roi et ne fût pas soumise au concours, Pothier ne fit aucune démarche pour l'obtenir, quoique intérieurement il désirât vivement la chaire de droit français à défaut de celle de droit romain.

Un professeur agrégé, M. Guyot, aspirait de son côté ardemment à cette place, et comme il connaissait l'estime que le chancelier d'Aguesseau portait à Pothier, il écrivit à ce dernier pour le prier d'intervenir en sa faveur auprès du chef de la magistrature. Si Pothier eût été moins modeste, il eût certainement sollicité M. le chancelier en faveur de M. Guyot, pour lequel il avait une véritable affection, tant il était éloigné de croire qu'on pût songer à lui ; mais tout simplement, il ne se crut pas digne de se poser en protecteur, et fit à M. Guyot la réponse qu'on va lire (1) :

A monsieur Guyot, docteur agrégé et avocat,
à Orléans.

« Monsieur,

« Je sçavais déjà la mort de M. de la Janès, c'était un de mes meilleurs et de mes plus anciens amis, dont la

(1) Cet autographe de Pothier est tiré du cabinet de M. Jarry-Lemaire.

perte m'a été extrêmement sensible. Quant à ce que
vous me proposez d'écrire à M. le chancelier, je vous
avoue que je n'ose le faire. Si j'avais une grâce à lui
demander pour moi-même, je croirais prendre trop de
liberté de la lui demander par lettres, et je croirais convenable de la solliciter en personne. C'est tout ce que
pourrait faire une personne en place comme M. l'intendant, ou une personne qui serait avant dans sa familia-
rité ; je ne suis point sur ce pied avec lui, il connaît plus
mon ouvrage que ma personne ; je n'ai point eu de long
entretien avec lui que lorsqu'il me fit venir à Paris,
il y a douze ans, pour me faire entreprendre mon
ouvrage. Depuis ce temps les visites que je lui ai faites
n'ont été que des visites d'une ou deux minutes à son
audience publique. Au reste, Monsieur, vous n'avez pas
besoin de la recommandation d'un petit homme comme
moi, vous en avez assez d'autres, et votre mérite parle
assez pour vous.

« J'ai l'honneur d'être avec une respectueuse estime,
Monsieur,

« Votre très-humble et très-obéissant serviteur,

« Pothier.

« A Luz, ce 24 octobre 1749. »

La place fut chaudement sollicitée ; mais le chancelier
d'Aguesseau, qui avait depuis longtemps ses vues sur
Pothier, le fit nommer sans que personne s'en doutât.
Cette nomination est un des derniers actes de sa vie

publique; il se retira des affaires peu de temps après,
et mourut l'année suivante.

Le 20 janvier 1750, le roi signa les lettres patentes
qui nommaient Pothier professeur de droit français en
l'Université d'Orléans.

Je vais les transcrire ici textuellement (1) :

« Louis, par la grâce de Dieu, roy de France et de
Navarre, à tous ceux qui ces présentes verront, salut :
La charge et chaire de professeur en droit français de la
faculté de droit de notre Université d'Orléans étant vacante par le décès de notre cher et bien amé Michel Prévost de la Janès, notre conseiller, juge magistrat au
bailliage et siége présidial d'Orléans, dernier titulaire et
paisible possesseur d'icelle ; nos amés et féaux, les avocats et procureurs généraux en notre Cour de parlement
de Paris, en exécution de l'article 15 de notre déclaration
du 6 août 1682, auraient proposé à notre très-cher et
féal chevalier chancelier de France, le sieur d'Aguesseau,
commandeur de nos ordres, trois sujets qu'ils ont jugé
avoir les qualités nécessaires pour remplir dignement
cette place, qui nous en aurait rendu compte et en-
tr'autres de la suffisante capacité, expérience et probité
de notre cher et bien amé Robert-Joseph Pothier, aussy
notre conseiller, juge magistrat audit bailliage et siége
présidial d'Orléans, qui remplit depuis près de trente
années avec beaucoup de distinction les fonctions de

---

(1) *Registre des concours,* commencé le 27 avril 1740 et fini
le 5 août 1757, p. 50, déposé à la bibliothèque de la ville.

cette charge, lequel, en conséquence, nous avons agréé :
à ces causes et autres à ce nous mouvant, nous avons
audit Robert-Joseph Pothier donné et octroyé, donnons et octroyons, par ces présentes signées de notre
main, la charge et chaire de professeur de droit français de la faculté de droit en notre Université d'Orléans,
vacante à présent par le décès dudit sieur Prévost de
la Janès. Pour par ledit Pothier, dorénavant l'exercer,
en jouir et user aux honneurs, autorités, prérogatives,
prééminences, gages, droits, fruits, profits, revenus et
émoluments y appartenants, conformément à notre déclaration du 8 février 1719, tels et tout ainsy qu'en a jouy
ou dû jouir ledit deffunt sieur Prévost de la Janès, et ce
tant qu'il nous plaira, sans qu'il soit tenu de se démettre
de l'office de notre conseiller, juge magistrat au bailliage
et siége présidial d'Orléans, dont il est revêtu et dont
nous luy avons permis de continuer d'exercer les fonctions, sans aucune incompatibilité, l'en ayant en tant
que besoin est ou serait relevé et dispensé, relevons et
dispensons par ces présentes nonobstant tous édits,
déclarations, ordonnances, arrêts et règlements à ce
contraires, auxquels nous avons dérogé et dérogeons
par ces mêmes présentes, pour ce regard seulement et
sans tirer à conséquence ; si donnons en mandement à
notre amé et féal le sieur d'Aguesseau, chevalier chancelier de France, commandeur de nos ordres, que luy
étant aparu des bonnes vie et mœurs, conversation et
religion catholique, apostolique et romaine dudit sieur
Pothier, et de luy pris et reçu le serment en tel cas requis
et accoutumé, il le mette et institue ou fasse mettre et

instituer de par nous en possession et jouissance de ladite charge et chaire de professeur en droit françois et d'icelle ensemble de tout le contenu cy-dessus, le fasse et le laisse jouir et user pleinement et paisiblement, et luy fasse obéir et entendre de tous ceux et ainsy qu'il appartiendra es choses touchant et concernant ladite charge; car tel est notre plaisir. En témoin de quoy nous avons fait mettre notre scel à ces présentes, données à Versailles le 20ᵉ jour de janvier, l'an de grâce 1750, et de notre règne le 35ᵉ. Signé Louis ; sur le repli; par le Roy : Rouillé ; pour collation. Domilliers, avec paraphe et scellées du grand sceau de cire jaune. »

Suit la commission de Mᵍʳ le chancelier :

« Henry-François d'Aguesseau, chevalier chancelier de France, commandeur des ordres du Roy, au sieur Barentin, intendant en la généralité d'Orléans, salut. Ayant plu au Roy, notre souverain seigneur, de pourvoir, par lettres du 20 de ce mois, le sieur Robert-Joseph Pothier, au lieu de feu sieur Michel Prévost de la Janès, de la charge et chaire de professeur en droit françois en la faculté de droit d'Orléans, et ne pouvant ledit sieur Pothier venir en personne pour prester entre nos mains le serment qu'il doit à Sa Majesté pour raison de ladite charge et chaire de professeur en droit françois : à ces causes, nous vous avons commis et député, commettons et députons par ces présentes pour en notre lieu et place prendre et recevoir dudit sieur Pothier le serment en tel cas requis et accoutumé, et luy en délivrer tous actes et certifications requis et nécessaires; de ce faire vous donnons pouvoir, commission et mandement spécial par ces dites présentes, que nous avons signées de notre main, à icelles fait apposer le cachet de nos armes et contresigner par notre premier secrétaire. Donné à Paris, le 29 janvier 1750. Signé d'Aguesseau ; plus bas par Monseigneur : Langlois, et scellé en cire rouge.

Suit l'acte de prestation de serment de fidélité au roi :

« Aujourd'hui mardi, troisième février 1750, est comparu par-devant Nous, Charles-Amable-Honoré Barentin, chevalier seigneur d'Hardivilliers-les-Belles-Rueries et autres lieux, conseiller du Roy en ses conseils, maître des requêtes ordinaire de son hôtel, intendant de justice, police et finances en la généralité d'Orléans, le sieur Robert-Joseph Pothier, pourvu, par lettres du 20 janvier dernier, de la charge et chaire de professeur en droit françois de la faculté de droit de l'Université d'Orléans, lequel Nous a remis une commission, en date du 29 du même mois de janvier dernier, à Nous adressée, par Mgr le chancelier, à l'effet de recevoir, en son lieu et place, le serment que ledit sieur Pothier doit à Sa Majesté pour raison de ladite charge.

« Vue ladite commission, signée d'Aguesseau, et plus bas par Monseigneur, Langlois, expédiée à Paris le 29 janvier dernier.

« Nous, en vertu de ladite commission, avons reçu dudit sieur Pothier le serment qu'il doit au Roy pour

raison de ladite charge et chaire de professeur de droit
françois de la faculté de droit de l'Université d'Orléans,
de laquelle prestation de serment nous avons fait dresser
le présent procès-verbal.

« Fait à Orléans, lesdits jour et an que dessus. Signé
Barentin ; plus bas Monseigneur, le Roy.

« Les lettres patentes, commission et acte de prestation de serment cy-dessus et de l'autre part, ont été
registrées au greffe de l'Université d'Orléans, au désir
du procès-verbal de ce jour.

« A Orléans, le septième jour de février 1750. »

Ce fut en effet le 7 février 1750 que Pothier fut installé
dans sa chaire, aux acclamations de l'Université et de la
ville tout entière.

Voici le procès-verbal de cette mémorable installation (1).

« Aujourd'hui samedi, septième jour de février 1750,
l'Université ayant été convoquée par l'ordre de M. le
recteur, se sont assemblés MM. Messires Pierre Vallet
de Chevigny, recteur ; Jean-Claude Pajon, Antoine Breton
de Montramier, tous conseillers du Roy, docteurs régents
en robes rouges et chaperons rouges ; MM. Guignau de
Boisville, Triquoys, François de Saint-Mesmin, Desva-
lins, François Perdoulx, Jean Moutié et Lebon, docteurs aggrégés en robes noires et chaperons rouges, et
M. Perche, procureur général, en robe et chaperon

_____

(1) *Registre des concours,* commencé le 27 avril 1740 et fini
le 5 août 1751, p. 49, déposé à la bibliothèque de la ville.

noirs; MM. Boilly de Montarant, chancelier de l'Université ; Proust de Chambourg, docteur régent; Guyot,
Caziot, docteurs aggrégés, absens quoyque dûment convoqués.

« M. le recteur a exposé à la compagnie assemblée que
le Roy ayant nommé M. Robert-Joseph Pothier, conseiller au bailliage et siége présidial d'Orléans, pour
remplir la charge et chaire de docteur régent professeur
du droit français vacante par la mort de feu M. Prévost
de la Janès, mondit sieur Pothier a mis entre les mains
de luy, recteur, les lettres patentes du 20 janvier 1750,
contenant ladite nomination, ensemble la commission
de Mgr le chancelier du 29 janvier 1750, contenant la
prestation dudit serment, et qu'en conséquence mondit
sieur Pothier requiert être installé et mis en possession
de ladite chaire et charge. Sur quoy l'Université ayant
délibéré, ouyes les conclusions de M. le procureur général
de l'Université, et après que lecture a été faite desdites
lettres de nomination de ladite commission et de l'acte
de prestation de serment, tous mesdits sieurs ont été
unanimement d'avis qu'il fût présentement procédé à
l'installation dudit sieur Pothier ; et à l'instant mondit
sieur Pothier ayant été mandé et introduit dans ladite
salle de la librairie, revêtu d'une robe rouge et d'un
chaperon rouge, et, sur la réquisition à luy faite, ayant
déclaré qu'il agréait ladite nomination du Roy, et accep-
tait ladite chaire, mondit sieur le recteur a reçu dudit
sieur Pothier le serment accoutumé, de vivre et mourir
dans la religion catholique, apostolique et romaine, qu'il
professe; d'exécuter les ordonnances et règlements, et

d'observer les statuts de l'Université et de bien vac-
quer aux fonctions de sa charge. Après quoy mesdits
sieurs se sont transportés dans la salle des leçons, et
mesdits sieurs le recteur et Pothier sont montés dans
la chaire, et, après un discours de mondit sieur le
recteur, auquel mondit sieur Pothier a répondu (1),
mondit sieur le recteur a notifié aux étudians en droit
et autres assistans ladite nomination, et a mis ledit
sieur Pothier en possession de ladite chaire, avec l'ap-
plaudissement du public, et de là, mondit sieur le
recteur, s'étant, avec ledit sieur Pothier, transporté
dans ladite salle des leçons, il a mis ledit sieur Pothier
en possession de la place et séance qu'il doit occuper
dans le banc des docteurs régents, immédiatement après
M. Breton. Ce fait, tous mesdits sieurs étant revenus
dans ladite salle de la librairie, mondit sieur le recteur
y a installé mondit sieur Pothier, en pareille place et
séance, après M. Breton, et, de l'avis de la compagnie,
a ordonné, à moy, greffier soussigné, de dresser le
présent procès-verbal, et d'enregistrer en fin d'iceluy
lesdites lettres patentes, ladite commission de Mgr le
chancelier, et ledit acte contenant ladite prestation de
serment. Fait les jour et an que dessus, et ont tous
lesdits sieurs recteur, docteurs régents et docteurs aggrégés présents, ledit sieur Perche, procureur général,
avec mondit sieur Pothier et moy, greffier, signé le
présent procès-verbal.

_____

(1) J'aurais bien désiré reproduire le discours de Pothier, mais
il ne se trouve pas sur les registres de l'Université ; il aura probablement été improvisé et non recueilli.

« Vallet, recteur; Pajon; Breton; Guignau de Boisville; Triquoys de Saint-Mesmin; Perdoulx; Moutié;
Lebon; Perche; Pothier; Poullion, greffier. »

La joie de Pothier était à son comble, et Letrosne
nous dit qu'elle ne put être troublée que par la peine
qu'il ressentit de s'être trouvé en concurrence avec
Guyot, et de l'avoir privé d'une place qu'il ne pouvait
manquer d'obtenir s'il n'eût pas eu un compétiteur
aussi redoutable. Il n'avait désiré cette place que pour
le plaisir d'enseigner. Il espéra pouvoir réparer l'espèce
de tort qu'il faisait à Guyot en l'engageant à accepter
le partage des émoluments. Il se passa entre eux, à
cette occasion, un combat de générosité aussi honorable pour l'un que pour l'autre. Pothier insista et sol-
licita ce partage comme une grâce, Guyot persista à refuser. Guyot n'eut qu'un tort, ou plutôt qu'une faiblesse
dans cette circonstance, ce fut de ne pas assister à l'installation du grand jurisconsulte. Peu d'années après il
obtint une chaire au concours, Pothier fut l'un de ses
juges; il ne s'abstint pas, lui, et Guyot fut reçu à l'*unanimité* (1).

La nomination de Pothier donna un nouvel éclat à
l'Université d'Orléans; mais, il faut bien le dire pour
être juste, Prévost de la Janès, qu'il remplaçait si dignement, avait, depuis plusieurs années, comme professeur de droit civil, donné une grande impulsion à la

----

(1) *Registre des concours*, commencé le 27 avril 1740 et fini
le 5 août 1757, séance du 17 août 1753, p. 96, déposé à la bibliothèque de la ville.

science du droit. Si, au commencement du xviiie siècle,
les études de droit étaient faibles à Orléans, elles ne
tardèrent pas à devenir plus fortes. Prévost de la Janès
était bien capable d'opérer à lui seul un pareil chan-
gement ; car il était, comme le dit un de ses panégyristes, homme de cœur et d'esprit, et, par la noblesse
de sa vie, la dignité de ses manières, non moins que
par le charme de sa parole et la solidité de son savoir,
il captivait et attirait le respect de tous.

Les hommes les plus distingués ne sont pas toujours
les meilleurs professeurs. La science de l'enseignement
est un talent à part ; revenir aux premiers éléments pour
bien se faire comprendre ; varier les leçons pour leur
donner du charme ; s'occuper sans cesse des autres et
ne jamais penser à soi ; se mettre à la portée de tous
les esprits de manière que les moins pénétrants et les
plus rebelles à l'étude ne puissent se plaindre qu'on les
néglige ; revenir souvent sur les mêmes points pour les
inculquer dans la mémoire ; descendre des premiers
principes aux conséquences par une gradation facile ;
ne dire que juste ce qu'il faut dire pour ne pas sur-
charger la mémoire de ses auditeurs ; s'assurer s'ils
vous ont saisi avant d'aller plus loin : tel est le talent
du maître, tel était aussi celui de Pothier, au dire de
tous ses contemporains, dont les enfants vivent encore
aujourd'hui dans notre cité. Il savait tellement dissi-
muler la supériorité du jurisconsulte, que les étudiants
croyaient s'entretenir avec un ami. Ses leçons étaient
des conférences intéressantes dans lesquelles il parve-
nait à merveille à soutenir l'attention par des ques-

tions qui mettaient les jeunes gens à portée de faire valoir ce qu'ils avaient appris.

Pothier fit plus, il voulut entretenir une émulation constante parmi les élèves de l'Université. Les étudiants des deux premières années devaient devenir les siens, et souvent dès la première le plaisir de l'entendre les attirait à ses leçons.

Il savait parfaitement que l'émulation amène presque toujours la perfection des études; c'est pour cela qu'il établit, pour l'examen du droit français, une médaille d'or, de la valeur de 120 livres, destinée à celui qui se serait le plus distingué. Voici la description de cette médaille.

Lvd. XV, *rex — christianiss.*

Tête de Louis XV à droite, cheveux flottants retenus par un bandeau.

A l'exergue un *M*.

Dans un cercle formé de deux branches de feuillage, nouées à la base par un lien, juxtaposées au sommet;

Une croix latine tréflée, surmontée de la couronne royale de France, accompagnée à dextre et à sénestre d'une fleur de lis, en pointe d'un cœur de lis; sur l'arbre de la croix un livre ouvert.

Médaille avec cordon formant saillie, or 29 grammes (1).

_____

(1) Une de ces médailles est dans le cabinet de M. Bordas, juge de paix à Orléans. Un de ses grands-oncles, M. Graffard de Châteaudun, qui fut un des meilleurs élèves de Pothier, l'avait obtenue dans un concours.

Les contendants disputaient publiquement; ils se po-
saient alternativement les difficultés et les questions, et
l'on peut croire qu'ils ne cherchaient pas à s'épargner
les uns les autres. Pothier s'aperçut bien vite que cette
espèce de tournoi forçait les élèves de troisième année,
dont il était professeur, à travailler; il crut, dans sa
générosité, devoir l'étendre à ceux des deux premières
années; il établit donc les mêmes honneurs publics:
une médaille d'or était également distribuée aux plus
dignes, et une médaille d'argent, du même module (1),
était accordée à ceux qui avaient utilement travaillé
pour le concours. La même médaille existe en bronze;
elle se trouve dans le cabinet de M. Jarry-Lemaire; je
ne sais à qui elle était destinée, et j'en ignorais même
l'existence, puisque aucun des panégyristes de Pothier
n'en a fait mention.

Dès la première année de son exercice comme professeur, Pothier établit ce concours, où étaient admis
les jeunes gens qui, par une sérieuse application, s'y
étaient bien disposés; il avait lieu en présence de docteurs, des personnes les plus distinguées de la province,
et quelquefois des premiers magistrats du royaume,
le premier concours s'ouvrit au mois de juillet 1751.
M. de Lamoignon de Malesherbes assista à l'un de
ces concours, lorsqu'il était président de la Cour des
aides.

_____

(1) Une de ces médailles est dans le cabinet de M. Dupuis, conseiller
à la Cour impériale d'Orléans.

Une grande partie des émoluments de la chaire de Pothier était destinée à l'achat de ces médailles.

Il suivait avec beaucoup de régularité les concours pour les vacances des chaires de docteurs régents et agrégés. L'Université d'Orléans avait pris, vers l'année 1753, une telle importance, que le roi Louis XV renvoya devant elle, comme étant la plus digne (1), le concours pour une chaire vacante à l'Université d'Angers. Ce fait, qui est un hommage rendu aux lumières des professeurs de l'Université d'Orléans, est constaté par la lettre suivante, adressée à son recteur par le chancelier de Lamoignon (2).

« Monsieur,

Le peu d'union qui règne entre les membres de la faculté de droit d'Angers, et la crainte d'y voir naistre de nouveaux troubles, à l'occasion du concours qui y estait indiqué pour la chaire vacante par le déceds du sieur Robert, professeur en droit civil et canonique, ont déterminé le Roy à ordonner que le concours de cette chaire serait porté dans une autre Université, et, sur le compte que j'ay rendu au Roy du zèle, de la

(1) Les autres Universités de France étaient celles de Paris, Reims, Douai, Caen, Rennes, Poitiers, Toulouse, Montpellier, Perpignan, Aix, Dijon, Valence, Bourges, Bordeaux et Angers.

(2) *Registre des concours*, commencé le 27 avril 1740 et fini le 5 août 1757, p. 67, déposé à la bibliothèque de la ville.

capacité de ceux qui composent vostre Université, Sa Majesté a cru devoir vous donner une marque de sa confiance en vous renvoyant, par l'arrest de son conseil que je vous adresse, le concours de la chaire vacante à Angers. Je compte que cette distinction sera pour vous un nouveau titre pour redoubler de zèle, s'il est possible, comme elle a esté pour moy une occasion de vous prouver l'estime avec laquelle je suis, Monsieur, votre affectionné, à vous servir,

« DE LAMOIGNON.
          « Paris, le 21 mars 1753.

« M. le recteur de l'Université d'Orléans (1). »

Pothier était tellement absorbé par ses travaux, qu'il ne paraissait presque jamais dans les réunions où les docteurs régents traitaient de leurs affaires particulières. On se réunissait assez souvent pour l'élection du recteur, pour voter les dépenses d'entretien de la compagnie, pour aller entendre la messe dans l'église des révérends pères bénédictins; mais cette messe se célébrait ordinairement à onze heures, et Pothier, qui chaque matin allait l'entendre à cinq heures à la cathédrale, ne répondait même pas à cette pieuse convocation de ses collègues; aussi chaque procès-verbal finit-il presque invariablement par ces mots : M. Robert–Joseph Pothier absent, quoique dûment convoqué (2).

(1) Le candidat nommé à la chaire vacante d'Angers fut M. Pierre Merveilleux. (Même registre.)

(2) 2ᵐᵉ *Registre des affaires particulières de MM. les docteurs*, du 24 mars 1724 au 7 janvier 1791, déposé à la bibliothèque de la ville.

Cependant un jour, c'était le 6 avril 1759, Pothier est nommé à l'unanimité recteur de l'Université ; il est présent ce jour-là ; il se lève d'un air timide, et repré· sente à ses collègues que, se trouvant très-chargé d'affaires, il les prie de lui faire le plaisir de l'exempter de la rectorie encore pour quelque temps ; sur quoi la compagnie, ayant délibéré, se rend à la prière de Pothier, et procède à une nouvelle élection qui donne la majorité à Breton de Montramier (1).

Pothier n'eut jamais le temps d'être recteur de l'Université.

Le 9 mai 1770 une grave question de préséance s'agite dans le sein de la réunion des docteurs régents de l'Université, et Pothier a grand soin de s'y trouver, malgré son état de fatigue et la multiplicité de ses travaux ; car il tenait avant tout à faire respecter les honneurs et prérogatives qui étaient dus à sa compagnie.

Voici en quelques mots les faits qui donnèrent lieu à ces débats ; ils ne sont pas sans intérêt, et prouvent une fois de plus qu'il n'y a point de petite question de préséance.

Le vendredi, 13 avril 1770, M. Jacquet, l'un des conseillers de l'élection d'Orléans (2), avait affecté de prendre le pas sur M. Guyot, l'un des docteurs régents de l'Université, dans l'église paroissiale de Saint-Maclou,

---

(1) 1er *Registre*, p. 73.

(2) Cette juridiction connaissait en première instance de tout ce qui regardait les tailles, taillons, recrues et subsistances, des aides et de toutes les autres impositions et subsides. Elle connaissait aussi des contraventions pour la vente de papier timbré, du tabac et autres fermes et droits y joints.

lors de la cérémonie de l'adoration de la croix. Les
docteurs régents de l'Université d'Orléans, voulant conserver le rang qui leur avait été accordé par les précédents dans les cérémonies publiques, se pourvurent en
la cour du Parlement, et obtinrent, le 28 avril du même
mois, un arrêt qui leur permettait de faire assigner en
ladite cour le sieur Jacquet, pour voir dire qu'ils seraient maintenus en la possession où ils étaient de
précéder les officiers de l'élection en toute assemblée
publique et particulière.

Cette vigoureuse manière de procéder fit réfléchir
Messieurs de l'élection d'Orléans : ils députèrent près
du recteur de l'Université leur président, M. Oudet.
Celui-ci demanda à M. le recteur de vouloir bien lui
communiquer à l'amiable les moyens sur lesquels Messieurs de l'Université se fondaient pour prétendre qu'ils
avaient la préséance sur les officiers de l'élection.

M. le recteur répond avec dignité que l'Université
d'Orléans est en possession de précéder les officiers de
l'élection aux assemblées publiques et particulières,
ainsi que cela a été observé lors du passage de Madame la première Dauphine, bien que les officiers de
l'élection se fussent présentés pour précéder le corps de
l'Université ; ce qui donna lieu au maître de cérémonie
de leur dire de se retirer et d'attendre leur tour ; que
cette préséance est encore établie par le rang qu'occupe
le corps de l'Université à l'église cathédrale, où il est
invité aux cérémonies publiques, et où il se trouve
placé dans les hautes stalles du côté droit, entre le
trône épiscopal et l'aigle, pendant que lesdits officiers

de l'élection ne sont point convoqués aux cérémonies publiques, et n'ont aucune place assignée dans l'église cathédrale; que, s'ils se sont trouvés en ladite église au service qui a été célébré pour feu Mgr le duc d'Orléans, c'est par pure tolérance, et qu'ils ont été placés à gauche, sur des banquettes, au bas des chanoines et des officiers du bailliage ; qu'enfin cette question est décidée formellement par un arrêt du grand conseil, entre les docteurs régents de l'Université de Poitiers, et les présidents et officiers de l'élection de la même ville.

M. le président Oudet rend compte à sa compagnie des raisons déduites par l'Université, et vient quelques jours après faire une seconde visite à M. le recteur pour lui dire qu'il regardait cette affaire comme finie, et que les officiers de l'élection n'entendaient plus à l'avenir former de contestation sur la préséance de Messieurs de l'Université.

En présence d'une déclaration aussi formelle, M. le recteur demande l'avis de l'Université, qui délibère et arrête qu'en conséquence des déclarations faites par M. le président Oudet, il sera sursis à toutes poursuites, et qu'il en sera dressé procès-verbal (1).

J'ai à parler maintenant d'un incident auquel Pothier paraît avoir pris une part plus active encore.

L'Université d'Orléans était très-pauvre, et un jour elle se réunit pour voter la vente d'une cloche qui ne lui servait plus (2). Cette vente a lieu et atteint le chiffre de

(1) 2me *Registre*, p. 5.
(2) Des lettres patentes de 1308 permirent aux docteurs de l'Uni-

2,046 livres, qui est employé à payer les réparations
des bâtiments de l'Université; mais il paraît que cette
somme ne suffit pas, puisque nous voyons les docteurs
régents se réunir une seconde fois pour le même objet.
Pothier est présent et il prête une somme de 600 livres
à l'Université.

Cette réunion, qui eut lieu le 24 décembre 1770, est
la dernière à laquelle notre célèbre professeur ait assisté :
il mourut peu de temps après (1).

Il eut pour successeur à la chaire de droit français
Denis-Robert de Massy, qui fut nommé par lettres patentes du roi, du 14 mars 1772 (2).

On ne pouvait faire un plus heureux choix; car Robert
de Massy était aussi profond dans la science du droit
qu'il était honorable dans les relations de la vie privée.
Tous les professeurs de l'Université, bien qu'ils fussent
profondément attristés de la mort de Pothier, s'empressèrent de lui adresser leurs félicitations. Je puis
reproduire une lettre autographe qu'il répondit à l'un
d'eux.

---

versité d'avoir une cloche ou horloge pour avertir de l'heure des
leçons, « lequel horloge a esté faict, l'an 1310, par le chapitre de
Sainte-Croix d'Orléans », comme il se justifie par les vers latins
gravés en lettres sur l'horloge de l'Université :

> Hanc horas æquè campanam nocte dieque
> Quæ numerat fieri, fecit mater sacra cleri,
> Qua renitet sacris documentis Aurelianis
> Anno millesimo centeno ter quoque deno.

(1) 2ᵐᵉ *Registre pour les affaires particulières de MM. les docteurs
régents*, p. 10, déposé à la bibliothèque d'Orléans.

(2) *Registre des concours*, commencé le 10 janvier 1759 et fini
le 2 juillet 1774, p. 123, déposé à la bibliothèque d'Orléans.

A monsieur Guyot, docteur régent (1).

« Monsieur et très-cher confrère,

« Je suis on ne peut plus sensible aux témoignages
d'amitié dont vous me comblez par votre lettre du
16 courant. Je ne doutais point de la part singulière
que vous prendriez à la promotion qui vient d'être faite
de moi, à la place honorable de professeur de droit
français. Une seule chose m'empêche de jouir de tout
mon bonheur : c'est d'être chargé de remplacer un
homme aussi célèbre que M. Pothier. Je sens toute mon
insuffisance ; mais la ferme résolution que j'ai prise de
me consacrer entièrement au travail me soutient, avec
l'intime persuasion où je suis que mes confrères et vous
en particulier, Monsieur, voudrez bien m'aider de vos
conseils pour me soutenir dans une carrière aussi sca-
breuse. Je brûle d'impatience de me voir à Orléans pour
avoir le plaisir de vous témoigner toute la vivacité de
ma satisfaction de me voir attaché pour toujours au
corps de l'Université, et uni, par des liens étroits, à
des personnes aussi recommandables par les qualités de
leur cœur que par leur profond sçavoir. Mais vous allez
voir que cet instant heureux pour moi est différé. Je
reçois dans l'instant une lettre du secrétaire de M. le
chancelier, par laquelle il me marque qu'au bureau de

(1) Cette lettre autographe est tirée du cabinet de M. Jarry-
Lemaire.

M. le duc de la Vrillière, où il s'est transporté pour retirer mon brevet, on lui a dit pour réponse qu'on n'avait pu l'expédier, parce qu'on n'en connaissait pas là forme, et qu'il fallait pour modèle celui de M. Pothier. Je vous envoie cette lettre que mon épouse vous remettra, et je vous supplie de faire chercher, dans les registres de l'Université, le brevet de M. Pothier, et d'en faire faire une copie, collationnée par notre greffier, que je vous prie de m'envoyer par le courrier de demain dimanche, s'il est possible, et de mettre port double à l'arrivée du courrier, afin que je reçoive le paquet lundi à huit heures, et que je me transporte sur-le-champ à Versailles pour le faire expédier devant moi. Voilà à quoi on est exposé dans ce maudit pays, et on m'a tenu douze jours le bec dans l'eau pour me donner cette réponse.

« Ce sera une nouvelle obligation que je vous aurai, et soyez persuadé de toute l'étendue de ma reconnaissance ainsi que des sentiments respectueux et d'attachement avec lesquels je ne cesserai d'être, Monsieur et cher confrère,

. « Votre très-humble et très-obéissant serviteur,

« ROBERT DE MASSY. »

Le nom de M. Robert de Massy est encore dignement porté par son petit-fils M. Paul Robert de Massy, avocat distingué, qui est aujourd'hui à la tête du barreau d'Orléans, et qui occuperait, avec autant de succès que son aïeul, une chaire à l'Université de notre ville si elle existait encore.

De son vivant Pothier eut une telle réputation, et comme professeur et comme jurisconsulte, qu'un savant Espagnol, professeur de l'Université de Salamanque, passant par Orléans, et ne pouvant voir notre illustre compatriote, voulut au moins visiter sa classe; puis il s'assit dans son fauteuil, et, après l'avoir embrassé, il s'écria :

« Je suis donc dans le fauteuil où a coutume de s'as-
« seoir le coryphée des jurisconsultes. »

Après sa mort, son éloge en latin fut prononcé dans cette même classe par Breton de Montramier, professeur de l'Université d'Orléans; en terminant il demanda que l'inscription suivante, où se trouve rappelée l'heureuse expression de : *Pandectarum restitutor felicissimus*, fût inscrite sur un marbre, et placée dans la salle des cours.

Hic docuit
Robertus Josephus Pothier, antecessor,
Idemque in Præsidiali judicum concessu consiliarius;
Pandectarum restitutor felicissimus,
Scholarum et fori lumen,
Cujacio Molinœoque non absimilis.
Doctrinâ et moribus præstitit :
Illâ viam munivit expeditissimam
Ad legum cognitionem:
His effinxit legum sanctimoniam (1).

---

(1) Ici enseigna R. J. Pothier, conseiller au Présidial et restaurateur des Pandectes. Il fut la lumière de l'Université et du barreau. Digne émule de Cujas et de Dumoulin, il surpassa tous les autres en lumières et en vertus. Ses lumières frayèrent une route plus courte pour arriver à la science des lois. Ses vertus enseignèrent le respect religieux avec lequel elles doivent être observées.

CHAPITRE IX

Je dois parler avec quelque détail des ouvrages sur
le droit français sortis de la plume savante du plus
grand des jurisconsultes du xviiie siècle. Au début, je
puis dire que Pothier a eu la gloire de contribuer pour
une large part à la rédaction des lois de son pays, qui
sont devenues le code des autres nations.

Écoutons M. Bigot-Préameneu dans son exposé des
motifs du titre des contrats devant le conseil d'État (1).
« Les auteurs du projet actuel du Code, dit-il, ont cru
que ce serait rendre service à la société si on retirait
du dépôt des lois romaines une suite de règles qui,
réunies, formassent un corps de doctrine élémentaire,
ayant à la fois la précision et l'autorité de la loi. C'est

(1) Séance du 6 pluviôse an xii (27 janvier 1804).

un ouvrage que, dans le siècle dernier, les jurisconsultes les plus célèbres des diverses parties de l'Europe ont désiré, qu'ils ont préparé par de grands travaux. Déjà ce vœu a été réalisé par plusieurs gouvernements. La France met, sous ce rapport, au nombre des ouvrages les plus parfaits ceux de Domat et de Pothier. »

Vient ensuite M. Favard, qui, faisant son rapport sur le même titre du Code civil, s'exprime en ces termes (1) : « Dans la partie qui traite du contrat et des obligations conventuelles, le législateur se trouve dans l'heureuse impuissance de proclamer une volonté particulière : tout ce qu'il dit doit être l'expression des éternelles vérités sur lesquelles repose la morale de tous les peuples. Le livre où il puise ses lois doit être sa conscience, ce livre où tous les hommes trouvent le même langage quand la passion ne les aveugle pas. Les Romains ont écrit ces vérités dans leurs lois. Elles ont été recueillies par le savant Domat, et Pothier en fit un traité qui seul aurait fait sa gloire. *C'est dans les ouvrages de ces deux grands hommes que le projet de la loi dont je vais vous entretenir a été puisé.* »

Le nom de Pothier est spécialement cité dans un grand nombre de séances du conseil d'État et du tribunat ; ses opinions, ses doctrines triomphent le plus ordinairement et passent dans le texte de la loi.

Enfin M. Jaubert (de la Gironde) fait un rapport devant le tribunat sur le chapitre V du titre des contrats ou obligations conventionnelles en général, et dit

(1) Séance du 13 pluviôse an XII (3 février 1804).

en terminant (1) : « Nous avons le magnifique ouvrage de Domat qui nous avait si bien développé la filiation des lois; puis le savant et vertueux Pothier avait publié ses Pandectes, et dans son *Traité des obligations* il a réuni tous les principes fondamentaux du droit et de la morale, que jamais on ne doit séparer. La doctrine de ces grands hommes sera toujours un riche patrimoine pour ceux qui suivent la carrière de la jurisprudence. »

Je suis heureux de pouvoir également faire apprécier ici les immenses travaux de Pothier sur le droit civil et coutumier en citant l'une des plus belles pages du plus éminent jurisconsulte du xixe siècle (2).

« Je termine par ce volume la série de mes Commentaires sur la partie du droit civil qui commence à la *vente*. Il ne m'appartient pas de juger mon propre ouvrage. J'ose croire cependant qu'à défaut des qualités qui me manquent, le public a pu apprécier dans mes écrits l'amour communicatif de la science du droit, et un zèle sérieux pour en rendre les notions populaires. J'avais devant moi un modèle, un maître, un de ces noms qui inspirent ou découragent. Je parle de Pothier. J'ai été assez confiant dans les tendances nouvelles que les besoins de notre siècle et le Code civil ont imprimées à la jurisprudence, pour ne pas céder à la crainte pusillanime d'une comparaison qui me serait défavorable, et j'ai marché avec résolution dans des voies où je ren-

---

(1) Séance du 14 pluviôse an xii (4 février 1804).

(2) Préface de M. Troplong placée en tête de son volume *du Nantissement, du Gage et de l'Antichrèse*, p. 39. Paris, 1847.

contrais à chaque instant cet esprit supérieur. Est-ce
de ma part illusion ou orgueil? Non assurément. Qui
pourrait aujourd'hui se croire l'égal de Pothier? qui
pourrait ne pas admirer cette haute raison si nette et
si sûre, ce style coulant d'une eau si limpide et si
bien approprié à une science que l'auteur voulait rendre
accessible à tous, cette philosophie morale si équitable
et si honnête, cette érudition sans faste, si pleine à la
fois de substance et de simplicité? Voilà l'homme incomparable (au moins des temps modernes) qui a
traité presque tous les sujets que j'ai traités. Que je
lui aie été bien inférieur, c'est ce dont je ne doute pas;
et, quand je le déclare, ce n'est pas avec l'affectation
d'une modestie de parade. A quoi servirait d'exercer tous
les jours dans l'étude son goût et son jugement, si l'on
n'apprenait par là le degré d'estime appartenant à chaque
écrivain, et si l'on manquait du discernement nécessaire
pour mettre au rang le plus éminent des hommes tels
que Pothier, l'esprit le plus français, le jurisconsulte
le plus facile, le représentant le plus fidèle de tout ce
que nous aimons, le bon sens, la rapidité, l'ordre, la
méthode, la clarté? Mais telle est l'activité féconde de
la jurisprudence, qu'elle ne reste jamais stationnaire;
telle est la variété des intérêts humains, qu'ils mon-
trent sans cesse à l'intelligence un nouvel horizon.

« Lorsque Pothier parut, il fallait résumer le droit;
aujourd'hui il faut l'étendre. Pothier trouva la science
encombrée, diffuse, péchant par surabondance et par
luxe; maintenant elle a pour défaut capital la séche-
resse, la maigreur, l'indigence; sans réduire le droit

à sa plus simple expression, comme l'avait fait Domat
avec la rigueur d'un algébriste, il fallait au xviii° siècle
l'abréger, le rendre sobre, précis, méthodique, et cependant lui laisser la profondeur scientifique et la ri-
chesse de la doctrine. Pothier a merveilleusement réussi
dans cette tâche, c'est là le chef-d'œuvre de son talent.
Mais à l'heure qu'il est, il est permis de penser que le
Code civil, résumé des progrès de la société moderne
dans l'ordre des rapports privés, ouvre une carrière
dans laquelle la science doit se montrer sous des formes
nouvelles. »

Le premier ouvrage imprimé, auquel Pothier a travaillé, est *la Coutume d'Orléans avec des observations
nouvelles*, qui parut en 1740, en 2 volumes in-12.

Il est l'auteur des notes et des observations sur les
titres des fiefs, des cens et droits censuels, des relevoisons à plaisir, de la communauté, de la société, des
douaires, des successions, du retrait lignager, des criées
et des cas possessoires, ainsi que des observations sur
la Coutume d'Orléans par de Lalande, qui sont dans le
second volume.

Les notes sur les titres des enfants qui sont en leurs
droits, des servitudes, des prescriptions, des donations
et des testaments, sont de Prévost de la Janès, conseiller au Présidial d'Orléans, ainsi que le discours
historique sur la Coutume d'Orléans, qui est à la tête
du second volume, le traité des profits et droits seigneuriaux, ou supplément aux notes sur les articles du
titre de fiefs, et l'éloge de M. de Lalande, professeur à
l'Université d'Orléans.

A l'égard des observations sur les autres titres, elles sont de Jousse, aussi conseiller au Présidial d'Orléans.

Voici une lettre d'un véritable intérêt que Pothier écrivait à Jousse en 1739, sur l'ouvrage qu'ils faisaient en commun avec Prévost de la Janès, et qui devait paraître l'année suivante. Nous surprenons ainsi Pothier à l'œuvre, et mettant la dernière main à ses notes sur la Coutume d'Orléans.

*A monsieur Jousse, conseiller au Présidial,
à Orléans* (1).

« Luz, ce 7 août 1739.

« Je vous suis bien obligé, Monsieur et très-cher confrère, de la peine que vous avez prise à l'égard de mes notes sur les criées ; je les reçus hier au soir avec les observations de M. Rousseau ; je me suis mis dès ce matin à les corriger, conformément auxdites observations, afin de pouvoir vous les renvoyer aussitôt que j'en trouveray l'occasion. Mais j'appréhende de n'en pouvoir trouver plus tôt que mercredy au soir ; car il ne va aucun blatier à Orléans. J'ay trouvé les observations de M. Rousseau fort justes, surtout celle où il corrige ce que j'avais dit, que l'adjudicataire pouvait se faire décharger de l'adjudication lorsqu'il y avait appel. J'avais dit cela sur la foi d'Héricourt, qui l'avait pris

(1) Cette lettre autographe est tirée du cabinet de M. Noël de Buzonnière.

de l'Hommeau, et je n'y avais fait aucune réflexion ;
mais, pour peu qu'on y réfléchisse, on apperçoit aisément que cette maxime de l'Hommeau est contraire aux
principes. Mais je ne peux être de l'avis de M. Rousseau
au sujet du rang que doivent tenir dans l'ordre les seigneurs et les frais de justice. Je suis charmé que vous
soyez en cela de mon sentiment; néanmoins j'ay cru
qu'on pouvait ne parler que des seigneurs de rente fon-
cière, quoique je sois persuadé qu'ils ayent le même
droit, et sans que j'en parle nommément. Ils se trouvent
suffisamment renfermés dans la maxime générale que je
pose d'abord, que ceux à qui la saisie réelle n'était pas
nécessaire pour la poursuite de leur droit, ne doivent
pas estre tenus des frais des criées. J'ay pris la liberté
d'ajouter un petit mot à la correction que vous avez eu
la bonté de faire, parce qu'il m'a paru que vous laissiez
une petite amphibologie que vous remarquerez aisément. Après avoir dit : à moins que les ordonnances ne
leur donnent cette prérogative, vous dites : tels sont les
juges des eaux et forêts, etc.

« Il semblerait que les juges des eaux et forêts seraient ceux à qui les ordonnances donnent cette prérogative, et, au contraire, ce sont ceux devant qui on
ne peut faire de décrets. Je vous renvoye les observations de M. Rousseau, et je vous prie de voir avec M. de
la Janès si j'ay bien corrigé les endroits qui estaient à
corriger; il y a quelques endroits que j'ay supprimés
en entier. Je crois qu'il pourrait être utile de lire à
quelques procureurs anciens mes notes sur les criées,
peut-être nous donneraient-ils quelques ouvertures. Je

savais déjà qu'il y avait un Opéra à Orléans, M. Lhuillier
s'est offert aussi bien que vous à y venir avec moi.
Lorsque vous n'aurez plus besoin des observations de
M. Rousseau, je vous prie de me les renvoyer, ou plustôt
vous me les rendrez à Orléans, car je ne tarderay pas
beaucoup à y revenir.

« J'ai l'honneur d'estre, avec bien de la reconnaissance pour toutes les bontés que vous avez pour moy,
Monsieur et cher confrère,

« Votre très-humble et très-obéissant serviteur,

« POTHIER.

« Bien des compliments à M. de la Janès et à tous nos
amis. »

Dix années après la publication de la Coutume d'Orléans annotée par Pothier, Prévost de la Janès et Jousse,
l'édition se trouvait épuisée. Le libraire s'adressa à
Pothier, en le priant de donner ses soins à une nouvelle
édition. Pothier accepta avec empressement; mais au lieu
de livrer au public un simple travail de révision, il en
créa un tout nouveau. Cet ouvrage parut en 1760 sous ce
titre : *Coutumes des duché, bailliage et prévôté d'Orléans et ressort d'iceux, avec une introduction générale
auxdites Coutumes, et des introductions particulières à
la tête de chaque,* etc., en 2 volumes in-12. L'introduction aux divers titres de la Coutume d'Orléans
forme peut-être le traité le plus complet et le plus
méthodique de notre ancien droit français et coutu-

mier. Cet ouvrage a été réimprimé en 1772 en un volume in-4°.

Je possède encore une lettre autographe de Pothier, qui n'a pas de date, mais qui évidemment a été écrite à Jousse en l'année 1759, c'est-à-dire peu de temps avant l'apparition de la seconde édition de la Coutume d'Orléans, refaite par Pothier seul ; elle est ainsi conçue (1) :

« Monsieur et cher confrère,

« On ne peut être plus sensible que je le suis aux nouvelles marques d'amitié que vous me donnez par la lettre obligeante que vous m'avez fait l'honneur de m'écrire ; je puis vous assurer que j'ai un vrai empressement de revenir à Orléans pour y revoir mes confrères et vous particulièrement ; ce n'est point l'étude du droit qui me retient ici, j'ai très-peu travaillé ces vacances ; ce qui me retient est une affaire où il s'agit de toute la fortune des enfants de mon fermier deffunt. Je les ai fait émanciper pour les faire sortir de la tutelle d'un oncle qui aurait mangé tout leur bien s'il l'eût touché. Il ne me reste plus qu'à faire la liquidation et partage avec la veuve, et à placer leurs deniers. Je compte faire l'un et l'autre cette semaine ; il se trouve heureusement un emploi ; ainsi je compte être de retour à Orléans lundy au plus tard.

« Je vous suis bien obligé de la bonté que vous avez eue d'examiner la feuille de mes notes ; vos observa-

(1) Elle est tirée du cabinet de M. Noël de Buzonnière.

tions sont fort justes; ce que vous ajoutez à la note sur l'article 199, rend effectivement la note plus claire, quoiqu'elle pût s'entendre par sa relation avec le texte; ainsi il faudra l'ajouter.

« A la page 151 je ne sçay effectivement d'où viennent ces mots : *voyez la note* 22 ; il faudra les ôter.

« A la page 155, tout à la fin, je ne parle pas de l'héritier d'une femme qui a fait acte de commune en minorité, il est indifférent qu'il soit majeur ou mineur pour être restitué du chef de cette femme, je parle d'un héritier mineur d'une femme prédécédée qui lui-même a fait acte de commun; pour ôter l'amphibologie il n'y aura qu'à corriger ainsi : *Il en est de même de son héritier qui aurait fait acte de commun en minorité*, ou plustôt j'ôterais entièrement cette phrase : *Il en est de même*, etc.; à la ligne antépénultième, où il est dit *néanmoins si*, etc., je mettrais *néanmoins si la femme ou ses héritiers avaient pris cette qualité en minorité, ils pourraient se faire restituer*, et je supprimerais tout ce qui suit.

« Sur l'article 210 ôtez : *ou léguer*, et mettez seulement en note : *ou autres ascendants*, laquelle note sera marquée sur les mots *père et mère*. A l'égard de la note qui suit, je crois devoir la conserver, les mots dont il est question se trouvent véritablement dans l'édition de 1711. Je ne sçay pas s'il n'y a pas d'autres éditions où ils soient, je crois les avoir vu ailleurs; mais quand il n'y aurait que celle de 1711 où ils seraient, cela suffirait pour que ma note fût véritable et même nécessaire, parce que l'édition de 1711 est fort commune. Il faudra aussi sur cet article dire quelque chose des choses léguées.

Voici, je crois, ce qu'on pourrait mettre : *Les choses léguées par les ascendents sont aussi réputées léguées pour tenir lieu de leur succession; c'est pourquoi les immeubles par eux légués sont propres et ne tombent point en communauté.*

« Votre correction à la page 164 est bonne, effectivement *ayant cours* vaut mieux.

« A la page 168, au lieu de *au reste il faut*, mettez *il faut néanmoins.*

« Outre les corrections que vous avez la bonté de faire, j'en trouve encore une qui ne consiste que dans la ponctuation; à la page 162, ligne 29, au lieu de la virgule qui est avant *vice versa*, il faut un point, ou du moins deux points, et il faut ôter le point qui est après *vice versa.*

« J'ai lu avec beaucoup de plaisir votre travail sur les titres des exécutions et des arrêts, j'en suis très-satisfait. Vous avez dit tout ce qu'on peut dire là-dessus; et vous vous êtes expliqué avec beaucoup denetteté : j'ai quelques petites observations dessus quej'aurai l'honneur de vous remettre avec votre cahier à mon retour.

« Je vous prie de faire bien des compliments à tous nos amis, surtout à M. de la Janès, à M. Letrosne, à M. le lieutenant particulier, et à votre voisin M. de Portmoran.

« J'ai l'honneur d'être, avec toute l'estime et tout le dévouement possible, Monsieur et cher confrère,

« Votre très-humble et très-obéissant serviteur,

« POTHIER. »

J'ai déjà eu l'occasion de dire que tous les traités
que Pothier nous a laissés sur le droit français, n'étaient
pas dans l'origine destinés à recevoir les honneurs de la
publicité. Il rédigeait des cahiers qui lui servirent d'a-
bord au palais pour l'application de la loi, et plus tard
à l'Université pour l'enseignement de ses élèves. Voici
une lettre autographe qui renferme l'une des plus belles
consultations du jurisconsulte, et qui établit bien en
même temps l'existence de ces précieux cahiers destinés
à figurer un jour au nombre des chapitres de notre
Code civil.

Cette lettre est adressée à M. Loyré, avocat fiscal à
Châteaudun, que notre bon Pothier va prendre pour
juge du mérite de ses travaux. Touchante modestie qui
doit servir d'exemple à tous les hommes qui se mêlent
d'écrire.

A monsieur Loyré, avocat fiscal à Châteaudun (1).

« Monsieur,

« Je ne vois aucuns moyens contre la demande du
chapitre. Le bail à rente perpétuelle est une aliénation
qui par conséquent est nulle, ayant été faite sans l'observation des formalités requises pour l'aliénation des
biens d'église ; si les baux à rente étaient permis à
des chapitres, il leur seroit facile de faire des fraudes
en recevant des deniers d'entrée qu'ils mettroient dans

(1) Cette lettre est tirée du cabinet de M. Biard, ancien notaire à
Châteaudun.

leur poche, au préjudice de leurs successeurs; quand même il y auroit quarante ans d'écoulez, les héritiers du preneur ne pourroient opposer la prescription, parce qu'ils ne peuvent prescrire contre leur titre qui se trouve vicieux.

« Monsieur votre baillif sçait bien cela, car il m'a souvent allégué la maxime : *Melius est non habere titulum quam habere vitiosum;* c'en seroit la véritable application. Quand même les héritages auroient été en mauvais état quand ils les ont pris, je ne penserois pas qu'ils pussent rien prétendre pour les impenses qu'ils auroient faites pour les mettre en bonnes façons et réparations, parce que les fruits qu'ils ont perçus depuis un aussi long temps que 1714, les ont abondamment récompensé et dédommagé de ces impenses.

« A l'égard de la sentence des consuls, le terme de dix-huit mois qu'ils ont donné me paroît excessif, la règle est d'accorder trois mois; malgré cela, je ne conseillerois pas d'en appeler; une partie du temps qu'on a donné de trop se passeroit pendant l'appel, ou multiplieroit les frais, et il n'est pas encore sûr que la sentence fût infirmée.

« Je ne peux guères vous envoyer à présent mes cahiers, je n'en ay que deux exemplaires, mon original et une copie, que je donne à mes écoliers successivement à emporter chez eux pour les copier ou les extraire. Je vous les porteroy à Luz; je serai bien charmé si, pendant vos vacances à vos moments de loisir, vous voulez bien vous donner la peine de les lire; je profiteroy des difficultés que vous trouverez à me faire sur les questions qui y sont contenues, et cela pourra me servir à réformer les choses sur lesquelles j'aurois pu me tromper, ou du moins à éclairer ce qui ne le seroit pas suffisamment. Je vous souhaite de tout mon cœur une heureuse année, et je vous prie de me continuer votre amitié, qui m'est infiniment précieuse. Permettez-moi de présenter mes respects à mesdemoiselles vos sœurs.

« Bien des compliments à MM. de Villebresme et Audonneau. M. Pichar est bien guéri, et je conte qu'il viendra à Luz dans l'année où nous allons entrer.

« J'ay l'honneur d'estre, avec le plus sincère attachement, Monsieur,

« Votre très-humble et très-obéissant serviteur,

« POTHIER.

« Je vous prie aussi de faire bien mes compliments à M. le bailli. »

En 1761 Pothier fit paraître son *Traité sur les Obligations*, en 2 volumes in-12, qui a été réimprimé en 1764 avec des augmentations.

Ce travail pouvait à lui seul faire passer le nom de son auteur à la postérité la plus reculée. Voici le jugement qu'en a porté M. Dupin, le savant procureur général à la Cour de cassation : « Cet immortel ouvrage n'est pas seulement un bon *livre de droit;* c'est avant tout un *excellent livre de morale;* une œuvre de tous les temps, de tous les pays, de toutes les nations; un livre auquel l'antiquité ne pourrait opposer que les

Offices de Cicéron, et qui n'a de supérieur que l'Évangile, parce que l'Évangile est la parole même de Dieu. » Enfin M. Dupin n'hésite pas à dire que le Traité des obligations de Pothier est le plus beau livre de droit qui soit sorti de la main des hommes (1).

M. Dupin n'est que l'écho fidèle de tous les jurisconsultes qui ont lu et médité l'œuvre de Pothier.

Depuis la publication de ce traité jusqu'à sa mort, Pothier a fait paraître chaque année un nouvel ouvrage ; et la réputation que lui avait faite son Traité des obligations était telle, qu'au lieu d'inscrire son nom sur le titre de ceux qui parurent depuis, les libraires préférèrent mettre : *Par l'auteur du Traité des obligations.*

En 1762 il donna le *Traité du contrat de vente selon les règles tant du for de la conscience que du for extérieur*, et le *Traité des retraits pour servir d'appendice au Traité du contrat de vente*, 3 volumes in-12. Une seconde édition de cet ouvrage fut publiée en 1765.

Pothier avait deux libraires, l'un à Orléans, qui était Rouzeau-Montault, et l'autre à Paris, qui s'appelait de Bure l'aîné. Je vais citer deux lettres autographes qu'il leur écrivait à l'occasion de son Traité des obligations et de son Traité du contrat de vente ; elles prouvent que Pothier donnait tous ses soins à la publication de ses ouvrages, et que cette publication lui a suscité des tracasseries bien autrement désagréables que les fatigues de la composition.

(1) *Dissertation sur Pothier*, par M. Dupin, p. 95.

A monsieur de Bure l'aîné, à Paris (1).

« J'ai reçu, Monsieur, le paquet que vous m'avez
envoyé par le carosse; j'en ai donné avis à M. Rouzeau,
qui m'est venu voir aujourd'hui; je comptais qu'il com-
mencerait l'impression aussitôt après les trois festes;
mais il m'a dit qu'il ne pouvait commencer plustôt que
de quinze jours, et qu'il y travaillerait ensuite sans
relâche, et de manière à le finir promptement. Je souhaite qu'il me tienne parole. Mon Traité sur le contrat
de vente sera prêt bientost; quand il sera en état, je
lui remettrai pour en tirer copie et vous l'envoyer, afin
qu'elle passe par les mains d'un censeur, et qu'on puisse
en commencer l'impression aussitôt que celle du Traité
des obligations sera finie.

« J'ai l'honneur d'estre, avec une profonde considération, Monsieur,

        « Votre très-humble et très-obéissant serviteur,

                            « POTHIER.

« A Orléans, ce 21 mars 1761. »

« Vous me ferez plaisir de presser M. Rouzeau de
commencer. »

_____

(1) Cette lettre est tirée du cabinet de M. Dupuis, conseiller à la
Cour impériale d'Orléans.

*A monsieur de Bure l'aîné, libraire, quay des Augustins,
à l'Image Saint-Paul, à Paris* (1).

« J'ai été fâché, Monsieur, d'apprendre, par la lettre
que vous m'avez fait l'honneur de m'écrire, les sujets
de mécontentement que vous me marquez avoir de
M. Rouzeau. Il vint hier ici, et je ne pus m'empêcher
de lui témoigner qu'il n'estait pas convenable qu'il ne
se concertât pas avec vous pour le débit de l'ouvrage,
et qu'il en fît vendre à un prix au-dessous de celui dont
vous êtes convenu ensemble; il m'a nié le fait; je n'ai
pas insisté; tout ce que je sais, c'est que ce n'est pas
ici qu'il vend au-dessous du prix dont il est convenu
avec vous, car vous me marquez que ce prix convenu
entre vous, est de cent sols, et je sais qu'il vend ici
six francs les deux tomes.

« Au surplus, Monsieur, je vous laisse parfaitement
le maître de faire avec M. Rouzeau telles conventions
que bon vous semblera, de même que je vous ai laissé
le maître de contracter avec lui la société que vous avez
contractée, ou de ne la pas contracter. S'il m'eût de-
mandé à imprimer mon ouvrage avant que je vous
l'aye proposé, je le lui aurais accordé, ayant été content de l'impression qu'il a faite de mon Commentaire
sur la Coutume; mais, dès que je suis convenu avec vous
auparavant, il est juste que ce soit vous qui en soyez le
maître. Tout ce dont je vous prie, c'est de ne pas me

(1) Cette lettre est tirée du cabinet de M. Dupuis.

compromettre avec lui, et de ne lui pas faire connaître
que je vous ai écrit. Je lui ai déjà dit et je lui dirai
encore, s'il m'en parle, qu'il s'arrange avec vous comme
il pourra, et que je n'entends entrer pour rien dans ces
arrangements, ny m'en mesler.

« Il compte vous envoyer, dans trois ou quatre jours,
une copie de mon Traité du contrat de vente, que ses
copistes n'ont achevé de copier que depuis quelques
jours ; j'achève de le relire.

« Je vous suis bien obligé de ce que vous me marquez devoir présenter de ma part des exemplaires de
mon livre aux personnes que je vous ai indiquées. Je
croyais qu'ils vous étaient parvenus longtemps avant
qu'ils ne vous sont parvenus ; car dès avant la saint
Martin, je vis de gros ballots dans la boutique de
M. Rouzeau, qu'il m'avait dit être les exemplaires qu'il
comptait vous envoyer dès le 9 ou le 10 du mois ; c'est
ce qui m'a engagé, la veille que j'ai reçu votre réponse,
à écrire à ces personnes pour les prévenir que vous deviez leur présenter mon livre, et les prier de l'agréer,
parce que, ne recevant pas votre réponse, je craignais
que vous ne leur eussiez présenté sans que je les en eusse
prévenues.

« Les personnes à qui j'ai écrit sont : M. de Malesherbes, M. Gilbert des Voisins, conseiller d'État,
M. d'Aguesseau aîné, M. d'Aguesseau de Fresne, M. Gi-
bert, censeur, et M. de Guyenne, avocat. Je n'ay pas
encore écrit à M. Chauvelin, ancien garde des sceaux ;
j'attendais à son égard votre réponse.

« Vous me ferez plaisir de me marquer quand vous

comptez commencer l'impression de mon Traité du contrat de vente, dont vous recevrez la copie au premier jour. Il aurait été à souhaiter qu'il eût pu se débiter en même temps que celui des obligations, l'un renfermant l'application de plusieurs principes qui sont dans l'autre. Outre le traité que vous recevrez, il y a un Traité des retraits qui y sert d'appendice qu'on va copier, aussi bien qu'un Traité sur les lettres de change, et un sur le contrat de constitution de rente, sur lequel je travaille et qui sera bientôt achevé. Après cela viendront les autres contrats.

« J'ai l'honneur d'estre, avec une parfaite considération, Monsieur,

« Votre très-humble et très-obéissant serviteur,

« POTHIER.

« Orléans, ce 20 novembre 1761. »

En 1763, parurent le Traité du contrat de constitution de rente et le Traité du contrat de change, de la négociation qui se fait par les lettres de change, des billets de change et autres billets de commerce; 1 volume in-12.

En 1764, le Traité du contrat de louage, selon les règles tant du for de la conscience que du for extérieur, et le Traité du contrat de bail à rente; 1 volume in-12.

Parmi les lettres de Pothier qui m'ont été confiées, il s'en trouve une relative au contrat de louage et au contrat de bail à rente; elle contient en outre quelques détails sur d'autres ouvrages, et ne manque pas d'un certain intérêt, puisqu'elle sort de sa plume, qui désormais ne sera pas un seul jour sans écrire de nouveaux traités.

A monsieur de Bure l'aîné (1).

« Je vous suis bien obligé, Monsieur, de la bonté que vous avez eu de faire remettre des exemplaires de mon dernier ouvrage aux personnes que je vous avais indiquées, et de la peine que vous avez prise de m'envoyer le livre que M. Chapperonnier a eu la bonté de me prêter. Je vous le renvoie, vous aurez la bonté de le lui rendre à votre loisir et de retirer mon récépissé. Je vous prie de lui faire mes très-humbles remercîments, et de le prier de m'en prêter un autre dont j'aurais besoin. C'est un Traité sur les contrats et baux à cheptel qui est à la fin du Commentaire sur la Coutume d'Auxerre de Billon. Je ne l'ai pu trouver ici.

« Je vous renverrai par M. Rousseau, à son retour à Paris, le manuscrit de mes nouveaux Traités sur le contrat de louage et sur le bail à rente, pour que vous le remettiez au censeur. Comme vous me marquez que vous comptez dans quelque temps faire une nouvelle édition du Traité des obligations, je vous prie de me prévenir du temps dans lequel à peu près vous comptez devoir la commencer, parce que j'ai plusieurs corrections à y faire de fautes d'impression considérables, qui ne sont point dans

(1) Cette lettre est tirée du cabinet de M. Dupuis.

l'errata, et que mes élèves, à qui j'ai enseigné ce traité, ont apportées. Je compte aller bientôt à la campagne, où je m'amuserai à travailler à quelques traités. Si vous avez quelque chose à m'écrire, vous pourrez m'écrire à Orléans, comme si j'y étais, parce que je laisse quelqu'un à la maison.

« J'ai l'honneur d'estre, avec la plus parfaite considération, Monsieur,

« Votre très-humble et très-obéissant serviteur,

« POTHIER.

« A Orléans, ce 7 septembre 1763. »

En 1765, Pothier publia un *Supplément au Traité du contrat de louage ou Traité des contrats de louage maritimes, avec le Traité du contrat de société, selon les règles tant du for de la conscience que du for extérieur, auquel on a joint deux appendices, dans l'un desquels on traite des obligations qui naissent de la communauté qui est formée sans contrat de société, et dans l'autre, de celles qui naissent du voisinage, et le Traité des cheptels, selon les règles tant du for de la conscience que du for extérieur;* 1 volume in-12.

Dans le Traité des cheptels, le célèbre jurisconsulte prend la liberté de combattre les opinions de l'auteur de la *Théologie morale*, de Grenoble; il ne paraît pas tranquille, et il cherche à rassurer sa conscience en demandant l'approbation de l'abbé Guyot, qui habite Paris, et en qui il a une grande confiance. Sa lettre est charmante et remplie de naïveté. La voici :

A monsieur l'abbé Guyot, à Paris (1).

« Monsieur, ·

« M. de Bure doit vous présenter de ma part un exemplaire de quelques nouveaux traités que je viens de
donner au public. L'accueil favorable que vous avez eu
la bonté de faire à mes précédents ouvrages, me fait
espérer que vous voudrez bien agréer aussi celui-ci. Je
serais très-flatté si à vos moments perdus vous daigniez
jetter la vue sur mon livre, et je m'estimerais très-heu-
reux si ce que vous en lirez pouvait mériter votre approbation. Dans un petit Traité des cheptels, qui termine le
volume, j'ai pris la liberté de combattre les décisions de
deux auteurs célèbres, dont l'un est l'auteur de la *Théologie morale*, de Grenoble. Vous jugerez, Monsieur, si
j'ai eu raison ; je ne recherche que la vérité sans aucun
intérêt, car n'ayant jamais eu de bien en Sologne, je
n'ai jamais fait et je n'ai jamais été à portée de faire des
contrats de cheptels.

« J'ai l'honneur d'être, avec une respectueuse estime,
Monsieur,

« Votre très-humble et très-obéissant serviteur,

« POTHIER.

« A Orléans, ce 16 novembre 1765. »

En 1766 et 1767, Pothier fit paraître le *Traité des
contrats de bienfaisance*, où l'on trouve le *Traité du prêt*

(1) Cette lettre autographe est tirée du cabinet de M. Jarry-Lemaire,
propriétaire à Orléans.

à usage et du précaire, et le *Traité du contrat de prêt de consomption;* le *Traité du contrat de dépôt et de mandat*, un appendice du quasi-contrat *negotiorum gestorum*, et le *Traité du contrat de nantissement;* le *Traité des contrats aléatoires*, où se trouvent les *Traités de contrats d'assurance*, *de prêt à la grosse aventure*, et le *Traité du jeu;* 3 vol. in-12.

Cependant Rouzeau-Montault, le libraire d'Orléans, vient à décéder; Pothier s'intéresse à sa veuve et écrit à de Bure, son libraire de Paris, pour le prier, dans le cas où il viendrait à céder son établissement à son fils, de l'associer pour la publication de ses ouvrages à Mme Rouzeau-Montault.

L'harmonie était donc rétablie entre les libraires de Pothier; car ils avaient fait une spéculation fructueuse en publiant des ouvrages qui plaçaient leur auteur au premier rang des jurisconsultes.

Pothier n'a jamais tiré de ses livres un grand profit, si ce n'est, dit M. de Bièvre, l'espérance que ses libraires, comme il le leur recommandait, les vendraient *moins cher* (1).

Je ne sais s'ils se sont conformés à cette recommandation; mais ce que je puis affirmer, c'est qu'ils se montraient fort reconnaissants envers Pothier, et que chaque année, au 1er janvier, ils lui envoyaient de beaux livres sous forme d'étrennes, et que celui-ci avait beaucoup de peine à les accepter, tant il se doutait peu qu'il faisait la fortune de ses libraires.

(1) *Éloge de Pothier*, par Leconte de Bièvre, p. 125.

.Voici deux lettres autographes de Pothier qui viennent confirmer ce que j'avance sur ce point.

A monsieur de Bure (1).

« Monsieur,

« Je suis confus de toutes vos attentions pour moi. Je viens de recevoir encore un traité de la *Théorie du jardinage*, dont il vous a plu de me faire présent; je vous en fais bien mes remercîments.

« Mme Rouzeau-Montault m'a engagé de vous prier de lui donner des assurances, dans le cas auquel vous cèderiez votre établissement à monsieur votre fils, qu'elle serait associée avec lui comme elle l'est avec vous. Je crois que c'est votre intention comme c'est la mienne.

« Je vous prie de vouloir bien faire tenir à M. le président Angran la lettre ci-incluse quand vous en aurez l'occasion.

« Je suis, avec bien de la considération, Monsieur,

« Votre très-humble et très-obéissant serviteur,

« POTHIER. »

A monsieur de Bure père (2).

« Monsieur,

« Je commence par vous remercier de vos étrennes, rien n'est si galant que l'almanach que vous m'avez envoyé; mais je vous avais déjà marqué, au commence-

(1) Cette lettre autographe est tirée du cabinet de M. Dupuis.
(2) Lettre autographe tirée du cabinet de M. Dupuis.

ment de l'année précédente, que cela était trop beau pour un vieillard comme moi.

« Je vous suis obligé de la bonté que vous avez eue de me prêter le livre que vous m'avez envoyé par M. Jousse; je n'en ai pas encore achevé la lecture, je vous le renverrai par quelqu'occasion. J'ai écrit à M. le président d'Ormesson pour le prier de me prêter le livre sur la matière des séparations, dont il m'avait parlé par sa lettre, au cas qu'il l'aye, car il pourrait en avoir seulement entendu parler.

« Comme vous m'avez marqué par votre dernière de tirer sur vous à vue la somme de onze cent quarante-deux livres 17 sous, pour solde de tout ce que vous avez eu la bonté de recevoir pour moi les années précédentes, j'ai donné une lettre de change de cette somme à vue sur vous à MM. Crignon de Bonvallet frères, négociants en cette ville, qui m'en ont compté la valeur.

« J'ai l'honneur d'être, avec bien de la considération, Monsieur,

« Votre très-humble et très-obéissant serviteur,

« POTHIER.

« A Orléans, le 23 janvier 1768. »

Cependant Pothier travaillait toujours, et il publia encore :

En 1768, le *Traité du contrat de mariage*, auquel est jointe une observation générale sur ses précédents traités; 2 volumes in-12.

En 1769, le *Traité de la communauté;* 2 volumes in-12.

En 1770, le *Traité du douaire;* 1 volume in-12.

En 1771, le *Traité du droit d'habitation,* pour servir d'appendice au Traité du douaire; le *Traité des donations entre mari et femme;* le *Traité du don manuel,* auquel on a joint une interprétation de l'article 68 de la Coutume de Dunois; 1 volume in-12.

En 1771 et 1772, le *Traité du droit de domaine de propriété,* auquel est joint un *Traité du droit de possession;* 2 volumes in-12.

Pothier venait de finir le second volume de ce dernier ouvrage, et il se disposait à donner ensuite des traités sur les fiefs et censives, servitudes, droits d'hypothèques, etc., lorsque la mort vint le surprendre.

Il est décédé, comme on sait, le 2 mars 1772. Eh bien, il siégeait au Présidial, pour la dernière fois, le 19 février, et écrivait sa dernière lettre à son libraire de Paris, le 20 janvier de la même année. On verra qu'il a conservé toute sa lucidité d'esprit, et qu'il s'occupe de travaux pour l'avenir.

A monsieur de Bure (1).

« Monsieur,

« Je ne savais pas que Mme Rouzeau vous eût déjà envoyé des exemplaires de mon Traité du domaine de

_____

(1) Cette lettre autographe est tirée du cabinet de M. Dupuis.

propriété; je ne l'avais pas encore relu pour en faire
l'errata. Je le relis à présent pour faire cet errata, et
je compte en achever aujourd'hui la lecture. Je crois
qu'il y aura un carton à y mettre. Je vous prie de dif-
férer à le mettre en vente, jusqu'à ce que vous ayez
reçu l'errata et le carton.

« Les personnes à qui j'ai coutume d'en faire présent
sont : M. le chancelier, M. d'Aguesseau, M. le président
d'Ormesson, M. le président de Malesherbes, M. Barentin; un pour la bibliothèque des avocats, un pour M. le
Berche, et un pour M. Angran.

« J'ai reçu une lettre de lui par laquelle il me marque
qu'il n'a reçu que depuis quelques jours mon manuscrit
que vous avez porté chez lui à Paris, son frère ayant
attendu une occasion pour le lui envoyer. Je ne tarderai
pas à vous envoyer le reste pour le lui faire tenir.

« La nouvelle édition de notre Coutume sera la
première chose à laquelle je vas travailler, ce qui
est absolument nécessaire, Mme Rouzeau n'ayant plus
d'exemplaires de l'édition que j'en ai donné en 1760.

« Je vous suis bien obligé de la peine que vous avez
bien voulu prendre de recevoir ma rente, et de l'avis
que vous m'en donnez.

« Je suis, avec bien de la considération, Monsieur,

        « Votre très-humble et très-obéissant serviteur,

                                « POTHIER.

« Ce 20 janvier 1772. »

Pothier laissa en mourant plusieurs autres ouvrages
manuscrits sur la jurisprudence, auxquels il avait tra-

vaillé anciennement, et qu'il comptait augmenter et perfectionner.

Voici la liste de ces manuscrits :

Epitome operis Grotii de jure belli et pacis.
Synopsis institutionum juris pontificis.
Paratitla in quinque libros decretalium Gregorii IX.
Traité des fiefs, censives, relevoisons et champarts.
Traité des tutelles et de la garde-noble.
Traité des servitudes.
Traité des donations entre-vifs.
Traité de la légitime.
Traité des testaments.
Traité des substitutions.
Traité des successions.
Traité de l'hypothèque.
Traité de la subrogation.
Traité de la vente des immeubles par décret.
Traité de la procédure civile et criminelle.
Synopsis tractatus Molinæi de dividuo et individuo.
Traité de la représentation.
Traité des réparations des bénéficiers.
Extrait du Journal du palais, d'Anjeard.

Tous ces traités furent confiés au professeur Guyot, qui voulut honorer la mémoire de son confrère à l'Université d'Orléans et son ami, en devenant l'éditeur de ses œuvres posthumes ; elles furent imprimées à Orléans de 1776 à 1778, et sont réunies en 8 volumes in-12, ou 4 volumes in-4°.

Quelques-uns des manuscrits dont je viens de donner l'énumération n'ont pas été compris par Guyot dans sa publication des œuvres posthumes de Pothier, peut-être parce qu'ils n'étaient que des esquisses, ou qu'ils n'offraient pas assez d'intérêt.

M. Dupin, appréciant les œuvres de Pothier, dit (1) : « Tous ses traités ne doivent pas être placés sur la même ligne. Ceux qu'il a donnés de son vivant, après y avoir mis la dernière main, sont parfaits; mais ceux qu'on a publiés après sa mort laissent beaucoup à désirer.

« La plupart de ces traités posthumes ne sont que des ébauches, et toutefois ces simples croquis sont tracés d'une main si sûre, que, si l'on n'y trouve pas tous les développements que le sujet comporte et que l'auteur leur aurait certainement donnés, du moins on n'y rencontre point d'erreurs : le coloris manque; mais le dessin est pur et correct. Parmi les œuvres posthumes de Pothier qui n'ont jamais été imprimées, et dont on doit déplorer la perte (2), je place au premier rang ses opuscules latins, tels que l'*Epitome de Grotius*, et le *Synopsis* du traité de Dumoulin sur les obligations divisibles et indivisibles. De quel avantage ne serait pas pour la science de posséder de tels abrégés où, sans rien perdre de leur substance, de longs ouvrages avaient seulement perdu de leur étendue, et où des doctrines souvent obscures étaient traduites en termes parfaitement éclaircis ! »

Letrosne comparait Pothier à la Fontaine (3). Henne-

---

(1) *Dissertation sur Pothier*, par M. Dupin, p. 110-111.

(2) J'ai fait les recherches les plus actives, et je n'ai rien pu trouver qui me mît sur la trace de ces manuscrits.

(3) *Éloge de Pothier*, par Letrosne, p. 140.

quin le comparait à Rollin (1). J'aime mieux la seconde
comparaison, elle me paraît plus juste que la première,
et je me permettrai de la cautionner, en reproduisant
ici un remarquable passage de M. Berville, auteur de
l'Éloge de Rollin qui sous la Restauration remporta le
prix à l'Académie française.

« En parlant de Pothier, dit-il, nous nous sommes
trouvés conduits naturellement à parler de Rollin. Il
serait difficile en effet de n'être pas frappé des rapports
d'esprit et de caractère, et, pour ainsi dire, de l'air
de famille qui règne entre ces deux hommes de bien.
C'est la même candeur, la même piété, la même modestie. Tous deux appliqués à l'étude, tous deux amis
de la jeunesse, tous deux zélés pour leurs devoirs, ils
semblent encore se rapprocher par la conformité de
leurs opinions religieuses et par celle de leur carrière,
voués également en grande partie aux nobles fonctions
de l'enseignement public. Un dernier trait achèvera leur
parallèle : tous deux, sans avoir inventé, ont pris place
à côté des esprits inventeurs, par l'art peu commun
de faire un choix judicieux dans les idées d'autrui, et
d'en composer un corps de saines doctrines. Leur style
même se ressent du rapport de leur esprit et de leur
caractère : plus orné, plus littéraire chez Rollin, dont
la vie s'était écoulée dans le commerce des écrivains
de l'antiquité ; il se distingue également chez l'un et
l'autre par un ton de simplicité naïve, de droiture et
d'honnêteté qui commande la confiance. Chez l'un et

(1) Hennequin a dit dans un article de la *Thémis* que Pothier avait
écrit sur la jurisprudence comme Rollin sur l'histoire ; t. Ier, p. 55, 1819.

l'autre on reconnaît le langage de la sagesse unie à la vertu. »

Le parallèle fait par M. Berville ne me paraît pourtant pas juste au point de vue des opinions religieuses ; en effet, il n'est pas exact de dire que Pothier ait adopté toute la doctrine du jansénisme, puisqu'il est mort dans le sein de l'Église catholique ; « tandis que Rollin, nous dit M. de Sainte-Beuve, était naturellement de cette morale chrétienne que préféraient et pratiquaient les Despréaux, les Racine, les Duguet; mais cela le conduisit à prendre parti pour le père Quesnel, et bien au delà : à se prononcer même pour le diacre Paris, et pour ses prétendus miracles du cimetière de Saint-Médard: Dans les discussions qu'excita la bulle *Unigenitus*, et par suite du rôle qu'il y prit, il en vint à compromettre et à sacrifier cette œuvre d'enseignement de la jeunesse qui était chez lui un art et un don (1). »

Rollin était, comme on s'intitulait alors, *appelant* et *réappelant* (2). Il paraît même qu'il laissa, par son testament, trois mille florins à la caisse destinée aux entreprises et à la défense du parti (3).

Pothier, au contraire, conserva sa chaire de professeur jusqu'à sa mort; il ne fut ni *appelant* ni *réappelant*, et il légua à son curé une somme d'argent pour l'aider à vivre.

---

(1) Sainte-Beuve, *Causeries du lundi*, t. VI. Paris, 1853.

(2) Cela veut dire qu'on appelait de la bulle au futur concile.

(3) *Dictionnaire historique* de Feller, huitième édition (Paris, 1833), t. XI, et *Encyclopédie catholique* de l'abbé Glaire et du vicomte Walsh, t. XVI.

CHAPITRE X

Pothier et le jansénisme. — Texte des cinq propositions condamnées. — Réfutation de ces cinq propositions par la doctrine catholique. — Différentes phases de la question du jansénisme. — Le chapitre de Sainte-Croix refuse d'administrer le chanoine de Cougniou parce qu'il est janséniste. — Intervention du Parlement de Paris. — Le chanoine de Cougniou meurt sans le secours des sacrements. — Monseigneur de Montmorency-Laval, évêque d'Orléans, est exilé. — Lettres autographes de Pothier relatives à l'exécution des arrêts du Parlement.

Il n'est jamais entré dans ma pensée de traiter ici la question du jansénisme, qui pendant plus d'un siècle est venue agiter le monde religieux; mais je suis invinciblement convié à en dire quelques mots à l'occasion d'un fait important qui s'est passé à Orléans, et dans lequel Pothier, à la suite du Parlement de Paris, a pris part au moins par correspondance. Je veux parler du refus fait par le chapitre d'Orléans d'administrer Philippe de Cougniou, chanoine de la cathédrale, à cause des doctrines jansénistes qu'il professait.

Avant d'entrer dans les détails de cet intéressant épisode, je me bornerai simplement à reproduire comme

document historique les cinq fameuses propositions de
Jansénius. Elles sont, nous dit Bossuet, l'âme de son
livre intitulé *Augustinus*. Je placerai en regard ce que
la doctrine catholique enseigne sur chacune de ces
propositions, puis j'indiquerai quelques dates pour bien
préciser les différentes phases de la querelle. Ce sera le
moyen de résumer en quelques mots ce grand dissen-
timent religieux qui est venu s'engloutir dans la révolution de 89, et de mettre en lumière certaines lettres
autographes de Pothier.

Voici les cinq propositions telles qu'on prétend qu'elles
ont été extraites du livre de Jansénius.

1° Aliqua Dei præcepta hominibus justis volentibus
et conantibus, secundum præsentes quas habent vires,
sunt impossibilia : deest quoque illis gratia qua possi-
bilia fiant.

2° Interiori gratiæ, in statu naturæ lapsæ nunquam
resistitur.

3° Ad merendum et demerendum in statu naturæ
lapsæ non requiritur in homine libertas a necessitate,
sed sufficit libertas a coactione.

4° Semipelagiani admittebant prævenientis gratiæ
interioris necessitatem ad singulos actus, etiam ad
initium fidei; et in hoc erant hæretici, quod vellent
eam gratiam talem esse, cui posset humana voluntas
resistere vel obtemperare.

5° Semipelagianum est dicere Christum pro omnibus omnino hominibus mortuum esse aut sanguinem
fudisse.

Je vais donner la traduction de ces cinq propositions, et je placerai en regard la doctrine catholique.

DOCTRINE DE JANSÉNIUS.	DOCTRINE DE L'ÉGLISE CATHOLIQUE (1).

PREMIÈRE PROPOSITION.

Quelques commandements de Dieu sont impossibles à des hommes justes qui veulent les accomplir, et qui s'efforcent de le faire selon les forces qu'ils ont actuellement, et la grâce qui les leur rendrait possibles leur manque.

PREMIÈRE PROPOSITION.

L'observation des commandements n'est jamais impossible aux justes qui veulent sincèrement les accomplir, et qui s'efforcent de le faire selon les forces présentes que la grâce leur donne; et pour surmonter la concupiscence qui les sollicite au mal, ils ont toujours au moins une *grâce de prière*, au moyen de laquelle ils peuvent obtenir le secours nécessaire pour observer actuellement les commandements.

DEUXIÈME PROPOSITION.

Dans l'état de la nature corrompue (c'est-à-dire depuis la chute d'Adam), on ne résiste jamais à la grâce intérieure.

DEUXIÈME PROPOSITION.

Dans l'état de la nature corrompue, la grâce intérieure n'a pas toujours l'effet qu'elle pourrait avoir, dans la circonstance où elle est donnée, et le juste qui pèche, avait avant son péché une grâce intérieure, au moyen de laquelle il avait le pouvoir véritable et relatif d'éviter le péché.

(1) *Histoire littéraire de Fénelon*, par M***, directeur du séminaire de Saint-Sulpice, p. 313 et suivantes; 1843.

TROISIÈME PROPOSITION.

Pour mériter et démériter dans l'état de la nature corrompue, la liberté qui exclut la nécessité n'est pas requise en l'homme, mais il suffit d'avoir la liberté qui exclut la contrainte.

TROISIÈME PROPOSITION.

Pour mériter ou démériter dans l'état de la nature corrompue, il ne suffit pas d'être exempt de contrainte, mais il faut de plus être exempt de toute nécessité véritable, soit *absolue* soit *relative* aux circonstances présentes ; en sorte qu'un acte volontaire fait par nécessité ne peut être méritoire ou démérítoire.

QUATRIÈME PROPOSITION.

Les semi-pélagiens admettaient la nécessité de la grâce intérieure et prévenante pour chaque action en particulier, même pour le commencement de la foi ; et ils étaient hérétiques en ce qu'ils voulaient que cette grâce fût de telle nature que la volonté humaine pût lui résister et lui obéir.

QUATRIÈME PROPOSITION.

Les semi-pélagiens n'admettaient pas la nécessité d'une grâce intérieure et permanente pour tous les actes surnaturels, et en particulier pour le commencement de la foi. S'ils l'eussent admise, ils n'eussent point été hérétiques en voulant que cette grâce fût de telle nature, que la volonté humaine ait le pouvoir *véritable* et *relatif* de lui résister ou de lui obéir ; et bien loin que cette dernière assertion soit hérétique, on ne peut la combattre sans tomber dans l'hérésie.

CINQUIÈME PROPOSITION.

C'est donner dans une erreur des semi-pélagiens de dire que

CINQUIÈME PROPOSITION.

Il est également faux, téméraire et scandaleux de mettre

DOCTRINE DE JANSÉNIUS.	DOCTRINE DE L'ÉGLISE CATHOLIQUE.
Jésus-Christ est mort, ou qu'il a répandu son sang pour tous les hommes.	parmi les erreurs des semi-pélagiens la doctrine qui enseigne que Jésus-Christ est mort et a répandu son sang dans l'intention de mériter à tous les hommes des grâces *réellement* et *relativement* suffisantes pour obtenir le salut éternel. Bien plus, ce serait une impiété, un blasphème et une hérésie, de prétendre que Jésus-Christ, par sa mort et par l'effusion de son sang, n'a mérité ces grâces qu'aux seuls prédestinés, en sorte que tous les réprouvés manquent de secours *réellement* et *relativement suffisants* pour obtenir le salut éternel.

Lorsque Jansénius composa le livre qui, nous dit encore Bossuet (1), contient bien ces cinq mémorables propositions, il était évêque d'Ypres. Il mourut en 1638, et son ouvrage ne fut publié qu'en 1640.

Jansénius ne prévoyait certainement pas que les doctrines contenues dans son traité provoqueraient une longue et cruelle guerre dans le sein de l'Église catholique. S'il eût vécu, il eût pu expliquer le fond de sa pensée, écouter les objections, et peut-être

(1) *Histoire littéraire de Fénelon*, par M***, directeur du séminaire de Saint-Sulpice; 1843.

revenir sur ses propositions. Il eût ainsi évité d'inter-
minables disputes, qui n'ont profité en dernière analyse qu'aux ennemis de la religion, dont il fut l'un des
prélats les plus éminents.

Quoi qu'il en soit, les cinq propositions furent condamnées comme hérétiques par Innocent X en 1653 (1),
et par Alexandre VII en 1656.

Les jésuites ne tardèrent pas à se déclarer contre
les jansénistes, et furent leurs adversaires les plus
ardents.

En 1665 Alexandre VII enjoignit aux jansénistes de
signer un formulaire qui contenait une adhésion à sa
condamnation; et Louis XIV obligea, sous des peines
sévères, tous ses sujets à obéir.

Malgré cela, les jansénistes résistaient avec obstination, lorsqu'en 1669 Clément IX parvint à rétablir
la paix, et ces tristes divisions de l'Église parurent
suspendues pendant trente-quatre ans.

Ce ne fut qu'après ce long intervalle qu'elles se re-
nouvelèrent avec une nouvelle ardeur. Fénelon se vit
obligé, par le devoir de son ministère, d'élever la voix
pour l'instruction de son peuple et pour l'édification
de l'Église; il entra publiquement dans cette controverse, à laquelle furent presque entièrement consacrées
les dernières années de sa vie (2).

Quelque temps avant la mort de Fénelon (3), la

(1) Bulle du 31 mai 1653.
(2) *Histoire de Fénelon,* par le cardinal de Bausset, p. 385. Paris, 1850.
(3) Fénelon est mort en 1715, à l'âge de soixante-quatre ans.

querelle du jansénisme fut ranimée de nouveau par un
ouvrage du père Quesnel, prêtre de l'Oratoire ; il avait
pour titre : *Réflexions morales du Nouveau Testament,*
et reproduisait les principes de Jansénius. Ce livre fut
condamné en 1713 par le pape Clément IX, dans la
fameuse bulle *Unigenitus.* Cette bulle ne fut admise en
France qu'après une assez longue opposition, et elle
devint l'occasion de nouvelles poursuites contre ceux des
jansénistes qui ne voulaient pas y souscrire. La magistrature française prit une large part surtout à cette dernière
lutte, lutte à laquelle les esprits sages auraient désiré
voir conserver un caractère purement religieux.

Le Parlement de Paris fut exilé.

Enfin le 2 septembre 1754 Louis XV fit paraître sa
déclaration sur les affaires de l'Église. C'était un appel
du souverain à la concorde ; il rappela le Parlement de
Paris.

Ce fut vers cette époque que l'affaire du chanoine de
Cougniou éclata à Orléans ; je vais la laisser raconter
par un auteur orléanais, M. Picot (1) :

« Le 18 mars 1755, nouvel arrêt du Parlement de
Paris contre la bulle *Unigenitus.* Il était arrivé l'année
précédente à Orléans un événement qui avait fait un
grand éclat. Un chanoine de cette ville, appelant et
réappelant, étant tombé malade, le chapitre de la cathédrale voulut avant de l'administrer s'assurer de ses
dispositions. On lui expédia trois de ses confrères (2),

(1) *Mémoires pour servir à l'Histoire ecclésiastique pendant le*
XVIIIᵉ *siècle,* seconde édition, tome II, p. 292 et suivantes. Paris, 1815.

(2) Les trois députés étaient MM. Vallet, grand chantre ; Laugeois

qui l'exhortèrent à réparer le scandale qu'il avait donné
et à se soumettre à l'Église. Il leur répondit en quali-
fiant la bulle d'*œuvre du diable*. Mgr de Montmorency,
son évêque, alla le voir, et ne recueillit que des injures
pour prix de ses efforts.

« En conséquence, le chapitre prit une délibération
portant que les sacrements seraient refusés au sieur de
Cougniou (ainsi se nommait le chanoine); c'était au mois
de septembre 1754, peu de temps après la déclaration.
La chambre des vacations du Parlement de Paris s'em-
pare de l'affaire, et envoie arrêts sur arrêts pour forcer
à administrer (1).

« Sur ces entrefaites de Cougniou meurt; mais cet
événement ne mit pas fin aux discussions : quoique le
chapitre d'Orléans eût déjà été condamné à douze mille
livres d'amende, on continua de mander des chanoines,

d'Imbercourt, archidiacre de Beauce, et de Hillerin, archidiacre de
Sologne; plus tard le Parlement les bannit tous les trois à perpétuité
hors du royaume, déclara leurs biens confisqués, ordonna que l'arrêt
serait attaché par l'exécuteur de la haute justice à un poteau planté
un jour de marché sur la place du Martroy de la ville d'Orléans. (*Les
évêques d'Orléans*, par M. V. Pelletier, chanoine de l'Église d'Orléans,
et vicaire général, p. 148-149.) Orléans, 1855.

(1) Voir les arrêts de la cour du Parlement, extraits des registres
du Parlement du 19 juillet 1755, du 22 août de la même année, et
l'ordonnance du bailliage d'Orléans du 30 octobre 1756, rapportés
dans un recueil d'arrêts qui se trouve à la bibliothèque de la ville
d'Orléans. B. 1565.

Voir également les plaidoyers et réplique prononcés devant le Parlement de Paris les 27 juin, 4 juillet et 18 juillet 1755, et une requête
des faits justificatifs et moyens d'atténuation, présentée par le chapitre de Sainte-Croix. Recueil de 1041-1065, E. 4427. Bibliothèque de
la ville d'Orléans.

d'en décréter d'autres. Ce fut à cette occasion que l'é-
vêque d'Orléans fut dénoncé et exilé (1).

« Le 18 mars, il devait y avoir un rapport sur cette
affaire. Tous les ennemis de la bulle étaient accourus
au palais pour être témoins de leur triomphe. Ils eurent
lieu d'être contents. On prononça qu'il y avait abus dans
les délibérations du chapitre ; et pour ne pas négliger
une occasion de prendre du terrain et de s'escrimer
contre une bulle, objet de tant de haine, il fut dit,
qu'*attendu les faits résultant de la cause, on recevait
incidemment le procureur général appelant comme d'abus
de l'exécution de la bulle* Unigenitus, *notamment en ce
qu'aucuns ecclésiastiques prétendaient lui attribuer le caractère ou les effets de règle de foi.* On déclara qu'*il y
avait abus, et il fut enjoint à tous ecclésiastiques, de
quelque dignité qu'ils fussent, de se renfermer, à l'égard
de la bulle, dans le silence général respectif et absolu
prescrit par la déclaration du 2 septembre.* Si un tel
arrêt combla tout le parti de joie, il ne sembla aux
gens sages qu'un éclat aussi étrange qu'inutile contre
une loi de l'Église, confirmée par un assentiment de
quarante années, et reconnue plusieurs fois par Louis XIV
et Louis XV. Le prince, malgré les idées nouvelles qu'on
lui avait inspirées, témoigna son mécontentement de

(1) Mgr de Montmorency-Laval se retira d'abord à Meung par ordre
du roi ; à la fin de 1757 il donna sa démission. En 1758, il devint
évêque de Condom, ensuite de Metz, puis cardinal, et en 1786 grand
aumônier de France et commandeur de l'ordre du Saint-Esprit. Il
mourut en Allemagne. (*Les évêques d'Orléans,* par M. V. Pelletier,
p. 148-150.)

cette levée de boucliers. Il rendit le 4 avril, en son
conseil, un arrêt qui cassait et annulait celui du Parlement, *en ce qu'on y disait qu'il y avait abus dans l'exécution de la bulle, et en ce que, sous le prétexte de faire
observer la déclaration, le Parlement en avait étendu et
interprété les dispositions contre les vues et les intentions
du roi.* Ce prononcé du roi excita les plaintes des magistrats. Ils auraient voulu qu'il fût entré aveuglément
dans tous leurs préjugés; mais comme ils n'étaient disposés à suivre la volonté du souverain que lorsqu'elle
était d'accord avec la leur, ils continuèrent d'aller en
avant sans s'embarrasser des obstacles, et de mettre de
plus en plus le désordre dans l'Église

« Le 7 mai ils enjoignirent à la Sorbonne d'être plus
attentive à empêcher qu'il ne fût soutenu aucune thèse
contraire aux maximes du royaume et au silence prescrit.
La Sorbonne ayant refusé d'enregistrer cet arrêt, on
manda les principaux membres, auxquels le premier
président fit une réprimande, et on coucha l'arrêt sur
leurs registres, en leur défendant de s'assembler jusqu'à
nouvel ordre. Ainsi, par une inconséquence remarquable, ces magistrats qui s'étaient plaints avec autant
de chaleur des enregistrements forcés et des défenses de
délibérer sur tel objet et de s'assembler, et qui avaient
peint ces mesures comme des actes arbitraires et des-
potiques, prenaient ces mêmes mesures contre un corps
qui, sur ces matières, ne pouvait dépendre d'eux (1).

(1) Il faut se tenir en garde contre les appréciations de Picot, qui
n'aimait pas les Parlements. A. Barbier, dans son *Dictionnaire des ouvrages anonymes et pseudonymes*, lui a souvent reproché sa partialité

« Le 25 mai, ouverture de l'assemblée du clergé de
Paris, on s'attendait qu'elle réclamerait contre tant de
vexations, et il y avait eu déjà, dans l'assemblée des
métropoles, des plaintes vives sur la déclaration et sur
la conduite des tribunaux. Les réfractaires auraient voulu
que la Cour eût défendu aux évêques de s'occuper de
ces matières, et un de leurs écrivains (1) regrette vivement qu'on n'eût pas pris ce parti. Ainsi, par un ren-
versement d'ordre bien étrange, on eût vu en même
temps et les Parlements décider souverainement sur des
objets purement spirituels, et la connaissance de ces
mêmes objets interdite aux évêques, seuls compétents
pour en connaître. Heureusement ce désir des ennemis
de l'Église ne fut pas satisfait. L'assemblée du clergé
commença à montrer les sentiments qui l'animaient en
arrêtant de demander au roi le retour de M. de Beau-

et son inexactitude pour plaire au parti des jésuites. Michel-Joseph-
Pierre Picot est, du reste, un historiographe distingué du clergé français ; il est né à Neuville, près Orléans, le 25 mai 1770, et est mort
à Paris le 15 novembre 1841 ; il est l'auteur : 1o d'un Essai historique
sur l'influence de la religion en France pendant le xviie siècle ; 2o de
Mémoires pour servir à l'histoire ecclésiastique pendant le xviiie ;
3o d'une Notice sur la vie et les écrits de l'abbé Émery, supérieur du
séminaire de Saint-Sulpice ; 4o de deux autres Notices sur l'abbé Le-
gris-Duval, et sur M. de Sainte-Croix, membre de l'Institut. Picot est
en outre l'éditeur des Œuvres complètes de M. de Boulogne, auxquelles
il a joint en tête du premier volume une notice sur le prélat. Picot est
enfin une illustration orléanaise, et, ce qui est plus piquant, il est parent de Pothier, puisqu'il est le petit-fils de Marie-Madeleine Amyot,
veuve de Pierre Picot, greffier au siége royal de Neuville, qui figure
comme héritière dans la succession de notre illustre compatriote. Voir
la généalogie de Pothier à la fin de ce volume.

(1) Lettres sur le péché imaginaire.

mont, toujours exilé à Conflans. Elle députa aussi au
prince en faveur des évêques de Montpellier et d'Orléans, dont les tribunaux cassaient les ordonnances et
troublaient les diocèses.

« Le 29 juillet, l'archevêque d'Arles fit un rapport sur
la situation de l'Église de France, et sur les entreprises
des Parlements. Un nouvel éclat attira bientôt toute
l'attention de l'assemblée. Le 29 août, le Parlement de
Paris rendit, sur l'affaire de Cougniou, un arrêt dont
toutes les dispositions étaient autant d'abus d'autorité.
Le chapitre d'Orléans et plusieurs chanoines étaient con-
damnés à des amendes. Trois autres chanoines étaient
bannis à perpétuité. Enfin le chapitre devait fonder un
service, et faire les frais d'un monument en l'honneur
de Cougniou.

« L'assemblée fit demander au roi la permission d'aller
en corps se jeter à ses pieds; mais le prince ne voulut
recevoir qu'une députation ordinaire, qui lui présenta,
le 8 septembre, un mémoire rédigé par M. de Montazet,
évêque d'Autun, et où on s'élevait avec force contre un
arrêt qui portait le sceau de la passion. Cette réclama-
tion n'eut pas l'effet qu'on était en droit d'en attendre;
et le marbre décerné à de Cougniou fut élevé dans une
des églises d'Orléans (1). »

(1) Ce marbre fut placé dans l'église Saint-Pierre-Lentin. L'évêque
de Montmorency-Laval défendit au curé et à tout prêtre de célébrer
le service fondé, et à tout fidèle d'y assister sous peine d'excommuni-
cation, encourue par ce seul fait; il jeta l'interdit sur l'église, et défendit d'y faire l'office tant qu'y subsisterait le fameux marbre. M. Ducamel, curé de Saint-Pierre-Lentin, transporta donc à la chapelle de
l'officialité la sainte réserve, les saintes huiles, l'eau baptismale, et

Lorsqu'au mois de septembre 1754, le chapitre de la cathédrale d'Orléans refusa d'administrer les sacrements au chanoine de Cougniou, Pothier était allé passer ses vacances dans sa terre de la Bigaudière, située commune de Luz; il est informé, par l'un de ses confrères du Présidial, M. Jousse, sans nul doute, des mesures qui avaient été prises par la justice pour réprimer la résistance du clergé orléanais; il écrit de suite et donne son approbation à tout ce qui a été fait dans cette malheureuse circonstance. Il ajoute qu'il eût souhaité que, faute par le chapitre de commettre quelqu'un pour administrer le chanoine mourant, la chambre des vacations eût enjoint au président, et, sur son refus, successivement à ceux qui venaient après lui, de donner les sacrements. Au surplus voici cette lettre, qui est remplie de modération et de fermeté (1) :

« Je vous suis bien obligé, Monsieur et cher confrère, des nouvelles dont vous me faites part. On ne peut rien de plus exact que le précis de l'arrest que vous avez pris la peine de nous faire; M. Lhuillier me l'a envoyé imprimé; il n'y a pas un iota de manque dans le précis que vous en avez fait. Le chapitre aura sans doute persisté dans son refus; il est trop encouragé par l'évêque pour qu'il y ait lieu d'en espérer autrement; vous vous serez

tous les ornements sacrés. (*Les évêques d'Orléans*, par M. V. Pelletier.)

(1) Cette lettre autographe est tirée du cabinet de M. Noël de Buzonnière ; elle ne porte pas de suscription, mais M. de Buzonnière pense qu'elle est adressée à M. Jousse.

sans doute assemblés aujourd'huy en conséquence de ce
refus et de l'arrest de la Cour. Vous voyez bien qu'il
m'était impossible de m'y trouver, puisque je reçois
aujourd'huy à midi votre lettre et celle de M. Lhuillier.
Je vous avoue que j'aurais été fort embarrassé sur le
parti qu'il y avait à prendre. La chambre des vacations paraît avoir épuisé tous les moyens de vaincre
l'obstination de ces fanatiques. J'aurais souhaité que,
faute par le chapitre de commettre quelqu'un, elle eût
enjoint au président, et, sur son refus, successivement
à ceux qui le suivent, d'administrer sur la première
sommation; mais, puisqu'elle n'a pas pris ce parti,
il faut croire qu'elle a eu de bonnes raisons pour ne
le pas faire. Je tâcherai d'estre à Orléans dans les premiers jours de la semaine; si je n'étais pas si éloigné,
j'y serais bien plustôt.

« J'ay l'honneur d'estre de tout mon cœur, en atten-
dant le plaisir de me réunir à Orléans à nos confrères,
Monsieur et cher confrère,

        « Votre très-humble et très-obéissant serviteur,

                                « POTHIER.
« A Luz, ce 31 octobre 1754. »

Ces tristes débats, qui prenaient forcément un caractère judiciaire, excitaient, comme on doit bien le penser, au plus haut degré la sollicitude de Pothier. Nous
le voyons écrire une seconde lettre à Jousse pour le
remercier des nouveaux renseignements qu'il vient de
lui envoyer et pour l'engager à continuer de le tenir
au courant de ce qui va se passer.

Voici cette lettre (1) :

« Je vous fais mille remercîments, Monsieur et cher
confrère, de la bonté que vous avez de me faire part
des nouvelles qu'il y a à Orléans. Je vous prie de vouloir bien continuer. M. Pichar, qui est arrivé ici mercredy, nous a apporté, la copie de l'arrest qui reçoit le
procureur général appelant comme d'abus, et qui condamne quinze chanoines y dénommez en 12,000 livres
d'amende ; mais, pendant tout ce temps-là, on n'ad-
ministre toujours point les sacrements. S'il s'est passé
quelque chose de nouveau depuis le départ de M. Pichar, j'espère que vous voudrez bien nous le faire
sçavoir ; je souhaiterais sçavoir aussi des nouvelles du
malade.

« Je suis très-obligé à M. Petiteau de l'honneur de
son souvenir ; je vous prie, lorsque vous luy écrirez, de
luy en témoigner ma reconnaissance.

« J'ay l'honneur d'estre, avec toute l'estime et la
considération possible, Monsieur et cher confrère,

« Votre très-humble et très-obéissant serviteur,

« POTHIER. »

Cependant l'affaire du chanoine de Cougniou suivait
son cours, le Parlement de Paris rendait des arrêts, et
le Présidial d'Orléans des sentences. Dans une seconde

(1) Elle ne porte ni date, ni suscription ; mais, comme la précédente, elle a dû être adressée à Jousse, et être écrite pendant les
vacances de 1754. Elle est tirée du cabinet de M. Boucher de Molandon.

lettre, sans date et sans suscription, mais qui est évidemment écrite à la même époque que la précédente,
et adressée au même magistrat; Pothier applaudit aux
mesures prises par le Présidial, et exprime le regret
que la mort du chanoine de Cougniou soit arrivée un
quart d'heure trop tôt pour empêcher l'exécution d'une
sentence rendue par le Présidial. La fin de cette lettre
est pleine de tristesse, et prouve combien Pothier voyait
avec peine tous ces déchirements si funestes à la religion, qu'il pratiquait avec tant de ferveur (1).

« J'ay été très-satisfait, Monsieur et cher confrère,
de la sentence que vous avez rendue, et, si j'avais été
à Orléans, j'y aurais souscrit avec mes confrères de
grand cœur, et je n'aurais pas été d'un autre avis,
vu le cas de la nécessité urgente. J'ay été bien fâché
que la mort, arrivée un quart d'heure trop tost, en
aye empêché l'exécution.

« Votre lettre me fait rester ici cette semaine; si je
ne l'avais pas reçue, je serais parti. Vous ne me marquez
rien des compulsoires qui ont du estre faits. Je ne sais
si M. de Cougniou aura laissé subsister la disposition en
faveur du chapitre pour sa bibliothèque. M. Pichar (2)
vous fait bien des remercîments; il a été bien sensible
à toutes ces affaires-cy, et la lecture de votre dernière
lettre l'a fait pleurer à chaudes larmes. Il y a bien lieu
de craindre que la déclaration du Roy ne subsiste pas
longtemps.

(1) Cette lettre autographe est tirée du cabinet de M. Dupuis.
(2) Pichar était chanoine de Saint-Aignan, et ami de Pothier.

« Je crains l'assemblée du clergé qui se tiendra l'année prochaine, à moins que Dieu ne veuille nous regarder en pitié.

« J'ay l'honneur d'estre, avec bien de la reconnaissance, Monsieur et cher confrère,

« Votre très-humble et très-obéissant serviteur,

« POTHIER. »

L'année suivante, la querelle est loin d'être apaisée, et Pothier écrit encore à Orléans pendant les vacances. Il applaudit au refus du roi, de prolonger l'assemblée du clergé; il examine la valeur des travaux de cette assemblée, et parle du marbre que le Parlement a ordonné de placer dans l'église de Saint-Pierre-Lentin, pour perpétuer le souvenir des torts du chapitre d'Orléans dans l'affaire du chanoine de Cougniou (1).

« Je suis très-sensible, Monsieur et cher confrère, à la bonté que vous avez de me faire part des nouvelles que vous apprenez; je vous en fais bien des remercîments. Nous avons été bien charmés d'apprendre la députation du Parlement sur la prolongation de l'assemblée du clergó, et la réponse que le Roy a faite; puisque cette assemblée ne doit plus durer que jusqu'au 20 de ce mois, nous n'avons plus longtemps à attendre pour apprendre la séparation, et quels auront été les fruits

(1) Cette lettre autographe est tirée du cabinet de M. Noël de Buzonnière; elle ne porte pas de suscription; mais, comme les autres sur ce sujet, elle est adressée à M. Jousse.

de toutes leurs délibérations. Je crois qu'elle se séparera comme le chapitre des rats, sans avoir rien conclu.

« Un corps de doctrine qui fixerait ce qui est de foi sur les matières contestées, et quelles sont les erreurs que l'Église condamne, sans faire mention d'aucun livre ni d'aucun autheur, serait une excellente chose : on sçaurait à quoy s'en tenir ; mais qui sont aujourd'huy les théologiens capables de le faire ? A-t-on des nouvelles du marbre de Saint-Pierre-Lentin ? M. Pichar est très-sensible à l'honneur de votre souvenir ; il s'est rencontré dernièrement avec l'archidiacre qui était dans ces cantons pour sa visite. Le prestre qui lui servait de secrétaire, déclamait beaucoup contre le chapitre d'Orléans, qui selon lui s'était couvert de confusion en reconnaissant la compétence du Parlement ; M. Pichar, comme vous le jugez bien, le laissa dire : l'archidiacre s'informa, après qu'il fut sorti, s'il était chanoine de la cathédrale, et sur ce qu'on lui dit qu'il était chanoine d'une collégiale, il fut content.

« J'ay l'honneur d'estre, avec bien de la reconnaissance, Monsieur et cher confrère,

« Votre très-humble et très-obéissant serviteur,

« POTHIER.

« A Luz, 14 octobre 1755.

Enfin l'affaire du chapitre contre le chanoine de Cougniou, s'apaisait.

Le 30 décembre 1757, une requête fut présentée au Parlement, toutes les chambres assemblées, au nom de

MM. les vicaires généraux capitulaires Cobert, doyen
de Sainte-Croix, et Paris, sous-doyen; « exposant que
le curé de Saint-Pierre-Lentin était rentré dans son
église; que le service, prescrit par l'arrêt du 29 août
1755, avait été acquitté et qu'il continuerait de l'être
chaque année au jour voulu; que les communautés de
Saint-Charles et de Saint-Loup, privées depuis longtemps
des sacrements, étaient rétablies dans leurs droits. »
Ladite requête tendant en outre à obtenir que le marbre
posé dans l'église de Saint-Pierre-Lentin fût enlevé et
supprimé. Ce à quoi la Cour consentit en ordonnant
que, quant au surplus, l'arrêt du 29 août sortirait tout
son effet (1).

Il paraît qu'avant de procéder de la sorte, MM. les
vicaires généraux avaient engagé le curé Ducamel (2) à
leur présenter requête pour obtenir mainlevée de l'interdit de son église. Pothier écrit à Jousse la lettre suivante, dans laquelle il lui donne son opinion sur cette
question de procédure (3).

« Je vous suis bien obligé, Monsieur et cher confrère, de la bonté que vous avez de continuer à nous
faire part de ce qui se passe. Je suis surpris de la proposition que les vicaires généraux ont faite à notre curé
de leur donner requeste pour avoir mainlevée de l'interdit de son église, cela n'était nullement proposable:

(1) *Les Évêques d'Orléans*, par M. V. Pelletier.

(2) Pothier portait une vive affection au curé Ducamel ; son testament contient un legs pieux au profit de ce vénérable ecclésiastique.

(3) Cette lettre autographe est tirée du cabinet de M. Noël de Buzonnière.

après avoir, comme il le devait, l'authorité de la Cour,
et déféré à l'arrest qui recevait opposant le procureur
général de l'ordonnance d'interdit, convenait-il qu'il
méconnût ensuite l'authorité de la Cour, et qu'il con-
damnât sa propre conduite en supposant, par sa requeste, son église interdite et en demandant mainlevée
de ce prétendu interdit? MM. les vicaires généraux, d'ailleurs, n'avaient pas besoin de sa requeste, ni de celle
des habitants pour rendre leur ordonnance. Ils pouvaient la rendre sur la requeste de leur promoteur ; au
reste, je trouve qu'il était fort à propos de rendre cette
ordonnance, non pas que je ne sois très-convaincu que
dans le droit elle était inutile, et que l'appel du procureur général avait suffisamment empêché l'effet du
prétendu interdit prononcé par la monstrueuse ordonnance de l'évêque (1); mais si l'ordonnance de MM. les
vicaires généraux n'était pas nécessaire dans le droit,
elle était, dans les circonstances présentes, très-néces-
saire pour lever les scrupules d'un grand nombre de nos
paroissiennes, qui sans cela auraient toujours cru l'é-
glise interdite, et pour faire cesser le scandale qu'aurait causé l'espèce de schisme qu'elles auraient fait en
affectant de s'absenter de la paroisse; il n'était pas possible de faire cesser ce scandale autrement, ce qui doit
faire juger que leur ordonnance était indispensable, et
qu'on doit leur savoir gré de l'avoir rendue ; d'ailleurs,
par ces termes : *en temps que besoin est ou serait,* ils,

(1) Pothier traite ici une question de procédure ; l'ordonnance de
l'évêque lui paraît *monstrueuse* au point de vue de la légalité seulement.

donnent à entendre que l'ordonnance n'est rendue que
pour ménager les faibles et qu'elle n'attente pas à l'authorité de la puissance publique.

« J'ay l'honneur d'estre, avec bien de la reconnaissance, Monsieur et cher confrère,

« Votre très-humble et très-obéissant serviteur,

« POTHIER.

« A Luz, ce 3 novembre 1757. »

Je ne puis mieux faire, pour résumer la conduite de
Pothier dans la question du jansénisme, que de citer le
passage d'un discours remarquable prononcé le 15 décembre 1849, à la séance d'ouverture des conférences
de l'ordre des avocats de Paris, par M. Henri Busson,
docteur en droit; à mon sens on ne peut rien dire de
mieux et de plus juste.

«..... Il ne serait pas exact de croire qu'avec la
morale de Port-Royal, Pothier en ait adopté toutes les
doctrines. Il ne convenait pas à cet esprit éclairé, mais
naturellement timide·et plein de foi, d'aller, sur les
traces de Domat, sonder les abîmes de la pensée humaine, et encore moins de braver l'autorité de la cour
de Rome. S'il dénie au pape tout pouvoir sur les affaires
temporelles (1); s'il repousse les tentatives usurpatrices
de ceux qui voulaient abandonner le mariage à l'autorité
exclusive de la puissance spirituelle (2); si enfin il flétrit

(1) Traité de la prescription, numéro 198.
(2) Traité du contrat de mariage, numéros 11 à 22.

l'abus des dispenses (1), on le voit aussi défendre plusieurs décrets du concile de Trente (2); combattre, la loi
à la main, ceux qui veulent retrancher les jésuites de
la vie civile (3); et enfin, dans cette matière si difficile
alors des empêchements aux mariages, abriter respec-
tueusement les solutions qu'il propose sous les décisions
des pontifes romains (4).

« Dans cette grande lutte qui remplit plus d'un siècle
de notre histoire, Pothier, malgré ses sympathies, ne
prend parti ni pour les uns ni pour les autres. S'il faut
lui chercher des compagnons dans la voie qu'il a suivie,
nous trouvons une partie de la magistrature marchant
alors à la suite de d'Aguesseau, tous ayant pour drapeau
la célèbre déclaration de 1682, et guidés par le génie
de Bossuet.

« Ils avaient compris comme Pothier que la religion
n'avait rien à gagner à ces luttes, dont d'Alembert a
résumé ainsi le résultat : « C'est la philosophie qui,
« par la bouche des magistrats, a porté l'arrêt contre
« les jésuites ; le jansénisme n'en a été que le rappor-
« teur. »

(1) Traité du contrat de mariage, numéro 276 et suivants.
(2) Contrat de mariage.
(3) Traité des personnes, titre III.
(4) Contrat de mariage.

CHAPITRE XI

Vie intime de Pothier. — Emploi de son temps à la ville et à la campagne. — Il fait des visites à ses voisins de campagne. — Il découche une seule fois. — On le fait jouer au piquet. — Doctrine de Pothier sur le jeu. — Description d'une procession à Saint-Péravy-la-Colombe, à laquelle il assiste. — Pothier voit la mer pour la première fois à cinquante ans. — Thérèse Javoi, sa gouvernante. — Anecdotes sur Pothier. — Il vit au milieu de ses amis et de ses élèves, qui lui composent une famille. — Son embarras lorsqu'il est obligé d'aller dans le monde. — Il a une passion malheureuse pour la musique.

J'ai suivi autant qu'il m'a été possible Pothier pas à pas, documents en main, depuis le jour de sa naissance ; je l'ai montré faisant d'excellentes études au collége des jésuites et les terminant à seize ans ; je l'ai représenté suivant ensuite avec zèle et distinction les cours de droit de l'Université d'Orléans et obtenant son titre d'avocat à dix-neuf ans. J'ai dit qu'il était entré presque immédiatement dans la magistrature comme conseiller au Présidial d'Orléans ; qu'il avait cinquante et un ans lorsqu'il fut nommé professeur de droit français, et qu'il avait exercé successivement les fonctions d'échevin, de membre de la chambre du terrier ou domaine instituée pour le renouvellement du terrier du duché d'Orléans.

Enfin je me suis complu à le faire voir dans son cabinet composant ses immortels ouvrages.

J'ai donc esquissé la vie extérieure de Pothier, et il ne me reste plus qu'à parler de sa vie intime. J'aurai peu de chose à ajouter, car la vie d'un sage et d'un savant est peu fertile en événements; mais on peut dire des hommes ce qu'on dit des peuples : Heureux ceux qui n'ont pas d'histoire!

Pothier se levait à cinq heures, en toutes saisons, allait chaque jour entendre la messe qui se disait à la cathédrale pendant matines. Il déjeunait frugalement à six heures et se mettait ensuite au travail, soit jusqu'au dîner, soit jusqu'à l'heure de l'audience. Il dînait à midi, donnait sa leçon de droit français à une heure et demie, et rentrait dans son cabinet jusqu'au soir. S'il avait quelques visites à rendre, il choisissait ordinairement un jour de congé, soit le jeudi, soit le dimanche après vêpres.

Letrosne, l'un de ses jeunes amis, allait quelquefois le prendre le jeudi pour le forcer à sortir de son cabinet. Pothier était très-sensible aux beautés de la nature et aux agréments d'une belle campagne. Un jour il fut avec Letrosne dans une maison située sur les ravissants bords du Loiret : Pothier, nous dit celui-ci, était debout, immobile et comme en extase de la beauté de la vue. Il ne sortit de son admiration que pour dire : *Non habemus hîc manentem civitatem.*

Il soupait régulièrement à sept heures et ne travaillait jamais après. Le mercredi seulement, il retardait son souper jusqu'à huit heures, parce qu'il présidait ce jour-là une conférence à laquelle assistaient tous les jeunes magistrats et plusieurs avocats qui étaient toujours restés ses élèves. Ces conférences ont duré sans interruption plus de quarante ans.

Pothier aimait passionnément le café; mais il n'en prenait plus depuis longtemps, parce qu'il avait remarqué qu'il l'avait empêché de dormir jusqu'à dix heures; et par un calcul qu'il faisait tourner au profit de la science, il disait qu'une heure de sommeil valait mieux qu'une tasse de café.

De cinq heures du matin à neuf heures du soir Pothier n'avait donc pas une seconde à lui, et il était tellement occupé par les diverses fonctions qu'il avait à remplir, qu'il lui arrivait quelquefois de ne pas trouver un instant pour travailler à ses ouvrages de droit. Il ne se faisait jamais sceller chez lui; mais lorsqu'il était par trop pressé, il allait se réfugier chez un voisin pour y travailler tout à son aise et n'être pas dérangé par les importuns.

Depuis 1730, il allait passer une partie de la belle saison à sa terre de la Bigaudière, située en la paroisse de Luz; mais à partir de 1750, époque à laquelle il fut nommé professeur, il n'y allait plus que pendant les vacances. Là seulement il trouvait le repos et le temps de mettre la dernière main à ses traités sur le droit.

Sa vie était aussi bien réglée à la campagne qu'à la ville; il avait ordinairement près de lui deux de ses plus dignes et plus chers amis, M. Pichar, savant chanoine de Saint-Aignan d'Orléans, et M. Rousseau, professeur distingué de l'Université de droit de Paris.

Il se levait et se couchait à la même heure qu'à la ville. Son unique délassement consistait en une heure de promenade après le dîner et une heure de conversation après le souper; car Pothier déjeunait trop matin et trop vite pour que ses deux amis pussent se réunir à lui à ce moment.

Tous les dimanches et jours de fêtes il allait à la messe de Saint-André de Châteaudun, et rendait ces jours-là des visites à ses voisins de campagne, parmi lesquels se trouvaient plusieurs de ses confrères. Il faisait toutes ses courses à cheval, car il a toujours beaucoup aimé cet exercice.

Les vacances de 1761 furent attristées par la maladie du bon chanoine de Saint-Aignan, et Pothier s'empressa d'en informer son ami Jousse.

À monsieur Jousse (1).

« Je vous suis bien obligé, Monsieur et très-cher confrère, des nouvelles dont vous avez eu la bonté de nous faire part; ces nouvelles et le style enjoué avec lequel vous nous les avez écrites ont beaucoup amusé M. Pichar, qui se joint à moi pour vous en remercier; le ressentiment de rhumatisme qu'il a eu était très-peu de choses. Il a eu depuis des fièvres doubles-quarte très-violentes qui m'ont causé beaucoup d'alarmes; mais grâce à Dieu, au quinquina et aux frères jésuites qui ont apporté cet

(1) Lettre tirée du cabinet de M. Dupuis.

excellent fébrifuge en Europe, la fièvre a cessé depuis
près de huit jours; car ce fut il y a aujourd'hui huit
jours qu'il a eu son dernier accès. Sa santé se rétablit
sensiblement de jour en jour. Lorsqu'il aura recouvré
tout à fait ses forces, nous reviendrons à Orléans.

« Je savais il y a déjà quelque temps la mort de
M. Rosier, que je regrette et que j'estimais; je souhaiterais que le jeune M. Rou fût son successeur au
bailliage d'Ingré; j'ai quelque lieu de l'espérer. Je
prends bien de la part à la maladie de M. Leroy, que
j'estime infiniment. Je suis très-sensible au souvenir
de Monsieur votre fils, que j'embrasse de tout mon
cœur, aussi bien que le petit frère et la petite sœur.
Permettez-moi de présenter mes respects à Madame et
à Mademoiselle Jousse. Je suis, avec tous les sentiments
que vous me connaissez, de tout mon cœur, Monsieur
et cher confrère,

« Votre très-humble et très-obéissant serviteur,

« POTHIER.

« A Luz, ce 27 octobre 1761. »

Pothier faisait, à peu près tous les dimanches, des
excursions dans les environs; mais jamais il ne décou-
chait. Letrosne nous raconte que cela lui est pourtant
arrivé une fois. « Il était venu, dit-il, dîner chez moi;
il survint une grande pluie, et je ne voulus pas absolument le laisser partir; j'entrevis qu'une des causes de son
refus était la crainte de causer de l'inquiétude à Thérèse, sa gouvernante. Cet obstacle fut levé : car César,

son domestique, qui suivait toujours à pied son maître
à cheval, retourna à Luz, et fit trouver bon à Thérèse
que son maître eût consenti à n'être pas inondé pour
retourner chez lui le même jour; j'eus grand soin de
ne rien déranger dans son régime; mon hôte était en-
dormi à 9 heures et quart. »

Letrosne et les personnes qui étaient avec lui à la
campagne, voulurent voir s'il se rappelait le piquet,
qu'il avait autrefois joué avec son oncle le chanoine;
mais le jeu l'ennuya si fort, qu'il se laissa perdre pour
s'aller coucher.

Pothier n'aimait pas le jeu, mais il en connaissait ad-
mirablement les règles et surtout la moralité; qu'on me
permette une courte digression à ce sujet, elle me ser-
vira à faire connaître une fois de plus la pureté de la
morale de notre célèbre jurisconsulte.

Il établit dans ses ouvrages qu'il faut d'abord que
chacun des joueurs ait le droit de disposer de la somme
qu'il joue. Ainsi un enfant qui est sous l'autorité de sa
famille, un pupille sous celle de son tuteur, une femme
sous celle de son mari, ne peuvent valablement risquer
que les sommes qui leur ont été abandonnées pour leur
plaisir. Ce qu'ils perdent au delà, doit leur être restitué, et ce qu'ils gagnent aux personnes maîtresses
d'elles-mêmes, est aussi sujet à restitution, parce qu'il
n'y a point de gain légitime où il n'y a point de part
et d'autre égalité de risque.

Il faut ensuite que chacun des joueurs apporte au
contrat que renferme le jeu un consentement parfait;
dès lors une partie liée avec un homme ivre, avec une

personne imbécile ou contrainte, est une partie nulle. Tout ce qui met obstacle à la liberté des joueurs, empêche également celle du contrat.

Il faut encore qu'il y ait égalité dans la partie lorsqu'elle n'est pas de pur hasard. Par conséquent, si l'un des joueurs connaît l'ignorance ou la trop grande faiblesse de l'autre, il ne doit pas se mesurer avec lui, encore moins retenir le fruit d'une victoire qui ne lui a rien coûté ; autrement le jeu serait une donation que le plus faible ferait au plus fort, et, dans les contrats réciproquement intéressés, chacune des parties contractantes ne peut avoir intention de donner à l'autre.

Il faut enfin que les joueurs apportent dans leur commerce toute la fidélité requise. Ces coups d'œil que l'on donne sur le jeu de son adversaire, les propos que l'on tient pour lui donner le change, ces surprises dans lesquelles on le fait tomber, mettent le gagnant dans la nécessité de la restitution, et n'autorisent pas le perdant qui s'aperçoit de ces tromperies à en faire de pareilles : une infidélité ne peut en excuser une autre.

Toutes ces règles d'équité observées, le jeu est permis si ses fins sont honnêtes, s'il est désintéressé, s'il n'est recherché que pour procurer à l'esprit le délassement dont il a besoin.

Même, toutes ces règles observées, le jeu est défendu toujours par la loi divine, souvent par la loi humaine, lorsqu'il n'a pas de fins honnêtes, lorsqu'il devient une occupation habituelle pour passer le temps et éviter l'ennui. Les personnes désœuvrées dont l'esprit ne s'attache à rien, sont-elles en droit de lui donner du repos ? L'oisiveté à laquelle elles se livrent, est aussi contraire aux lois de la nature qu'à celles de la religion. Le jeu est encore plus blâmable lorsqu'il est trop intéressé, lorsqu'on court risque de gagner ou de perdre une somme considérable, d'appauvrir les autres et de se gêner soi-même; c'est un désir déréglé de vouloir s'enrichir des dépouilles de celui contre lequel on joue, et ce désir conduit souvent à de plus grands excès.

J'engage toutes les personnes qui jouent par intérêt, par habitude ou par désœuvrement, à méditer la belle doctrine de Pothier (1).

Mais je reviens à ses habitudes pendant son séjour à la campagne. Il fit un jour une excursion beaucoup plus longue que d'habitude; il se rendit à Saint-Péravy-la-Colombe, pour assister à une procession qui eut lieu à la suite d'une mission prêchée par un père jésuite; il adressa à Jousse une lettre qui contient le piquant récit qu'on va lire.

A monsieur Jousse, conseiller au Présidial, au cloître Sainte-Croix, à Orléans (2).

« Je vous serai bien obligé, Monsieur et cher confrère, si vous voulez bien me donner des nouvelles de votre

(1) Voir son traité du jeu.

(2) Cette lettre autographe est la *seule* qui se trouve à la bibliothèque publique d'Orléans (C. 1905). M. Dupin, dans sa belle Dissertation sur Pothier, s'exprime ainsi à la page 90 : « Les révolutionnaires n'ont pas enlevé les lettres autographes de Pothier. Il en existe *plusieurs* à la bibliothèque d'Orléans ; mais elle n'est pas bibliothèque *publique* en cette partie. On refuse obstinément de les communiquer, et c'est

santé, et de ce qui s'est passé à Orléans depuis mon départ; je vous dirai en revanche les nouvelles de ce qui se passe en Beauce, qui ne sont pas tout à fait si intéressantes que celles dont j'espère que vous voudrez me faire part.

« Il s'est fait dimanche, à Saint-Père-Avy, une procession magnifique pour la closture d'une mission. Le missionnaire avait distribué la veille les rôles de ceux qui devaient la composer. Pour observer l'ordre chronologique, Adam marchait à la tête de la procession : on avait choisi, pour le représenter, l'homme le mieux fait de la paroisse; son habillement était singulier. Il était tout couvert, devant et derrière, de feuilles de vignes qu'on avait cousu à ses habits, et il tenait à la main une grande branche d'arbre à laquelle on avait attaché cinq ou six pommes. Suivaient quelques personnages dont on ne m'a pu faire l'explication. Venait ensuite une image de la Vierge portée sur un brancar par deux grosses filles qui avaient chacune une grande nappe sur la tête en forme de voile, et par-dessus une couronne de fleurs et beaucoup de rubans. Suivaient vingt-quatre vierges, douze petites de neuf à dix ans, et douze grandes de quinze à vingt ans, toutes habillées comme les deux qui portaient

vainément que j'ai sollicité copie de quelques-unes de ces lettres par l'intermédiaire d'avocats de l'honorable barreau d'Orléans, qui savaient que je voulais en orner la biographie de leur illustre compatriote. Les lettres du bon Pothier sont aussi *suspectes de jansénisme.* »

M. Dupin a été induit en erreur; j'ai compulsé avec soin le catalogue de notre bibliothèque, et M. Loiseleur, bibliothécaire actuel, m'a affirmé que la lettre que je cite en ce moment est la seule qui ait jamais existé.

le brancar, et ayant pareillement des couronnes de fleurs
sur la tête.

«Venait ensuite saint Jean-Baptiste, couvert de peaux
de mouton, et tenant à la main une croix de bois; il
était suivi par onze apôtres, car on avait exclu Judas
de la procession. Ces apôtres étaient vêtus d'aubes avec
de grands rubans rouges passés en croix par devant et par
derrière, bien frisés et poudrés, et guestrés, apparemment comme prêts à partir pour aller annoncer l'Évangile. Chacun, pour figurer l'apôtre qu'il représentait en
particulier, portait à la main quelque marque; l'un portait une épée, l'autre une hache; un autre portait une
scie qu'on avait empruntée du charron du village; celui
qui représentait saint Jacques était habillé en pellerin,
avec un grand bourdon. Les apôtres étaient suivis du
saint Sacrement, porté sous un dais à l'ordinaire; ensuite venait la croix de la mission, qui n'était qu'un
très-petit diminutif de celle de Saint-Pierre-Ensentelée;
aussi le village de Saint-Père-Avi ne doit pas se mesurer
à la ville d'Orléans; elle était portée par les six derniers
mariés de la paroisse, revêtus d'aubes et nuds pieds.
C'est dans cet ordre que la procession a eu lieu, et la
croix a été plantée au bruit de toute la mousqueterie
du village.

« Le bon missionnaire vient apparemment de Flandre,
où on fait des processions beaucoup plus ridicules que
celle-ci; au ridicule près, tout s'est passé avec assez de
dévotion, et les Simon se plaignent d'avoir très-peu
débité de vin après la procession. Si vous voulez bien
m'écrire, vous pouvez envoyer votre lettre au logis.

14

« J'ai l'honneur d'être de tout mon cœur, Monsieur
et cher confrère,

     « Votre très-humble et très-obéissant serviteur,

                         « POTHIER.

« Au mois d'août 1739. »

Pothier était très-reconnaissant lorsqu'on voulait bien
aller le voir dans sa solitude, comme il l'appelait; un
jour, un jeune homme dont il connaissait beaucoup la
famille, va lui rendre visite à la Bigaudière, puis lui
écrit pour le remercier de la bonne hospitalité qu'il a
reçue. Pothier répond la lettre suivante, qui prouve sa
politesse extrême et le soin qu'il prenait d'être agréable
à tout le monde, malgré ses innombrables travaux.

A madame de Jean, près l'Étape, pour faire remettre,
s'il lui plaît, à monsieur son frère à Orléans (1).

« C'est moi, mon cher Monsieur, qui vous dois des
remercîments, des marques que vous m'avez donné de
votre amitié, en me venant voir dans ma solitude; j'y
ai été très-sensible. Je vous prie de me la continuer, elle
me sera toujours infiniment prétieuse. Je suis très-obligé
à M. votre frère et à Mme votre mère, aussi bien qu'à
M. et à Mme Vincent, de l'honneur de leur souvenir.
Je vous prie de leur en faire mes remercîments.

_____

(1) Lettre autographe tirée du cabinet de M. Dupuis.

« Je suis, avec les sentiments de la plus parfaite estime, Monsieur,

    « Votre très-humble et très-obéissant serviteur,

             « POTHIER. »

Pothier voyagea fort peu, car il n'en eut pas le loisir; il fit seulement trois ou quatre voyages à Paris pour conférer, avec le chancelier d'Aguesseau et quelques amis, de son ouvrage sur les Pandectes; mais il ne se livra à aucune distraction; il descendit chez M. de Guyenne pour s'entendre avec lui sur la première édition de ses Pandectes; il fut voir M. de Bure, son libraire, et s'entretint de droit avec M. Rousseau, professeur à l'Université de Paris. Il avait toujours hâte de revenir à Orléans pour reprendre le cours de sa paisible et laborieuse vie.

Une fois, en 1748, il approchait de la cinquantaine, il fit un voyage au Havre pour voir la mer. Il avait toujours désiré contempler ce beau et grand spectacle de la nature, qui révèle magnifiquement à l'âme la toute-puissance de Dieu. Il était accompagné, dans cette excursion, de M. Lhuillier, lieutenant particulier, et de M. Letrosne, alors jeune étudiant en droit. Tout le temps du trajet il exposait à ses deux amis le plan de ses Pandectes; il parlait latin, et les personnes qui étaient dans le carrosse prirent Pothier pour un Hibernois (1), et le jeune Letrosne pour son élève.

---

(1) Hibernois s'est dit quelquefois pour Irlandais. L'ardeur que les étudiants irlandais apportaient dans leurs disputes scolastiques a donné à ce mot une teinte de ridicule : Ergoter comme un Hibernois.

Ils passèrent la journée du dimanche au Havre, et l'aubergiste demanda à Pothier s'il voulait manger du poisson bien frais; mais il répondit intrépidement, en homme qui a observé religieusement son carême, qu'il n'était pas si dupe que de faire maigre le dimanche. Letrosne, qui raconte cette anecdote, s'empresse d'ajouter que ses deux compagnons de voyage se gardèrent bien de refuser du poisson frais, friande nouveauté pour des habitants d'Orléans, où la marée n'arrivait alors qu'en cinq jours.

Tous les panégyristes de Pothier ont accordé une page à sa gouvernante Thérèse Javoi, et cela se conçoit, car cette vertueuse et intelligente fille a joué un rôle important dans la direction de la maison de son maître. Elle entra à son service en 1729, c'est-à-dire dans le courant de l'année qui suivit la mort de la mère de Pothier; il avait besoin d'une femme sûre, et il ne pouvait mieux rencontrer.

Thérèse ne tarda pas à prendre un véritable ascendant sur l'esprit de son maître, et elle comprit bien vite qu'absorbé comme il l'était dans ses travaux, il fallait le diriger comme un enfant. Elle eut le plus grand soin de sa santé, et elle s'est acquis à ce sujet de véritables droits à la reconnaissance publique.

Lorsqu'il était souffrant et qu'il s'obstinait à travailler, couché sur ses livres de droit, elle les eût de bon cœur tous brûlés; mais quand il allait mieux elle les avait en haute vénération, et chaque année elle les reclassait sur leurs rayons avec l'aide de l'un des amis de son maître.

Pothier, comme on doit se le figurer, s'occupait fort

peu du soin de sa toilette, c'était Thérèse qui lui ache-
tait ce dont il avait besoin et sans lui en demander avis;
aussi les compliments s'adressaient-ils à elle lorsqu'on
voyait son maître en habit neuf. Pothier n'aurait voulu
faire aucune dépense pour ses besoins personnels, tant il
avait à cœur de conserver ses revenus pour les pauvres,
et pourtant Thérèse lui donnait un excellent ordinaire;
mais elle était souvent obligée de cacher le prix des mets
qu'elle servait sur sa table.

Sa charité était extrême; et, comme il donnait sans
cesse, Thérèse, qui avait la clef du coffre-fort, le grondait
souvent. Pour empêcher le retour de ces petites scènes
domestiques qui assombrissaient son intérieur, Pothier
avait recours à un moyen assez original dont j'ai souvent entendu parler à Orléans.

Lorsqu'il recevait une somme d'argent, il en dissi-
mulait une partie à Thérèse, et plaçait des pièces de six
livres dans les volumes qu'il consultait le plus ordinairement; ces pièces d'argent lui servaient à marquer les
passages dont il avait besoin; de telle façon que, lorsqu'un pauvre honteux venait lui faire la confidence de
ses misères cachées, il pouvait le soulager sans se déranger, et sans être obligé de demander la clef à sa
gouvernante. Cet ingénieux moyen de faire la charité
tout en travaillant, et sans attirer les regards, n'a pu
être inventé que par Pothier.

On a prétendu qu'il avait très-mal administré sa fortune,
et on cite, à l'appui de cette opinion, deux anecdotes
qui prouveraient en effet qu'il ne régnait pas un ordre
parfait dans ses affaires.

Il remit un jour à un notaire une somme de 1,500 livres, provenant de ses économies. Quelque temps après celui-ci trouva un bon placement; il prépara une obligation et la fit signer à Pothier, probablement fort occupé ce jour-là. Six mois après le notaire lui porta la grosse de l'acte; mais il ne se rappela ni la remise des fonds ni la confection de l'obligation, et son notaire fut obligé de lui montrer sa signature sur la minute pour le bien convaincre qu'il avait prêté les 1,500 livres.

Ce même notaire recevait des loyers d'une maison dont Pothier ne possédait qu'une partie; il lui porta, un autre jour, six années qu'il avait négligé de demander et qui lui étaient dues. Pothier ne voulut pas les recevoir, ne pensant pas que ces loyers dussent s'élever à une somme aussi forte. Il voulut du moins composer avec le notaire, en recevoir la moitié, et il lui proposa de lui donner une quittance finale. Le notaire avait eu soin d'inscrire la recette sur ses registres, et force fut bien à Pothier d'accepter.

Pothier n'aurait-il pas voulu donner une leçon à son notaire, qui avait eu le tort de ne pas lui apporter plus tôt ses loyers, ou bien essaya-t-il de faire une aumône déguisée aux pauvres locataires de sa maison? Cela ne serait pas absolument impossible, car il avait autant de finesse que de bonté.

Quoi qu'il en soit, on peut dire que Pothier n'entendait rien à la direction intérieure de sa maison. Mais il faut pourtant reconnaître qu'il a sagement administré sa fortune, à un point de vue général, puisqu'il l'a laissée à ses héritiers telle qu'il l'avait reçue de sa famille. Sa correspondance, d'ailleurs, atteste qu'il ne négligeait pas toujours la rentrée de ce qui lui était dû. Quelques lettres prouvent ce que j'avance, tout en nous initiant dans certains détails de la vie intime de Pothier.

A monsieur Jousse (1).

« Monsieur et très-cher confrère,

« Je suis très-sensible à la bonté que vous avez eue de me donner de vos nouvelles; elles m'ont fait un très-grand plaisir, et je vous en fais de tout mon cœur mes remercîments. Je ne doute pas que l'affaire, à la suite de laquelle vous êtes, ne vous ait déjà donné beaucoup de peines, et qu'elle ne vous en donne encore beaucoup; mais, ayant autant de religion comme vous en avez, ces peines, que la divine Providence vous a préparées, paraîtront aux yeux de votre foi très-peu de chose, en comparaison du trésor immense qu'elles vous procureront dans l'autre vie, si, comme il y a lieu de l'espérer, le Seigneur vous fait la grâce de la supporter en patience : *Non sunt condignæ passiones hujus temporis ad futuram gloriam quæ revelabitur,* etc. Vous ne devez donc pas avoir regret de vous être chargé de cette pénible commission; en l'acceptant vous avez suivi l'ordre de Dieu; vous deviez cela à votre patrie, étant le seul qui entendiez la matière qui en fait l'objet.

(1) Cette lettre autographe est tirée du cabinet de M. de Buzonnière.

« Je suis charmé de ce que vous me marquez que les deux procureurs devant lesquels on a renvoyé sont d'honnêtes gens, de qui il y a lieu d'espérer une bonne réussite. Les personnes qui sont revenues ici se vantent, à ce qu'on m'a dit, que par ce renvoi leur affaire est pleinement gagnée.

« Je vous prie de faire mes remercîments à M. de Bure de l'honneur de son souvenir, et de lui remettre le certificat de vie ci-inclus, pour recevoir à son loisir ma rente du sieur Lepau; lorsqu'il m'aura donné avis qu'il l'a reçue, je lui en enverrai une décharge, et il m'enverra l'argent, ou par vous, si vous voulez bien vous en charger et que vous soyez encore à Paris, ou il le donnera à M. de Guyenne. Je suis, de tout mon cœur, avec tous les sentiments que vous me connaissez, Monsieur et cher confrère,

« Votre très-humble et très-obéissant serviteur,

« POTHIER,

« A Orléans, ce 2 juillet 1765. »

A monsieur de Bure (1).

« Monsieur,

« J'espère que vous voudrez bien me continuer la bonté que vous avez de recevoir pour moi la rente qui m'est due par M. de Persan. Je vous envoie pour cet effet un certificat de vie ci-inclus.

(1) Cette lettre autographe est tirée du cabinet de M. Dupuis.

« J'ai l'honneur d'être, avec bien de la considération, Monsieur,

　« Votre très-humble et très-obéissant serviteur,

　　　　　　　　　　　　　　« POTHIER.

« Ce 5 juillet 1769. »

Dans une autre lettre que j'ai introduite dans le
chapitre X, Pothier prie également M. de Bure de lui
envoyer la somme de 1,142 livres 17 sous. Je pourrais
multiplier les exemples du soin qu'il prenait à faire
rentrer ses fonds, si cela était nécessaire.

Qu'il me soit permis de placer ici un trait de mœurs
qui révèle Pothier tout entier : je l'emprunte à la gra-
cieuse publication de M. Paul Huot (1).

« Au xviiie siècle comme de nos jours, il y avait à
Orléans une espèce de colonie de Savoyards et d'Au-
vergnats qui stationnaient pendant le jour sur le *Martroy*, et se retiraient le soir au logis commun de la
Pillerette; on les employait comme porteurs de chaises,
porteurs d'eau, scieurs de bois, etc. L'un d'eux, un
peu ivrogne, comme beaucoup de ses confrères, était
souvent occupé chez Pothier, pour venir en aide à
Thérèse dans les gros travaux de la maison : un jour
qu'il y avait travaillé toute la matinée, on s'aperçut,
après son départ, qu'il manquait à l'argenterie une
cuiller d'argent; lui seul était venu ce jour-là; Thé–

(1) Page 18.

rèse et son maître lui attribuèrent le vol; toutefois ils
n'en parlèrent à personne et se contentèrent de ne plus
l'employer. A quelque temps de là, cette cuiller fut
retrouvée derrière un meuble où elle avait glissé,
arrêtée entre ce meuble et la muraille. Grande joie de
Thérèse!... Quant à son maître, il resta quelque temps
pensif, puis se leva, prit son chapeau et sortit sans
adresser la parole à sa gouvernante, qui ne comprenait
rien à cette sortie insolite, car ce n'était pas jour d'audience. Pothier se dirigea vers le Martroy, et s'adressant
aux Savoyards, s'enquiert de leur camarade; il était
occupé dans le voisinage. « Allez le chercher, dit-il,
et ne vous éloignez pas, vous devez tous entendre ce
que j'ai à lui dire. » L'autre accourt tout essoufflé, en
apprenant que M. Pothier le demande; celui-ci s'avance
à sa rencontre et lui dit : « Mon ami, il y a longtemps
que tu n'as été occupé chez moi; sais-tu pourquoi? —
Oh! monsieur Pothier, c'est bien à votre volonté; après
cela c'est peut-être parce que j'ai la mauvaise habitude
de boire? — Non, mon garçon; c'est en effet une vilaine
habitude dont tu devrais te corriger, mais ce n'est pas
pour cela..., c'est parce que je t'ai soupçonné de m'a-
voir volé. — Moi! moi! monsieur Pothier? — Oui, cela
t'indigne, n'est-ce pas? Tu as raison, car tu es innocent, je le sais, et, ce qu'il y a de plus triste, c'est
que si l'on n'avait pas retrouvé, par un hasard provi-
dentiel, l'objet que je croyais volé, je te soupçonnerais
probablement encore; j'ai été bien coupable envers
toi, je t'en fais mes excuses publiques. Vous entendez,
vous autres? votre camarade est un brave homme, je

l'ai soupçonné sans preuves, sans indice, je lui en demande pardon. Reviens à la maison quand tu voudras,
mon ami, il y aura toujours de l'ouvrage pour toi, et
si jamais toi-même ou quelqu'un des tiens vous avez
quelques besoins imprévus, quelque accident, quelque
maladie, ne t'adresse pas à d'autres qu'à moi, ma bourse
te sera toujours ouverte; ce ne sera pas une charité,
ce sera la réparation incomplète d'une injustice que je
me reprocherai toute ma vie. »

Ce magistrat venant, en pleine place publique,
faire une amende honorable à un portefaix pour un
soupçon qu'il n'avait pas même divulgué, me paraît
offrir un des plus beaux exemples d'humilité chrétienne que l'on puisse rencontrer, un de ces traits qui
touchent au sublime par leur simplicité même, et dont
on ne trouverait peut-être d'analogue que dans la vie
des saints.

Bien que Pothier eût renoncé volontairement aux dou-
ceurs de la vie de famille, il n'en avait pas moins une
nature douce et tendre, qui lui attira de nombreux et bons
amis. L'avocat Perche fut sa première liaison; ce pra-
ticien distingué l'initia à l'étude des affaires et lui rendit
ainsi le plus grand de tous les services. Prévost de la
Janès, son camarade de droit, son protecteur auprès de
d'Aguesseau, son confrère au Présidial, lui porta l'affection la plus vive; de Guyenne, avocat au Parlement de
Paris, lui consacra dix années de sa vie pour l'assister dans
la publication de ses Pandectes; Rousseau, professeur de
droit à l'Université de Paris, venait le voir chaque année

et le tenait au courant de la jurisprudence; Breton de Montramier, son confrère à l'Université d'Orléans, prit avec ardeur la défense de ses Pandectes attaquées; Jousse fut son ami le plus intime. Le vénérable chanoine Pichar, beaucoup plus âgé que lui, lui survécut pourtant; il pleura amèrement sa perte; Guyot, son ancien concurrent pour la chaire de droit français, lui porta l'affection la plus sincère et se fit l'éditeur de ses œuvres posthumes; le bon curé de Saint-Pierre-Lentin, Ducamel, pria pour lui après sa mort; Letrosne, son jeune ami, devint son éloquent panégyriste; Boilève de Domecy, son jeune parent, fut choisi pour exécuteur testamentaire par Pothier. Cette phalange d'amis vertueux et distingués se groupa autour de lui et lui composa une véritable famille.

Ce n'est pas tout, Pothier aimait ses élèves comme s'ils eussent été ses enfants, il était heureux de les recevoir à sa table avec quelques-uns des amis que je viens d'énumérer. Il leur promettait, en les invitant, des *vins vieux* et de *belles questions de droit*. Si l'un d'eux venait à être nommé avocat, il en éprouvait une vive satisfaction et voulait être le premier à le saluer de la qualité de *maître*. Si la mort venait à en frapper un autre, sa tristesse ne pouvait être comparée qu'à celle d'un père qui vient de perdre son enfant.

La bonté de son cœur, son affection pour ses amis, se traduisent d'une façon si naturelle dans quelques-unes des lettres que j'ai sous les yeux, que je ne puis résister au désir d'en publier deux.

A monsieur l'abbé Guyot, à Paris (1).

« Monsieur,

« Je viens de recevoir votre ouvrage que vous m'avez annoncé par la lettre que vous m'avez fait l'honneur de m'écrire. Je l'ai dévoré aussitost que je l'ai reçu ; le sujet en est des plus intéressants, puisque c'est l'éloge d'un prince qui, pendant tout le temps qu'il a été en Lorraine, a fait les délices des Lorrains, et qui employait tous ses revenus à procurer le bonheur de ce peuple par des ouvrages publics et des établissements utiles ; vous avez traité ce sujet d'une manière qui répond à sa dignité. On ne peut être plus sensible que je le suis aux nouvelles marques que vous me donnez de l'amitié dont vous m'honorez, par le magnifique présent que vous avez bien voulu me faire : je vous en fais de tout mon cœur mes très-humbles remercîments. Je suis avec une respectueuse reconnaissance, Monsieur,

« Votre très-humble et très-obéissant serviteur,

« POTHIER.

« A Orléans, ce 15 juillet 1766. »

A monsieur le Tellier, avocat au Parlement,
à Chartres (2).

« On ne peut être, mon cher Monsieur, plus sensible que je le suis à l'honneur de votre souvenir, et aux

(1) Cette lettre autographe est tirée du cabinet de M. Jarry-Lemaire, propriétaire à Orléans.

(2) Cette lettre autographe est tirée du cabinet de M. le Tellier, juge au tribunal de Corbeil.

nouvelles marques que vous me donnez de votre amitié
à ce renouvellement d'année; je vous prie de me la
continuer, elle me sera toujours infiniment précieuse.
Je vous suis bien obligé des vœux que vous voulez
bien faire pour moi; je ne doute pas de leur sincérité;
vous ne devez pas douter non plus de la sincérité de ceux
que je fais pour vous. Permettez-moi de faire bien des
compliments à vos confrères messieurs Lefrançois, Bigot,
Delaborde et autres que j'ai connus ici, aussi bien qu'à
monsieur votre oncle.

« J'ai l'honneur d'être, avec la plus parfaite estime
et la plus grande considération, Monsieur,

« Votre très-humble èt très-obéissant serviteur,

« POTHIER.

« Orléans, 12 janvier 1767. »

Cependant la réputation de Pothier grandissait chaque
jour, et il n'eût tenu qu'à lui d'abandonner sa modeste
intimité pour se lancer dans ce qu'on appelait alors,
comme aujourd'hui, la société des grands et des heureux du siècle; mais cette pensée ne lui traversa pas
même l'esprit : à quoi bon? Il vivait heureux par le cœur
au milieu de ses amis et de ses livres et ne connaissait
pas le jargon du monde. Lorsqu'il était obligé d'assister
à une réunion officielle, soit chez M. l'intendant, soit
chez tout autre grand personnage de la province, il
remplissait ce devoir comme il remplissait tous les autres;
mais il se trouvait tellement déplacé au milieu de ce
monde élégant, qu'il priait ordinairement l'un de ses

amis de l'y accompagner, et lui recommandait bien de ne pas le quitter un instant.

Pothier aimait les mathématiques et la littérature ancienne, et il eût voulu s'en occuper pendant les vacances, mais il n'en eut jamais le temps. De tous les arts, il n'eut jamais de goût que pour la musique. Je suis toutefois obligé de dire, pour être juste, que ce fut là une passion malheureuse ; car, bien qu'il chantât les fêtes et les dimanches à la cathédrale de Sainte-Croix, il avait la voix la plus fausse qu'on puisse imaginer, nous dit Letrosne, et pourtant il ne perdait pas une occasion de satisfaire son goût pour la musique. Une lettre empreinte de gaieté, qu'il adresse à Jousse, nous donne le compte rendu d'un concert d'amateurs dont il fut le chef d'orchestre.

A monsieur Jousse (1).

« Je vous suis bien obligé, Monsieur et cher confrère, de la bonté que vous avez eue de m'envoyer votre cahier de la Coutume (2); je vous le renvoyray par la première occasion, en ayant encore besoin. M. Rousseau m'a fait faire quelques changements dans les notes sur les fiefs; il m'a aussi fait remarquer un endroit dans vos notes sur les pasturages que je crois qu'il faudra changer. J'aurai l'honneur de vous entretenir de vive voix, à mon retour, de ces changements, à moins que M. Rouzeau ne voulût faire paraître plus tôt son livre,

(1) Cette lettre autographe est tirée du cabinet de M. de Buzonnière.
(2) Il était impossible à Pothier de ne pas parler un peu de droit, même lorsqu'il pensait à la musique.

auquel cas je vous renverrais mon mémoire par écrit.

« Nous avons regalé ici M. Rousseau d'un fort beau concert. M. Lhuillier jouait du hautbois qu'il a acheté d'un berger du pays; le vacher du village sonnait de la corne avec laquelle il assemble les vaches; M. Leprince soufflait dans un gros serpent de ferblanc qui sert au lutrin aux grandes fêtes; j'accompagnais de la voix ces instruments et je battais la mesure; vous pouvez juger si l'accord de tous ces instruments ne devait pas produire une charmante symphonie.

« J'ai l'honneur d'être très-parfaitement, Monsieur,

« Votre très-humble et très-obéissant serviteur,

« POTHIER.

« MM. Lhuillier et Rousseau m'ont chargé de vous faire leurs compliments; M. Lhuillier vous prie aussi de nous marquer si vous croyez qu'il y ait un nombre suffisant de juges pour tenir le troisième siège des vacations, parce qu'il reviendrait, s'il croyait qu'on eût besoin de lui pour le tenir (1). »

Dans une lettre que j'ai introduite dans le chapitre IX, Pothier écrit à Jousse : « Je savais déjà qu'il y avait un Opéra à Orléans; M. Lhuillier s'est offert aussi bien que vous à y venir avec moi. » Il fallait que Pothier aimât bien la musique pour consentir à aller l'entendre au théâtre.

---

(1) Cette lettre n'est pas datée, mais elle a évidemment été écrite à la Bigaudière, dans le cours des vacances de l'année 1739, puisque c'est l'année suivante que parut la Coutume d'Orléans, annotée par Pothier, Prévost de la Janès et Jousse.

CHAPITRE XII

Dans le courant du mois de juillet 1771, Pothier eut
probablement le pressentiment de sa fin prochaine, car
il fit son testament.

Il est impossible de rien voir de plus simple et de
plus touchant que cet acte de dernière volonté.

Il s'occupe d'abord de Thérèse Javoi, cette bonne
et pieuse gouvernante, qui le sert depuis plus de quarante ans ; il lui fait un legs qui doit lui procurer une
existence heureuse; il a recours à toutes les règles du
droit pour lui assurer la paisible jouissance de ce legs.
Viennent ensuite César, son domestique, et la nièce de
Thérèse; ils le servent depuis moins longtemps, et ont
une plus petite place dans son affection : ils recevront
donc moins.

Il lègue sa terre de la Bigaudière à Mme de Brachet,

15

parce qu'il l'avait achetée d'un cousin de cette dame, et qu'il savait qu'elle désirait rentrer dans ce domaine de famille; mais comme il ne veut pas faire de tort à ses héritiers, il stipule que Mme de Brachet leur en paiera à peu près la valeur; il sait ainsi concilier les désirs d'une amie avec les intérêts de sa famille.

Puis il fait une rente viagère au curé de sa paroisse, pour l'aider à vivre, et pour qu'il ne l'oublie pas dans ses prières.

Il donne ensuite aux pauvres de l'hôpital et de l'Hôtel-Dieu des sommes peu importantes, il est vrai; mais il a tant donné en secret pendant sa vie! Et d'ailleurs, on dirait qu'il ne veut pas qu'un legs trop important vienne livrer son nom à la publicité, même après sa mort. Touchante humilité dans le bienfait!

Il lègue à la bibliothèque publique d'Orléans les livres de jurisprudence qu'elle n'a pas, et à ses confrères du Présidial tous ses traités qui auraient été publiés au moment de sa mort.

Enfin il nomme pour exécuteur testamentaire M. Boilève de Domecy, son parent, son confrère et son ami.

Dans ce testament où se manifestent si bien l'esprit d'équité et l'âme compatissante de Pothier, personne n'est oublié, et la fortune qu'il a reçue de ses père et mère retournera intégralement à ses héritiers collatéraux.

Voici, au surplus, le testament, que je copie sur l'original même (1) :

(1) Ce testament olographe a été déposé en l'étude de Me Rou, notaire au Châtelet d'Orléans, le 2 mars 1772, par maître Pierre-Élie-Robert de Boilève, écuyer, seigneur de Domecy et de la Chapelle-du-

« Ceci est mon testament.

« Je donne et lègue à Thérèse Javoi, ma domestique, en reconnaissance des bons soins qu'elle a eu de
moi depuis plus de quarante ans, les choses qui suivent : le lit garni où elle couche à Orléans ; quatre
draps des meilleurs, outre les deux qui font partie du
lit garni ; une douzaine de serviettes des plus neuves,
une demi-douzaine de chaises de paille, une cuiller et
une fourchette d'argent, et toute ma vaisselle de terre.
Je veux qu'elle soit crue à sa déclaration des livres et
autres meubles qu'elle a en ma maison, qui lui appartiennent, parmi lesquels il y a un gobelet d'argent que
je lui ai donné et qui lui appartient.

« Plus, je lui lègue trois cents livres de pension viagère pour chacun an, qui commencera à courir du jour
de mon décès, sera spécialement affectée sur ma métairie
de Luz, et lui sera payée franchement de toutes impositions.

« Je lègue à Nanette Javoi, ma domestique, cent
livres de pension viagère par chacun an, qui ne commencera à courir que du jour de la mort de Thérèse
Javoi, sa tante ; laquelle sera payée franchement de
toutes impositions, et sera affectée sur ma métairie
de Luz.

« Je lègue et lègue (*sic*) à Lefort, dit César, mon
domestique, l'usufruit d'une rente de quatre-vingt-dix
livres, qui m'est due par Roger du Lyonfort, dont il

Noyer, conseiller du roi, juge magistrat au bailliage et siége présidial
d'Orléans, y demeurant rue de la Levrette, paroisse de Saint-Pierre-
Ensentelée.

entrera en jouissance du jour de mon décès, et en cas
de rachapt de ladite rente, il aura l'usufruit des deniers provenus dudit rachapt, pourquoi il en sera fait
emploi.

« Plus, je lui lègue une pension viagère de cent livres
par chacun an, qui commencera à courir du jour de
mon décès, lui sera payée franche d'impositions, et à
laquelle ma maison de la Croix-Rouge, que j'ai acquise
de M. Gueret, sera spécialement affectée.

« Je lègue ma garde-robe à mes trois domestiques.

« Je lègue à Mme Brachet ma métairie de Luz, que
j'ai acquise de son cousin, sauf les mouvances féodales sur quelques prés situés à Saint-Denis-lès-Pont
et sur quelques héritages situés à Esteauville, paroisse
de Luz, que j'excepte du présent legs; à la charge
par Mme Brachet de payer à mes héritiers la somme
de dix-neuf mille livres, savoir : dix mille livres dans
les deux ans du jour de mon décès, avec les intérêts
de ladite somme de dix mille livres, au taux du denier
vingt-cinq, francs d'impositions du jour qu'elle sera
entrée en jouissance, et à l'égard de neuf mille livres
restante, elle ne les payera que dans l'année du décès
de Thérèse Javoi, à qui elle sera chargée de faire la
rente viagère de trois cents livres que je lui ai léguée
cy-dessus.

« Au cas que Nanette Javoi survive à sa tante, Mme Brachet retiendra, sur ladite somme de neuf mille livres,
celle de trois mille livres, qu'elle ne payera que dans
l'année du décès de Nanette Javoi, et elle sera chargée
de la pension viagère de cent livres que j'ai ci-dessus

léguée à ladite Nanette Javoi, et qui ne doit commencer à courir que du jour du décès, de Thérèse Javoi.

« Je lègue à M. Ducamel, curé de Saint-Pierre Lentin, cent livres de pension viagère par chacun an, à prendre sur ma métairie de Moinay, pour suppléer à ses aliments, auxquels le revenu modique de sa cure pourrait ne pas suffire, et pour tenir lieu d'honoraires d'une messe que je le prie de dire par chaque semaine pendant sa vie. S'il était empêché de la dire par maladie ou quelqu'autre empêchement, il en sera dispensé, sans être obligé de la faire acquitter par un autre, ni de la remplacer dans les semaines suivantes.

« Je donne à la bibliothèque publique les livres de jurisprudence de ma bibliothèque qui ne s'y trouvent pas déjà.

« Je fais remise à l'hôpital de deux billets qu'ils me doivent (sic), l'un de deux mille livres et l'autre de huit cent livres, à la charge qu'ils me feront dire un service; je lègue à l'Hôtel-Dieu deux mille livres, payables dans les deux ans de mon décès, à la charge de me faire dire un service.

« Je lègue à la compagnie du Présidial un exemplaire de mes Pandectes, et des autres ouvrages que j'ai donné et que je donnerai par la suite au public.

« Je prie M. Boilève de Domecy, mon cousin et mon confrère, de vouloir bien prendre la peine d'exécuter mon testament; j'attends cette grâce de l'amitié qu'il a pour moi. Je le prie d'accepter mes *Conciles* du Père Labbe et mon *Saint Augustin*, comme une faible marque de ma reconnaissance. Je lui lègue les mouvances féodales que j'ai exceptées du legs fait à Mme Brachet.

« Enfin je le fais légataire universel de la dixième partie de mes meubles et acquets, lequel legs tombera dans sa communauté, nonobstant toutes clauses contraires qui pourraient être portées par son contrat de mariage.

« Je révoque tous les testaments précédemment faits.

« Fait ce vingt-six juillet mil sept cent soixante et onze.

« POTHIER.

« Approuvé la rature de deux mots.

« Les frais de l'insinuation des legs des rentes viagères et du saisissement seront payés par ma succession.

« Je veux que tous mes manuscrits appartiennent à mon cousin M. de Domecy.

« Au cas que Mme Brachet n'acceptât pas le legs que je lui ai fait, je veux que celui qui sera achepteur ou adjudicataire de ma métairie de Luz, soit chargé des menues pensions dont j'avais chargé ledit legs, voulant que madite métairie de Luz y soit spécialement affectée.

« Fait le trente juillet de ladite année mil sept cent soixante et onze.

« POTHIER. »

Cependant, malgré la faiblesse de son tempérament, la maladie grave qu'il avait faite à la suite de la publication de ses Pandectes, et les immenses travaux qui semblaient devoir abréger la durée de sa vie, Pothier avait dépassé l'âge de 73 ans (1). Il n'éprouvait ni les infirmités de l'âge avancé, ni l'affaiblissement de ses facultés intellectuelles. Il ne redoutait pas non plus les approches de la mort, car il avait passé sa vie à s'y préparer. Dans les derniers jours du mois de février 1772, il fut atteint, au milieu de ses livres et de ses occupations ordinaires, d'une fièvre qui l'enleva en six jours.

La fièvre, quoique violente, n'annonçait pas d'abord un danger imminent. Le 1er mars, il se trouva même beaucoup mieux et se leva.

Ses amis les plus intimes vinrent le voir; Jousse et Boilève de Domecy lui parlèrent des nombreux ouvrages qu'il avait à terminer; le vénérable Pichar, chanoine de Saint-Aignan, et le bon Ducamel, son curé, l'entretinrent des choses du ciel. Les uns et les autres le crurent sauvé, et lui-même paraissait calme et parfaitement rassuré; mais le soir même il tomba en léthargie, et le lendemain, 2, il rendait sa belle âme à Dieu!

Cette mort fut à peine connue dans la ville d'Orléans, qu'un deuil général s'empara de tous les esprits. Les pauvres regrettaient la main qui les avait si longtemps secourus; les élèves de l'Université, le professeur éminent dont ils n'entendraient plus la docte voix; le

(1) Pothier a fourni une carrière plus longue que Cujas et Dumoulin, jurisconsultes, qui comme lui ont laissé un grand nom. Cujas est mort à soixante-dix ans, et Dumoulin à soixante-six. Jousse, l'ami intime de Pothier, et qui a aussi laissé un nom recommandable comme jurisconsulte orléanais, est mort plus âgé: il avait soixante-dix-sept ans et sept mois.

Présidial, son vertueux et savant doyen ; tous semblaient avoir perdu un ami.

Pothier, comme on l'a vu par son testament, n'avait rien prescrit relativement à sa sépulture. Son exécuteur testamentaire, voulant se conformer à l'esprit de modestie de son illustre parent, le fit inhumer dans l'un des endroits les plus écartés et les plus solitaires du cimetière commun de la ville.

La cérémonie funèbre fut simple ; et, comme tout ce qui se rattache à la mémoire de notre grand jurisconsulte est rempli d'intérêt, je donnerai le détail exact de ce qu'a coûté ce service funèbre (1).

Offrande dans le cierge.	48 liv.	» » s.
Aux réveilleurs.	24	
Aux cinquanteniers qui ont gardé la porte de l'église de Saint-Pierre-Lentin.	6	
4 paires de gants pour les porteurs de cordons. .	2	16
Pour la fosse.	4	5
Luminaire.	163	16
Bière.	6	12
Au sonneur de Saint-Pierre-Lentin.	12	19
Au curé de Saint-Pierre-Lentin, pour glas, argenterie et autres frais.	32	» »
Pour les enfants de l'hôpital.	6	» »
Total.	303 liv.	8 s.

Toute la ville d'Orléans assistait à ce convoi.

La postérité devait d'autres honneurs à Pothier.

Il laissait de bons amis qui pleuraient sa perte ; il

(1) Voir la liquidation de succession.

laissait encore d'autres affections : je veux parler de ses livres, qui, eux aussi, avaient été ses amis. J'ai cru qu'il ne serait pas sans intérêt de dire ce qu'ils sont devenus.

La bibliothèque de notre savant jurisconsulte était riche et bien composée (1); tous les volumes étaient reliés avec soin; on y remarquait notamment douze Elzevirs.

Deux ouvrages, le *Corpus juris* et le Commentaire de Barthole, témoignaient, par leur état matériel et de maculation, de l'étude assidue qu'en avait faite Pothier. On ne s'étonnera pas que les livres de droit y fussent en majorité; on peut dire à cet égard que sa bibliothèque était complète.

Elle fait connaître également que Pothier n'était pas étranger aux lettres latines. Chose à noter, on n'y trouvait aucun des ouvrages des encyclopédistes, qui furent ses contemporains; ce qui est une preuve de plus de son indifférence et même de son éloignement pour les doctrines philosophiques de son siècle; mais on y voit figurer un très–grand nombre d'ouvrages de controverse religieuse, dont la plupart révèlent les tendances jansénistes de l'esprit de Pothier.

Il n'était pas non plus resté étranger aux sciences, car le catalogue de ses livres mentionne plusieurs traités de mathématiques et de physique.

---

(1) J'ai sous les yeux son catalogue imprimé; il est annexé à la liquidation de la succession de Pothier, que M⁰ Devade a bien voulu me communiquer. Ce catalogue est trop volumineux pour que je songe à le reproduire en son entier. Il me paraît suffisant d'indiquer le lieu où il se trouve.

Il paraît certain que Pothier, vers les derniers temps
de son existence, au moment où sa réputation avait
atteint son apogée, reçut de fort beaux cadeaux en
livres, ce qui expliquerait le certain luxe que l'on
remarque dans sa bibliothèque. Voici une dernière
lettre autographe que je puis produire, et qui donnera
de la consistance à cette supposition.

A monsieur l'abbé Guyot, à Paris (1).

« Monsieur,

« Je n'ai pu vous faire plustôt mes remercîments du
beau présent que vous m'avez fait des Œuvres du *père
André*, étant déjà parti d'Orléans lorsque votre lettre,
qu'on m'a renvoyée ici, est arrivée. Je le lirai avec un
grand plaisir à mon retour à Orléans. C'est une nouvelle faveur que vous ajoutez à celles que vous m'avez
faites en m'envoyant quelques-uns de vos ouvrages,
qu'il vous plaît d'appeler *des espèces de brochures*. J'en
fais un très-grand cas. Ce n'est pas la grosseur du
volume qui fait le mérite d'un livre (2).

« Je souhaiterais pouvoir être utile à M. de Cour-
beville, votre ami, pour son édition de l'ouvrage *de
la preuve par témoins*, je n'ai rien sur cette matière,

(1) Cette lettre autographe est tirée du cabinet de M. Jarry-Lemaire.

(2) Les Œuvres du père André se composent de quatre volumes in-12;
elles figurent dans le catalogue imprimé de la bibliothèque de Pothier
au numéro 840, p. 36.

que j'ai cru se réduire à un petit nombre de principes
que j'ai exposé dans la quatrième partie de mon *Traité
des Obligations*. L'ouvrage original dont votre ami donne
une nouvelle édition est un des plus beaux ouvrages
de jurisprudence qui ait paru, quoique l'original ne
compose qu'une petite brochure. Outre que le fond
est excellent, la latinité en est exquise; on y a ajouté
après la mort de l'auteur de gros commentaires, qui
n'approchent pas, à beaucoup près, de l'original.

« J'ai l'honneur d'être avec respect, Monsieur,

« Votre très-humble et très-obéissant serviteur,

« POTHIER.

« A Luz-en-Dunois, ce 17 septembre 1767. »

Les livres trouvés dans la bibliothèque de Pothier au
moment de son décès étaient au nombre de 1,682.

Mille cinq cent cinquante-deux ont été vendus par ses
héritiers (1). On retrouve quelques-uns de ces volumes
dans les bibliothèques particulières d'Orléans; ainsi le
Poëme sur la grâce, un volume in-12, Paris, 1722, est
dans la bibliothèque de M. Gabriel Baguenault de Viéville; les Satires de Juvénal et de Perse, édition de
Schrévélius, imprimées à Leyde chez Backius, en 1648,
in-8°, se trouvent dans celle de M. Champignau, avocat
à Orléans. Ce livre, qui est fort beau et très-bien
conservé, est relié en veau rouge. On remarque sur

_____

(1) Cette vente a eu lieu par le ministère d'Évrard, huissier, le
23 mars 1772 et jours suivants.

les plats un semé de fleurs de lis, et au milieu, dans une double couronne d'épines, les mots : *Jesus, Maria*. Le dos de ce livre est également semé de fleurs de lis (1). Sur la garde de ces deux ouvrages, on lit : *Ex Libris R. J. Pothier, jur. stud.*, écrit de la main même de Pothier.

Quatre-vingt-un volumes de droit ont été, aux termes de son testament, délivrés à la bibliothèque publique des Bénédictins fondée à Orléans par Guillaume Prousteau, professeur de droit. Cette délivrance a eu lieu le 14 avril 1772 (2).

Ces précieux ouvrages de notre grand jurisconsulte sont à la bibliothèque de la ville d'Orléans, dans un état parfait de conservation; j'ai eu la curiosité de les voir et de les parcourir; ils ne portent pas de notes de la main de Pothier, mais on y rencontre cette inscription : *Bibliothecæ Prustellianæ : ex dono R. J. Pothier*, 1772. Sur plusieurs volumes on lit également : *Ex libris R. J. Pothier, jur. stud.*, de la main de Pothier.

Je vais donner la liste de ces livres, pour que les jurisconsultes et les admirateurs de Pothier puissent aller les consulter à notre bibliothèque publique.

(1) J'ai retrouvé ces deux ouvrages sur le catalogue imprimé ; le premier figure à la page 38, numéro 900, et le second à la page 25, numéro 579.

(2) J'ai trouvé le procès-verbal de cette délivrance aux archives de la bibliothèque de la ville ; elle fut faite sur la réquisition du lieutenant général Curault, en présence du prieur Dom Claude Barbier et du bibliothécaire Dom Louis Favre.

Catalogue des livres légués à la bibliothèque publique
des Bénédictins d'Orléans par Pothier.

Everardi Ottonis thesaurus juris Romani, Lugduni Batavorum, 1727; 5 volumes in-folio.

Œuvres de M. le chancelier d'Aguesseau. Paris, 1759; 6 volumes in-4°.

Commentaire sur l'ordonnance de Louis XV sur les substitutions, par Furgole. Paris, 1767; 1 vol. in-4°.

Traité du domaine, par Lefebure de la Planche. Paris, 1764; 3 vol. in-4°.

Ordonnance de Louis XV concernant les donations, par Boutaric. Avignon, 1744; 1 vol. in-4°.

Recueil des édits, déclarations et règlements concernant les qualités nécessaires pour être pourvu d'offices. Paris, 1730; 2 vol. in-4°.

Recueil des règlements concernant l'Université. Angers, 1745; 2 vol. in-4°.

Recueil de jurisprudence civile, par Guy Rousseau de la Combe. Paris, 1753; 1 vol. in-4°.

Actes de notoriété, de Denisart. Paris, 1759; 1 vol. in-4°.

Gravineæ opera, Lipsiæ, 1737; 1 vol. in-8°.

Antonii Scuthingii jurisprudentia vetus. Lipsiæ, 1737; 1 volume in-8°.

Samuelis Strykii tractatus de cautelis juramentorum observandis.—Ejusdem de testamentorum cautelis. 1726; 2 vol. in-8°.

Cornelii van Bynkerschoec observationes juris Romani. Lugduni Batavorum, 1749; 2 vol. in-4°.

S. H. Van Idsinga varia juris civilis. Harlingæ, 1738; 2 vol. in-8°.

Joannis Guilielmi Hoffmanni ad legem Juliam de adulteris coercendis. Francofurti, 1732; 1 vol. in-4°.

Traité de la vente des immeubles, par d'Héricourt. Paris, 1727; 1 vol. in-4°.

Arrêts notables des tribunaux de la France. Paris, 1710; 3 volumes in-4°.

OEuvres de Lemaître. 1673; 1 vol. in-4°.

Plaidoyers de Lemaître. Paris, 1657; 1 vol. in-4°.

Plaidoyers de Patru. Paris, 1770; 1 vol. in-4°.

Coutume de Montargis, par Antoine L'Hoste. Paris, 1629; 1 volume in-4°.

Concilium inter papam et rempublicam Venetam. 1 vol. in-8°.

Mémoires sur les droits honorifiques. 1 vol. in-8°.

Questions sur les démissions des biens, par Boullenois. Paris, 1727; 1 vol. in-8°.

De l'impôt du vingtième sur les successions, par Bouchault. Paris, 1766; 1 vol. in-8°.

Antonii Scultingii enarratio. Lugduni, 1738; 1 vol. in-12.

Ejusdem Theses controversæ. Lugduni, 1736; 1 vol. in-12.

Jacobi Voordœ emendationes juris Romani. 1735; 1 vol. in-12.

Les OEuvres de Piales. 18 vol. in-12.

Code Frédéric. 1751; 3 vol. in-8°.

Code matrimonial, par Ridant. Paris, 1766; 1 vol. in-12.

Code pénal, Paris, 1752; 1 vol. in-12.

Traité des délits et des peines, italien et français. Paris, 1766; 2 vol. in-12.

Institution au droit ecclésiastique, par Fleury. Paris, 1721; 2 vol. in-12.

Institutions féodales, ou Instituts féodales, par Guyot. Paris, 1753; 1 vol. in-12.

Everardi Ottonis jurisprudentia symbolica. 1630; 1 vol. in-12.

Traité des hypothèques, par Basnage. Rouen,1685; 1 vol. in-12.

Traité de la restitution, par Jean de la Placette. Genève, 1724; 1 vol. in-12.

Claudii Fonteii de antiquo jure presbyterum. 1676; 1 vol. in-12.

Coutume de Paris, par Tronson. 1 vol. in-fol.

Joannis Ottonis Westembergii dissertationes ad constitutiones M. Aurelii Antonini Lugd. Batavorum, 1736; 1 vol. in-4°.

Frederici Brummeri commentarius ad legem Cinciam. Lipsiæ, 1716; 1 vol.

Au total, 81 volumes.

Vingt-trois volumes composant les Œuvres de Pothier, publiés jusqu'à sa mort, ont été délivrés au Présidial d'Orléans. Je ne sais ce que sont devenus ces volumes; il en existe bien de semblables dans les bibliothèques de la Cour et du tribunal de première instance d'Orléans; mais ils ne portent aucune mention qui puisse certainement indiquer que les uns ou les autres proviennent du legs de Pothier fait au Présidial.

Enfin vingt-six volumes ont été laissés comme souvenir à Boilève de Domecy, parent et exécuteur testamentaire de Pothier; mais on ne sait pas ce qu'ils sont devenus.

CHAPITRE XIII

Des tentatives sont faites pour honorer la mémoire de Pothier. — Les événements politiques empêchent qu'on donne suite à cette idée. — En 1810, le conseil municipal d'Orléans décide que la rue de l'Écrivinerie prendra le nom de rue Pothier. — En 1816, il décide encore que le nom de Pothier sera donné à la place méridionale de Sainte-Croix. — En 1818, le conseil municipal arrête qu'une souscription sera ouverte pour couvrir les frais de l'érection d'un monument à Pothier. — Cette proposition n'a pas de suite. — En 1823, les restes de Pothier sont transférés dans l'une des chapelles de l'église cathédrale de Sainte-Croix. — En 1846, ils sont de nouveau transférés dans une chapelle voisine, où ils reposent aujourd'hui.

Avant d'arriver à l'historique de la statue de Pothier qui va être élevée sur l'une des places publiques d'Orléans (1), je dois passer en revue les moyens employés jusqu'à ce jour pour perpétuer la mémoire de son nom, et les tentatives infructueuses qui ont été faites pour arriver à l'érection d'un monument digne de sa haute renommée.

(1) Promenade qui longe le côté nord de la cathédrale; elle est plantée de marronniers, et fait partie de l'ancien emplacement de l'Hôtel-Dieu, dont Pothier fut l'un des bienfaiteurs.

Immédiatement après sa mort, Jacques Ducoudray, alors maire d'Orléans, fit une épitaphe qui fut placée sur sa tombe au grand cimetière.

Je vais en donner le texte et la traduction.

Hic jacet

Robertus Josephus Pothier,

Vir juris peritiâ, æqui studio,

Scriptis, consilioque,

Animi candore, simplicitate morum,

Vitæ sanctitate,

Præclarus.

Civibus singulis, probis omnibus,

Studiosæ juventuti

Ac maximè pauperibus,

Quorum gratiâ pauper ipse vixit,

Æternum suî desiderium

Reliquit

Anno reparatæ salutis 1772

Ætatis vero suæ 73.

Præfectus et ædiles,

Tam civitatis nomine quam suo

Posuere (1).

(1) « Ici repose Robert-Joseph Pothier, homme illustre par sa science dans le droit, par la sagacité de son jugement, par ses écrits, par ses sages conseils, par la douceur de son âme, par la simplicité de ses mœurs et par son éminente piété.

« Il est mort l'an de grâce 1772, à l'âge de 73 ans, apprécié de ses concitoyens par son savoir et sa probité, regretté à jamais de la jeunesse studieuse et des pauvres, pour lesquels il vécut pauvre lui-même. Les magistrats d'Orléans, tant en leur nom qu'au nom des habitants, lui ont élevé ce monument. »

Cette traduction est de M. Vergnaud-Romagnesi. Voir ses notices sur les cimetières d'Orléans, 1824.

Vers la même époque, Letrosne, avocat du roi au
Présidial d'Orléans, fit un remarquable éloge de Pothier,
et il le termina par les lignes suivantes (1) :

« Les grands hommes, pendant leur vie, ont été la
gloire et l'ornement de leur patrie. Leurs tombeaux
continuent d'être pour elle une décoration ; et elle est
comptable à la postérité des honneurs rendus à leurs
cendres.

« Un étranger, pénétré de respect pour Pothier, voulut
le voir en passant par Orléans, et pouvoir se vanter à
son retour de l'avoir vu. Il ne put avoir cet avantage,
parce qu'il passa pendant les vacances. Il se fit ouvrir
la salle de l'Université et voulut du moins voir la chaire
d'où il enseignait. Mais si des étrangers nous demandaient
à voir son tombeau, croyons-nous qu'ils dussent être
bien satisfaits ?

« C'était dans une église qu'il fallait l'inhumer. Les
cendres d'un homme aussi saint et aussi respectable de-
vaient-elles être placées ailleurs ? et dans quelle église
convenait-il mieux de les déposer que dans l'église cathédrale, dans l'église commune à tous les citoyens,
dans cette église à côté de laquelle il avait vécu, où il
avait donné tant d'exemples de piété, où tous les jours
il allait se prosterner devant Dieu, en prévenant le lever
du soleil ? Louis XIV s'est honoré lui-même en faisant
inhumer à Saint-Denis le maréchal de Turenne. N'en
doutons pas, le chapitre, au milieu duquel il avait vécu
et qu'il avait si souvent édifié par sa présence, aurait

(1) *Éloge de Pothier,* par Letrosne, p. 168-169.

reçu avec empressement ce précieux dépôt. Il eût été
facile alors d'ériger sur sa tombe un monument plus
honorable pour la reconnaissance publique, plus digne
d'en transmettre le témoignage à la postérité, plus
propre à satisfaire les étrangers que la beauté de l'édifice
attire dans ce temple auguste. Serait-il donc impossible
de le faire encore aujourd'hui? Quel est le citoyen qui
n'applaudirait pas à cette translation? Si la dureté des
temps et des circonstances ne permettait pas aux officiers
municipaux d'employer à ce monument la somme qu'ils
désireraient, les héritiers sans doute tiendraient à honneur de s'en charger; et si ces moyens ne suffisaient
pas, qu'on ouvre une souscription publique, et que
tous ceux à qui ce grand homme ne. fut pas cher, se
dispensent de contribuer à honorer sa mémoire. »

Mais ces souhaits d'un ami fidèle ne furent pas alors
réalisés. La tourmente révolutionnaire qui grondait déjà
ne tarda pas à éclater et à en éloigner l'accomplissement.

Dès que la paix fut rétablie dans les esprits et que la
France fut gouvernée par l'homme dont le génie élevé
honorait toutes les gloires, le conseil municipal d'Orléans se mit à l'œuvre. Il commença par décréter, dans
sa délibération du 31 août 1810 (1), que la rue de
l'Écrivinerie, jadis habitée par notre illustre compatriote, prendrait le nom de rue Pothier, et qu'une plaque
en marbre noir, sur laquelle on graverait ses nom et
prénoms, serait placée sur la maison qu'il habitait au
moment de sa mort.

(1) Extrait du registre des délibérations du conseil municipal d'Orléans, du 4 février 1806 au 20 novembre 1811, p. 479-480.

Je vais transcrire cette délibération, qui commence l'œuvre réparatrice que nous sommes sur le point d'amener à fin.

« Aujourd'hui 31 août 1810, le conseil municipal s'est réuni dans une des salles de la mairie.

« Étaient présents : MM. Crignon-Desormeaux, maire, président; Colas de Brouville, Benoist-Mérat, Ligneau-Grandcour, Basseville, Hême-Lemoine, Septier, Fougeron le jeune, Laisné de Villevèque, Grignon d'Auzouer, Rabelleau, Brossard, Crespin de Billy, Hubert Crignon, Tassin de Villiers, Baguenault de Viéville, Moreau le jeune, Lambert de Villemarre, Ravot, Vandebergue-Champguérin, Callier, Raguenet Saint-Albin, Bigot de Morogues et Ladureau-Chevessier.

« M. le maire expose au conseil qu'il lui a été adressé une demande par M. Gaudry, juge de paix, dans laquelle il lui exprime le vœu de plusieurs habitants de la ville, tendant à ce que le nom de la rue de l'Écrivinerie soit changé en celui de Pothier, nom du grand homme qui s'est distingué dans la jurisprudence.

« Le conseil, reconnaissant dans ce projet un moyen de rappeler au souvenir le plus reculé un des hommes qui a le plus honoré notre ville par son profond savoir et ses qualités personnelles, et d'acquitter la dette sacrée de la reconnaissance, approuve la proposition faite; mais pour qu'on ne puisse jamais confondre ce nom vénéré avec celui de beaucoup d'autres familles qui portent le même, il désire que le nom de Pothier soit précédé de ses prénoms, Robert-Joseph, et que sur la maison qu'il habitait lors de son décès, située au coin de la rue de Sémoy et du cloître Sainte-Croix, faisant le prolongement de la rue de l'Écrivinerie, il soit mis une inscription en marbre noir pour marquer cette époque.

« Et ont signé : Crignon-Desormeaux, maire, et les personnes désignées ci-dessus. »

La rue de l'Écrivinerie porte encore aujourd'hui le nom de rue Pothier, et on remarque sur la maison n° 23, habitée par Mme veuve Colas-Desormeaux, un marbre noir avec cette inscription en lettres d'or :

*Robert-Joseph Pothier habitait cette maison,
il y est mort le 2 mars 1772.*

Parmi les inscriptions qui furent proposées, nous avons distingué celle-ci, composée par un littérateur alors juge de paix de l'un des cantons d'Orléans :

Hac in domo
Robert-Joseph Pothier,
Manebat,
Juris
Interrogabat, respondebat, scribebat
Oracula
Pius simplex pauperum pater,
Aureliæ decus
Obiit anno rep. salut. MDCCLXXII (1).

---

(1) *Histoire de la ville d'Orléans,* par C.-F. Vergnaud-Romagnesi, p. 403.

Le 8 janvier 1816, le conseil municipal d'Orléans décida, par la délibération suivante, que le nom de Pothier serait également donné à la place méridionale de la cathédrale de Sainte-Croix.

« Séance du 8 janvier 1816 (1).

« Présents : MM. Crignon-Desormeaux, maire, président; Raguenet de Saint-Albin, Baguenault de Viéville, Hême-Lemoine, Hubert Crignon, de Marolles, Augustin Miron, de Sailly, Johannet, Colas de Brouville, Laisné de Villevèque et Brossard de Nogent.

« Un membre exprime le désir que pour perpétuer la mémoire d'un des hommes qui a le plus illustré la ville d'Orléans, le nom du grand Pothier soit donné à la place méridionale de Sainte-Croix, qui aboutit à la rue de la Préfecture.

« Cette proposition mise aux voix est accueillie à l'unanimité, et M. le maire est invité à en procurer l'exécution (2).

« Le registre est signé Crignon-Desormeaux et Petit-Semonville. »

Toutes ces timides propositions n'arrivaient pas directement au but; mais les 20 juillet et 1er août 1818, deux délibérations importantes sont prises par le conseil

(1) Extrait des registres du conseil municipal d'Orléans, du 1er mai 1812 au 3 mai 1816.

(2) Je ne sais si la place méridionale de Sainte-Croix a jamais pris le nom de place Pothier; aujourd'hui elle porte celui de Cloître-Sainte-Croix.

municipal pour arriver enfin à la translation des restes
de Pothier, du grand cimetière dans la cathédrale, et
à l'érection d'un monument par souscription.

Voici ces deux délibérations.

« Séance du 20 juillet 1818 (1).

« Présents : MM. le comte de Rocheplatte, maire, président ; Colas de Brouville, Augustin Miron, Néron, de
Noury, Colas-Desormeaux, Boyé, Miron de Lespinay,
Boulard, Crignon d'Auzouer, Laisné de Villevèque, Dugaigneau de Champvallins, de Gaudard d'Alaine, Brossard
de Nogent, Geffrier Lenormand, Hême-Lemoine, Porcher, de Billy, Marcille Pelletier, de Tristan et Gauthier.

« M. le maire expose au conseil qu'un des hommes qui
ont illustré le plus cette ville et la France entière par
son génie et ses vertus, M. Pothier, a reçu les honneurs
de la sépulture dans le lieu destiné alors à recevoir les
dépouilles mortelles des familles les plus distinguées,
que ce lieu a eu depuis une destination qui ne permet
plus d'y laisser des restes aussi précieux, et propose en
conséquence au conseil d'arrêter :

« 1° De demander, au nom de la ville, l'autorisation
d'exhumer de l'ancien grand cimetière d'Orléans les
restes de Robert-Joseph Pothier, pour les transporter
soit dans le cimetière Saint-Vincent, soit dans la cathédrale.

« 2° Que sur le lieu où ils seront déposés, on élèvera

(1) Extrait du registre des délibérations du conseil municipal d'Orléans, du 1er août 1816 au 20 novembre 1820, p. 133-134 et suivantes.

un monument en son honneur, lequel serait exécuté sur les produits d'une souscription volontaire.

« 3° Que si le montant de la souscription excède le prix du monument, le surplus sera employé à faire sculpter son buste et frapper une médaille représentant d'un côté la tête de M. Pothier et de l'autre le monument élevé sur sa tombe avec cette inscription : *La ville d'Orléans à Pothier*, 1818.

« M. le maire donne ensuite connaissance au conseil d'une lettre de M. le préfet du département, en date du 4 juillet présent mois, qui l'autorise à convoquer le conseil pour délibérer sur cet objet.

« Le conseil, après en avoir délibéré, accueille avec empressement cette proposition qui tend à honorer la mémoire d'un homme auquel cette ville se glorifie d'avoir donné le jour, et en conséquence arrête à l'unanimité :

« 1° Que M. le maire est invité à demander, au nom de la ville, l'autorisation nécessaire pour exhumer les restes de M. Pothier, et les transporter dans un lieu plus convenable ;

« 2° Que sur le lieu où ils seront déposés, il sera élevé un monument en son honneur, au moyen d'une souscription volontaire ;

« 3° Qu'une commission composée de six membres et présidée par M. le maire sera sur-le-champ nommée à l'effet de donner son avis sur le lieu où doivent être transférés les restes de M. Pothier, et sur la forme du monument ; d'en faire dresser le plan et le devis, et d'arrêter le prospectus de la souscription ; laquelle commission sera autorisée à s'adjoindre telles personnes qu'elle jugera convenable à l'effet de s'aider de leurs lumières, pour, après son rapport entendu, être par le conseil statué ce qu'il appartiendra.

« Ont à l'instant été nommés membres de la commission : MM. Laisné de Villevêque, Crignon d'Ouzouer, Miron de Lespinay, Augustin Miron, Boyé et Johannet.

« Le registre est signé : le comte de Rocheplatte et Dugaigneau de Champvallins. »

« Séance du 1er août 1818 (1).

« Aujourd'hui 1er août 1818, à six heures du soir, les membres du conseil municipal de la ville d'Orléans, convoqués par M. le maire en vertu de leur ajournement pris dans la séance du 20 juillet dernier, se sont réunis en l'hôtel de la mairie. Étaient présents :

« MM. le comte de Rocheplatte, maire ; de Billy, Fougeron, Gauthier, Colas de Brouville, Hême-Lemoine, Colas-Desormeaux, de Tristan, Marcille-Pelletier, Augustin Miron, Porcher, de Noury, Boyé, Néron, Boulard, Miron de Lespinay, Geffrier-Lenormand, Gaudard d'Alaine, Moreau, Brossard de Nogent, Dugaigneau de Champvallins et Johannet.

« Le secrétaire donne lecture du procès-verbal de la séance du 20 juillet dernier, qui est adopté sans réclamations.

« M. Miron de Lespinay, rapporteur de la commission chargée de l'examen du projet relatif au monument à élever à M. Pothier, a la parole et donne lecture du rapport de la commission ainsi conçu :

(1) Même registre.

« Messieurs,

« Dans votre séance du 20 juillet dernier, vous avez arrêté que des honneurs seraient rendus à la mémoire du célèbre Pothier, que ses restes déposés dans une des galeries du grand cimetière seraient exhumés et placés dans un lieu plus décent; enfin vous avez également arrêté qu'un monument serait élevé sur son tombeau. Vous avez nommé une commission et vous l'avez chargée de vous faire un rapport sur ces divers objets ; elle s'est réunie sous la présidence de M. le maire et m'a confié l'honorable mission d'être son organe et de vous transmettre les résultats de la délibération.

« Elle a pensé, Messieurs, que le cimetière de Saint-Vincent et l'église cathédrale étaient les seuls endroits dans lesquels on pouvait transporter les ossements de cet illustre jurisconsulte. La simplicité des mœurs qui l'avait toujours caractérisé semblait réclamer pour lui une simple place au milieu de ses concitoyens; mais les droits incontestables que ses ouvrages lui ont acquis à la reconnaissance publique, la vénération même qu'il a justement obtenue, et qui le rattache à tous ses souvenirs, ont déterminé votre commission à émettre l'avis que ses cendres fussent placées dans l'église cathédrale, qui offrira le plus de facilité pour visiter son tombeau. Elle vous propose donc, si vous approuvez cette opinion, d'inviter M. le maire à s'entendre au plus tôt avec les autorités civiles et ecclésiastiques pour obtenir la permission de faire procéder à l'exhumation de ce grand homme et à son inhumation dans l'église de Sainte-Croix.

« Votre commission s'est ensuite occupée du projet du

monument, sur lequel vous l'aviez chargée de vous présenter son avis. Celui qui vous a été soumis ne pouvant
convenir à une église, elle vous propose d'inviter M. le
maire à demander à plusieurs artistes, et notamment à
MM. Pagot, Romagnesi et Frédéric Boudin, propriétaire
de la galerie de sculpture moderne, des plans de monuments accompagnés de devis estimatifs; et pour donner
une base à cet article, elle pense qu'on pourrait en fixer
la dépense à 20 ou 30,000 fr.

« Quant aux moyens pécuniaires d'exécution, votre
commission a pensé que les sentiments profonds gravés
dans l'âme de tous les gens de bien, par les vertus et les
talents de l'auteur du *Traité des obligations*, feraient
ambitionner à une foule d'individus de contribuer à
l'érection de ce monument, et que pour satisfaire à une
émulation si louable, la voie de la souscription était la
seule qu'on pût adopter.

« Un noble sentiment d'orgueil avait engagé d'abord
quelques membres de la commission à restreindre la
faculté de souscrire aux seuls habitants de la ville qui
avait vu naître l'auteur des Pandectes; mais une réflexion plus approfondie a conduit à penser que si Orléans avait donné naissance à cet illustre savant, le
monde entier était la patrie des grands hommes; votre
commission a donc pensé qu'il y aurait une sorte d'injustice à priver ses nombreux admirateurs de la faculté
de consigner dans un monument public la preuve du
culte, j'ose le dire, que l'Europe entière lui a vouée;
elle propose donc de donner la plus grande publicité à
cette souscription.

« Elle vous propose encore, lorsque vous aurez adopté
le plan de ce monument, d'en faire faire la gravure au
trait et de la joindre au prospectus de souscription qui
sera distribué.

« Le conseil, après en avoir délibéré, approuve à
l'unanimité les conclusions du rapport et les motifs qui
l'ont dicté.

« Le registre est signé : le comte de Rocheplatte et
Dugaigneau de Champvallins. »

La partie de la délibération relative à l'érection du
monument n'a pas eu de suite; mais la translation fut
ordonnée, et je vais mettre sous les yeux du lecteur les
procès-verbaux de cette pieuse et imposante cérémonie
religieuse, qui contiennent les détails les plus curieux et
les plus circonstanciés sur l'identité des restes mortels
de Pothier.

*Procès-verbal de l'exhumation des restes de M. Robert-
Joseph Pothier, jurisconsulte, décédé à Orléans en
mil sept cent soixante-douze, et de leur transport et
dépôt dans l'église cathédrale de Sainte-Croix* (1).

« Aujourd'hui 14 novembre 1823, nous, Florisel-
Louis de Drouin, comte de Rocheplatte, chevalier de
l'ordre royal de la Légion d'honneur, membre de la
Chambre des députés, maire de la ville d'Orléans,
assisté de MM. le comte de Bizemont, chevalier des
ordres royaux et militaires de Saint-Louis, de Saint-

_____

(1) Ce procès-verbal est déposé aux archives de la mairie d'Orléans,
et a été imprimé à un assez grand nombre d'exemplaires.

Lazare et de Notre-Dame du Mont-Carmel; le baron
d'Haffrengues, chevalier de l'ordre royal et militaire
de Saint-Louis, et François de Noury, écuyer, nos
adjoints; en vertu de l'autorisation de Sa Majesté, en
date du 20 août dernier, à nous transmise par M. le
Préfet de ce département, dans sa lettre du 10 septembre suivant, et confirmée par celles particulières
de LL. EE. les ministres de l'Intérieur et de la Justice,
en date des 18 et 23 dudit mois de septembre, dont
lecture a été préalablement faite, par laquelle *Sa Majesté*
a permis que les restes du célèbre jurisconsulte *Pothier*
fussent déposés dans une des chapelles de l'église cathédrale d'Orléans.

« Nous nous sommes transporté au ci-devant grand
cimetière commun de cette ville, où, en présence de
M. Philippe-Claude Arthuis, chevalier, baron de Char-
nisai, chevalier de l'ordre royal de la Légion d'honneur, conseiller de Sa Majesté, premier président de la
Cour royale d'Orléans;

« De M. Loyré, écuyer, conseiller de Sa Majesté,
président à la Cour royale d'Orléans, ancien conseiller
au bailliage et présidial de ladite ville;

« De M. le baron Couet de Montarand, chevalier de
l'ordre royal de la Légion d'honneur, procureur général de Sa Majesté près la Cour royale d'Orléans;

« De MM. Porcher père et Landré du Rochay, écuyer,
membres du conseil municipal;

« De M. Ranque, médecin en chef de l'Hôtel-Dieu;
de M. Jallon, chevalier de l'ordre royal de la Légion
d'honneur, médecin en chef adjoint dudit Hôtel-Dieu;

« De M. Lévêque, chirurgien en chef de l'Hôtel-Dieu;

« De M. Vallet, chirurgien en chef de l'hôpital général; de M. Lhuillier, chirurgien des prisons;

« Et enfin de plusieurs habitants notables de cette ville, dont quelques-uns contemporains de M. Pothier, pour reconnaître la place où M. Robert-Joseph Pothier, décédé le 2 mars 1772, doyen de MM. les conseillers du Roi, juges-magistrats au bailliage et siége présidial d'Orléans, docteur régent et professeur en droit français de l'Université de cette ville, avait été inhumé : nous nous sommes fait représenter le procès-verbal dressé le 19 juin 1787 et jours suivants par le sieur Nicolas Blondel, expert nommé par MM. les officiers municipaux de la ville d'Orléans, par leur délibération du 26 mai de ladite année, pour, conformément à ce qui est prescrit par l'ordonnance du bailliage d'Orléans, du 14 août 1786, relativement aux cimetières, faire le récolement et transcription des épitaphes et inscriptions qui se trouvent tant dans le cimetière commun de ladite ville et les chapelles y établies, que dans les cimetières des différentes paroisses de la ville d'Orléans qui ont été interdits par l'ordonnance du révérend évêque d'Orléans; ledit procès-verbal, clos le 12 septembre 1787, est signé Blondel et dûment contrôlé.

« Nous avons fait donner lecture, par le secrétaire de la mairie, de la partie de ce procès-verbal en ce qui concernait M. Pothier, et nous avons reconnu que dans la galerie dite du Saint-Esprit, le n° 96 porte :

« A côté des deux précédents, sur une table de marbre

noir, placée dans un cadre aussi de marbre incrusté
dans le mur, est gravée l'épitaphe de M. Pothier, dont
la transcription suit. (C'est la même épitaphe dont j'ai
donné le texte et la traduction au commencement de
ce chapitre.)

« Et au-dessus est une urne sépulcrale.

« Cette épitaphe ayant été enlevée lors de la révolution et vendue avec toutes celles qui étaient en
marbre, elle a été retrouvée chez M. Payen, marbrier
de cette ville, qui a bien voulu la remettre à l'administration, pour la rétablir dans le nouveau lieu où
les restes de M. Pothier doivent être transférés.

« Pour s'assurer de la place où cette épitaphe avait
existé lors de l'interdiction du cimetière commun, nous
avons parcouru, le procès-verbal ci-dessus à la main,
la galerie du Saint-Esprit, qui se trouve exposée au
couchant du cimetière, et nous avons remarqué que
presque toutes les épitaphes en pierre étaient encore
restées incrustées dans le mur, mais recouvertes d'un
enduit en plâtre; nous les avons fait découvrir, en
suivant l'ordre des numéros dudit procès-verbal; nous
nous sommes arrêtés au n° 94, ainsi décrit audit procès-verbal : « Auprès des précédentes, dans le cadre
d'une pierre incrustée dans le mur, à la hauteur d'environ trois pieds, est gravé un Christ, avec l'épitaphe
qui suit :

Cy gist honorable homme deffunt Guillaume Viviez lui vivant
marchant dem. en cette ville d'Orléans, qui decedda le VII d'octobre 1586.

      Priez Dieu pour son âme.

« Et au bas du Christ sont aussi gravées plusieurs personnes à genoux, de la bouche d'une desquelles sortent ces mots ainsi gravés : *Pater de cœlis Deus, miserere nobis.* »

« Passant au n° 95, ainsi décrit audit procès-verbal : « Au-dessus du précédent article (94), est un tableau en bois fermant à deux battants, sur lequel tableau est une épitaphe de laquelle plusieurs lettres sont emportées, mais qui se suppléent aisément, si ce n'est dans les mots soulignés dans la transcription qui suit : *Simon Grillet, marchand sellier, a fait renouveller*, etc.»

« Ce tableau et cette inscription n'existent plus; mais celle décrite sous le n° 94 est saine et entière, et bien identique.

« Sous le n° 96, est celle ci-dessus mentionnée de M. Pothier. Pour mieux reconnaître cette place, nous avons fait présenter la table de marbre sur laquelle elle est gravée, et nous avons reconnu qu'elle pouvait y tenir avec la bordure qui n'existe plus; il n'y avait rien ni au-dessus ni au-dessous de cette épitaphe.

« Passant au n° 97, le procès-verbal dit : « A côté (du n° 96) est une petite pierre incrustée dans le mur, à la hauteur d'environ sept pieds; dans le haut sont quelques sculptures mutilées; le dessous est partagé en deux petits cadres longs, à côté l'un de l'autre, et sur lesquels sont, en caractères gothiques, les deux épitaphes qui suivent en cette forme :

Cy devant gist le corps de feu honeste feme Marie de Croix, jadis natifve et dame de Malvoysine, paroisse de (1) près Ablys en son vivant fem⁰ de honorable home M⁰ Pierre Goyn, pour au chastellet d'Orl⁰, natif du lieu, laquelle decedda le xv de janvier L. M. V. L.

Requiescat in pace. Amen.

Et feux Alexandre Boudet son fils (2), marchant d'Orl⁰, qui trépassa le premier jours de mars 1574.

Priez Dieu pour leurs ames.

N⁰ 98 : « Au-dessous, à la hauteur d'environ cinq pieds, sur une petite pierre incrustée dans le mur, dont le haut contient un Christ et quelques personnages en relief, est gravée en gothique l'épitaphe qui suit :

Cy gist deffunct honneste personne Jehan Verny, marchand demeurant en la ville d'Orléans, lequel decedda le xx⁰ jour de may 1573.

Priez Dieu pour son âme.

N⁰ 99 : « Au-dessous de la précédente, dans le cadre d'une pierre ornée de sculpture et incrustée dans le mur, est l'épitaphe qui suit :

Cy gist deffunct hon⁰ˡᵉ homme Louys Marye, vivant bourgeois de Paris, qui décéda le 27 janvier 1611. Suzanne Geneteau, sa femme, qui décéda le 17 mars 1611. Sébastien Pasquelot, mar⁰ᵈ à Orléans, leur gendre, qui décéda le 5⁰ nov⁰ʳᵉ 1652. Renée Marye, sa femme, qui décéda le 13 may 1657.

Requiescant in pace. Amen.

« Cette épitaphe n'existe plus.

(1) Le mot est emporté et ne peut se suppléer.
(2) Il était apparemment son fils d'un précédent mariage.

N° 100 : « Au-dessous de la précédente, sur une petite pierre incrustée dans le mur, à un demi-pied de terre, est une inscription dont la plupart des lettres de la première ligne ont été mutilées, de laquelle on ne peut tirer que ce qui suit, même en suppléant quelque chose aux deux premiers mots :

Anne Bruneau, femme de Michel Pasquelot, qui décéda le 2° de mars 1665.

« Ayant retrouvé encore incrustées dans le mur les épitaphes ci-dessus décrites sous les n°s 97, 98 et 100, aux places et aux hauteurs déterminées, nous nous sommes convaincu que le lieu où devait avoir été inhumé le corps de M. Pothier était entre les épitaphes n° 94 et celles 97, 98 et 100, sans que d'autres' aient pu y être placées, au moins depuis 1772.

« Nous avons, en conséquence, fait fouiller à cette place avec toutes les précautions nécessaires, et, étant parvenu à la profondeur de soixante-cinq centimètres (deux pieds), on a découvert un cercueil qui s'est trouvé consommé dans la plus grande partie, mais laissant des traces certaines et évidentes de la place qu'il occupait. Ayant été mesuré, il s'est trouvé être de deux mètres environ (six pieds) à l'intérieur. Les terres qui le remplissaient, enlevées avec soin, ont mis à découvert un squelette qui a été examiné par MM. les médecins et chirurgiens ci-dessus désignés et appelés à cet effet, lesquels ont fait le rapport suivant :

« Il ne reste que le squelette du corps placé dans
« le cercueil découvert en notre présence, à la profon-
« deur d'environ quatre-vingt-un centimètres (deux
« pieds six pouces); toutes les parties molles sont
« détruites.

« Ce squelette est couché horizontalement sur le
« dos, les pieds tournés du côté de l'orient. Les pièces
« qui le composent conservent toutes entre elles leurs
« rapports naturels, à l'exception des os des pieds et
« des mains, qui sont tombés au fond du cercueil.

« La tête est évidemment inclinée sur l'épaule
« gauche. Cette inclinaison, qui existait chez l'individu
« à l'instant de la mort, n'était sans doute que le
« résultat de l'habitude pendant sa vie; car les ver-
« tèbres cervicales ne présentent aucun vice de confor-
« mation.

« Mesuré d'une extrémité à l'autre, ce squelette a
« un mètre soixante-treize centimètres (cinq pieds
« quatre pouces) de longueur.

« Les fémurs ont chacun quarante-quatre centi-
« mètres (seize pouces trois lignes) de long. L'ins-
« pection de toutes ces parties, et notamment des os
« du bassin, prouve qu'il est le squelette d'un homme.

« Sur les tempes et les parties postérieures de la
« tête sont appliqués beaucoup de cheveux d'un blanc
« roussâtre, longs d'environ six lignes.

« On trouve aussi de la barbe, un peu plus blanche
« que les cheveux, et en assez grande abondance, sur
« les côtés et sur la base de la mâchoire inférieure.

« Il résulte des observations ci-dessus que ce sque-

« lette est celui d'un homme; qu'il appartient à un
« vieillard d'une haute stature, en grande partie chauve
« et portant probablement perruque; qu'il est présu-
« mable que pendant sa vie ce vieillard tenait sa tête
« inclinée à gauche; qu'enfin ce corps n'a pas été
« remué depuis sa première inhumation, car autre-
« ment les pièces du squelette ne seraient pas restées
« dans le rapport parfait qui a été observé. »

« Cette déclaration, jointe aux précautions prises pour
reconnaître le véritable lieu de l'inhumation, et confirmée par les souvenirs de plusieurs personnes contem-
poraines du célèbre jurisconsulte, ne nous a laissé
aucun doute que les ossements retrouvés ne fussent
réellement ceux de M. Pothier. En effet, il avait à son
décès 73 ans, portait perruque, était d'une taille de
cinq pieds cinq à six pouces, et avait la tête penchée
sur l'épaule gauche. Ces traditions confirment les observations faites par MM. les médecins.

« La conviction la plus complète ayant ainsi été
acquise, et par conséquent l'identité des restes de
M. Pothier se trouvant dûment constatée, nous avons
fait exhumer ces ossements, qui ont été sur-le-champ
déposés dans une caisse de chêne, ayant quatre-vingt-dix-
neuf centimètres de longueur, trente-trois de largeur,
et trente-deux de hauteur, recouverte de plomb soudé
en notre présence sur tous ses joints.

« Nous avons, pour plus grandes précautions, mis
sur cette caisse un ruban croisé, sur les bouts duquel
nous avons fait apposer les armes de la mairie, et
nous l'avons fait transporter dans le cabinet du sieur

Pascault fils, principal conducteur des travaux qui s'exécutent dans ce moment sur l'emplacement du ci-devant grand cimetière; à la garde duquel nous l'avons laissée pour nous être représentée le jour où le transport doit en être fait à l'église cathédrale.

« De tout ce que dessus nous avons dressé le présent procès-verbal, que MM. les membres de la Cour royale, ceux du conseil municipal, les médecins et chirurgiens, nos adjoints, plusieurs notables habitants qui l'ont désiré, le sieur Pascault et nous, avons signé, les jour, mois et an que dessus.

« Baron Arthuis de Charnisay, Loyré, baron Couet de Montarand, Porcher, Landré du Rochay, Ranque, D.-M.; Jallon, D.-M.; Lévêque, D.-M.; Vallet, D.-M.; Lhuillier, J.-B. Marchand, C^re; Jollois, Alexandre Gérard, directeur des contributions directes; De Rochas, chevalier de Saint-Louis; Gratet-Duplessis, membre de l'Université royale; Paulin Pascault, Dusaultoir, le comte G. de Bizemont, adjoint; le baron d'Haffrengues, adjoint; Noury, adjoint; le comte de Rocheplatte, maire; Petit-Semonville, secrétaire de la mairie. »

« Aujourd'hui, 17 novembre 1823, dix heures du matin, nous, maire d'Orléans, dénommé au procès-verbal du 14 de ce mois, assisté de MM. nos adjoints, étant dans la grande salle de l'hôtel de la mairie, nous avons reçu les corps et chefs d'administration judiciaires, civiles et militaires, que nous avions invités à la cérémonie qui doit avoir lieu pour la translation des restes de M. Pothier, du ci-devant grand cimetière en l'église cathédrale.

« A onze heures, MM. les premier président, présidents de chambres, conseillers, procureur général et avocats généraux de la Cour royale;

« M. le vicomte de Riccé, chevalier des ordres royaux de Saint-Louis et de la Légion d'honneur, préfet de ce département;

« M. le comte de Bouvet de Lozier, chevalier de l'ordre royal et militaire de Saint-Louis, officier de l'ordre royal de la Légion d'honneur, maréchal des camps et armées du roi, général commandant la sous-division du Loiret.

« MM. les officiers de l'état-major;

« M. Miron de Lespinay, écuyer, chevalier de l'ordre royal de la Légion d'honneur, président, et MM. les juges du tribunal civil de première instance;

« MM. les membres du conseil municipal;

« MM. les officiers de l'état-major de la place et de la garde nationale;

« MM. les président et juges du tribunal de commerce;

« MM. les membres de l'académie; M. le proviseur du collége royal, accompagné d'une partie des élèves;

« MM. les juges de paix des cantons d'Orléans;

« MM. les commissaires de police;

« MM. les avocats à la Cour royale, en corps;

« MM. les avoués tant à la Cour royale qu'au tribunal civil;

« MM. les chevaliers de l'ordre royal et militaire de Saint-Louis,

« Étant rendus à l'hôtel de la mairie, ces différents

corps se sont mis en marche, dans l'ordre des préséances, accompagnés d'un détachement de la garde nationale, et se sont rendus au ci-devant grand cimetière.

« Nous avons fait donner lecture, par le secrétaire de la mairie, du procès-verbal d'exhumation dressé le 14 de ce mois.

« Nous étant fait représenter par le sieur Pascault la caisse contenant les restes de M. Pothier, qui avaient été exposés, dès le matin, dans une chapelle ardente, nous avons reconnu le scellé que nous y avions apposé, et il s'est trouvé sain et intact.

« Le clergé de la cathédrale étant arrivé, après les premières prières, M. Loyré, président de chambre, déjà dénommé dans le procès-verbal du 14, comme présent à l'exhumation; M. Russeau, chevalier de l'ordre royal de la Légion d'honneur, président à la Cour.

« M. Barbot-Duplessis, conseiller à la Cour et parent de M. Pothier, et M. Deschamps-Gheerbrant, premier avocat général à la Cour royale ;

« Tous quatre désignés par la Cour, d'après l'invitation que nous avons adressée à M. le premier président, pour accompagner et porter les cordons du poêle qui couvrait les restes de M. Pothier, se sont approchés pour remplir cet acte de respect religieux.

« Le cortége s'est mis en marche, tous les enfants de l'hôpital général étant en tête; il est sorti par la porte occidentale, a suivi la rue Pavée, est passé devant l'hôtel de la mairie, a pris la rue de l'Évêché, et est entré dans la cathédrale par la porte septentrionale.

« Le cercueil a été déposé sur une estrade surmontée

d'un catafalque élevé au milieu du chœur tendu de noir
dans toute son étendue.

« L'office, auquel assistait Mgr Brumauld de Beauregard, évêque d'Orléans, a été célébré par M. l'abbé
Clavelot, grand chantre de la cathédrale, et étant ter-
miné, les restes de M. Pothier ont été repris par MM. les
quatre membres de la Cour royale et portés procession-
nellement en faisant le tour du chœur par les nefs dans
la travée à gauche, auprès de la porte latérale qui conduit à l'évêché, lieu désigné de concert avec Mgr l'é-
vêque, et déposés dans la fosse qui avait été pratiquée à
cet effet à environ un mètre de profondeur.

« Le clergé et tous les corps, après les dernières
prières, sont venus successivement jeter l'eau sainte sur
ces restes précieux. Recouverts de terre, la fosse a été
fermée, en notre présence, d'une grande pierre portant
ces mots : *Robertus Josephus Pothier. Orate pro eo.*
Au-dessus de cette fosse nous avions fait sceller dans le
mur l'ancienne épitaphe de M. Pothier, telle qu'elle
avait été retrouvée, et au bas, sur une table de marbre
noir, cette inscription : « Avec l'autorisation du roi,
« sur la demande des habitants d'Orléans, les restes de
« M. Robert-Joseph Pothier, inhumés au grand cimetière
« de cette ville le 4 mars 1772, ont été exhumés et dé-
« posés en ce lieu le 17 novembre 1823. »

« Pendant l'office, Mme Douville, l'une des parentes
de M. Pothier, conduite par M. Vandebergue de Villiers,
chevalier de l'ordre royal et militaire de Saint-Louis,
membre du bureau de charité, a fait une quête pour les
pauvres de la ville.

« La cérémonie terminée en présence d'un concours considérable des habitants les plus notables d'Orléans, qui, pendant la marche du cortége, avaient entouré de leur vénération et de leur souvenir les restes de leur vertueux et célèbre concitoyen, et avaient assisté au service qui venait d'être célébré pour le repos de son âme, service annoncé dans toute la ville par les billets que nous avions fait distribuer, nous nous sommes retiré avec MM. nos adjoints à la porte de l'église, pour saluer et remercier les corps et chefs d'administration qui avaient bien voulu se réunir à nous pour rendre à la mémoire de l'illustre magistrat que nous pleurons encore, les honneurs que ses hautes vertus et son profond savoir lui ont mérités de tous ceux qui l'ont connu, comme ils lui seront toujours rendus par nos neveux.

« Dont de tout ce que dessus nous avons dressé le présent procès-verbal, que les chefs de corps, plusieurs autres magistrats et fonctionnaires, ainsi que MM. nos adjoints ont signé avec nous :

« Baron Arthuis de Charnisay, vicomte de Riccé, comte de Bouvet, Miron de Lespinay, Loyré, Russeau, Barbot du Plessis, Deschamps-Gheerbrant, Moreau, bâtonnier de l'ordre des avocats; Marchand, président de la chambre des avoués près la Cour royale d'Orléans; Marchand, président de la chambre des avoués du tribunal de première instance; le comte G. de Bizemont, adjoint; le baron d'Haffrengues, adjoint; Noury, adjoint; le comte de Rocheplatte, maire; Petit-Semonville, secrétaire de la mairie (1). »

(1) Une médaille a été frappée à cette occasion; elle est signée du

Le *Moniteur* rendit compte de cette imposante cérémonie dans son numéro du 19 novembre 1823, et con-
stata qu'un *nombreux clergé* y assistait. M. Dupin, faisant allusion à cet article officiel, dit dans sa Dissertation
sur Pothier : « Cela dément le bruit répandu que, dans
cette auguste cérémonie, une partie du clergé se serait
rappelé que Pothier était *janséniste*. C'eût été porter
trop loin la rancune, et justifier une épigramme que je
ne veux point rappeler..... Mais le *procès-verbal* de la
cérémonie atteste le parfait concours du clergé avec les
fonctionnaires publics, la présence de l'évêque, etc.
etc. Ainsi le reproche, s'il a été réellement encouru,
n'a pu l'être que par quelques individus absents, dont
l'absence n'a rien ôté à la solennité de la translation (1). »

Le 2 mars 1846, Mgr Fayet, alors évêque d'Orléans,
de concert avec M. Lacave, maire, ordonna la translation des restes de Pothier, de la travée située à gauche
de la porte latérale, qui conduit à l'évêché, dans celle
située à droite de la même porte.

Voici le procès-verbal qui constate cette translation :

nom de Vivier. Le droit porte la tête de Pothier avec la légende :
R. J. Pothier, nat. Aureliæ. M. DC. XCIX. ob. M. DCC. LXXII.—
Au revers sont représentées la justice et la religion élevant une couronne au-dessus d'une urne posée sur un autel avec la légende : *Utrique
vitam impendit.* L'exergue porte : *Exsequi^{um} solemnia instaurata
in eccles. cathedr. Aurelian. nov. XVII. an. M. DCCC. XXIII.*
Cette médaille m'a été donnée par M. Paul, juge de paix à Blois.

(1) *Dissertation sur Pothier,* par M. Dupin, 1825, p. 144.

Procès-verbal de l'exhumation des restes de M. Robert-Joseph Pothier, jurisconsulte, décédé à Orléans en 1772, et de leur translation de la chapelle de l'église cathédrale de Sainte-Croix, où ils avaient été déposés en 1823, dans une autre chapelle de la même église (1).

« Aujourd'hui lundi 2 mars 1846, à midi, nous Louis-Henri-Hippolyte Lacave, chevalier de la Légion d'honneur, maire de la ville d'Orléans, assisté de MM. François-Sylvain Rousseau, chevalier de la Légion d'honneur; Pierre-Eloris-Alexandre Marchand, et Albert-Paul Compan-Lafontaine, adjoints, accompagnés de M. Joseph-Hilarion Isnard, secrétaire de la mairie, nous nous sommes rendus dans l'église cathédrale de Sainte-Croix, à l'effet de procéder à l'exhumation des restes du célèbre jurisconsulte M. Robert-Joseph Pothier, décédé à Orléans le 2 mars 1772, et à leur translation de la travée située à gauche de la porte latérale qui conduit à l'évêché, dans laquelle ils avaient été déposés en 1823, suivant procès-verbaux en date des 14 et 17 novembre de ladite année, dans la chapelle de la même église située à droite de la même porte, lieu désigné de concert avec Mgr l'évêque pour y être réinhumés; ladite translation motivée par la nouvelle destination donnée à la travée ci-dessus désignée, laquelle doit faire partie de la nouvelle sacristie actuellement en construction.

« Étant arrivés à l'église, nous avons trouvé réunis : MM. Antoine Travers de Beauvert, premier président de la Cour royale, officier de la Légion d'honneur; Louis-

---

(1) Ce procès-verbal est déposé aux archives de la mairie d'Orléans.

Auguste de Cambefort, président du tribunal de première
instance; Adrien-Louis-Gaspard Boucher d'Argis, conseiller à la Cour royale, chevalier de l'ordre royal de la
Légion d'honneur; Charles Brossard de Corbigny, conseiller à la Cour royale; Pierre-Félix Porcher, conseiller
à la Cour royale, chevalier de l'ordre royal de la Légion
d'honneur; Benjamin-Louis Diard, conseiller à la Cour
royale, chevalier de l'ordre royal de la Légion d'honneur;
Louis-Armand Mauge-du-Bois-des-Entes, conseiller à la
Cour royale; Jean-Paul Lenormant, substitut du procureur
général; Jean-Eugène Bimbenet, greffier en chef de la
Cour royale; Paul Davillier, conseiller de préfecture, secrétaire général délégué par M. le préfet; Louis-Nicolas-
Narcisse Marchand, conseiller de préfecture, ancien président de la chambre des avoués près la Cour royale;
Louis-César Plasman, vice-président du tribunal de
première instance; Gabriel-Pierre Porcher, juge au tribunal; Louis-Aimé-Jean-Baptiste Moreau-Laulois, juge
au même tribunal; Alfred Hiver, procureur du roi près
le tribunal de première instance, chevalier de la Légion
d'honneur; Sébastien-Joseph-Antoine Dubain, greffier
dudit tribunal; Florisel-Louis de Drouin, comte de Rocheplatte, officier de la Légion d'honneur, ancien maire d'Orléans; Alexandre-Romain-Henri Grougnard, conseiller
municipal; Alfred Pereira, conseiller municipal; Alexan-
dre-Désiré Dugaigneau de Champvallins, conseiller municipal, ancien président de la Cour royale, chevalier de la
Légion d'honneur; Auguste-Louis-Anne Ronceray, conseiller municipal, président de la chambre des avoués de
première instance; Charles-Gabriel-Ephrem de la Taille,

ancien conseiller à la Cour royale ; Denis-Charles Barbot-
Duplessis, ancien conseiller à la Cour royale, parent de
Pothier ; Jules-Robert Douville, parent de Pothier ; Jules-
Lorin de Chaffin, notaire à Beaugency, parent de Pothier ;
Jean-Baptiste-François Caudel, ancien notaire, parent de
Pothier ; Gustave Gombault, parent de Pothier ; Pierre-
Fulgence-Adolphe Creuzet, parent de Pothier.

« Aussitôt nous avons en leur présence fait ouvrir la
fosse qui était recouverte d'une grande pierre portant
ces mots : *Robertus Josephus Pothier. Orate pro eo.*

« Dans cette fosse, à un mètre de profondeur, nous
avons trouvé une caisse recouverte de plomb, soudée et
parfaitement conservée, ayant 99 centimètres de longueur, 33 de largeur et 32 de hauteur, laquelle a été
reconnue être la même que celle indiquée par le procès-
verbal du 14 novembre 1823, comme renfermant les
précieux restes de Pothier.

« Cette caisse, après avoir été reçue par Mgr Fayet,
évêque d'Orléans, assisté des membres de son clergé, et
après les prières d'usage, a été transportée procession-
nellement, accompagnée de toutes les personnes ci-dessus
désignées, dans la nouvelle chapelle ci-dessus indiquée,
pour la recevoir, où elle a été déposée dans une fosse qui
avait été pratiquée à cet effet, à environ un mètre de
profondeur.

« Après les dernières prières, la caisse a été recouverte
de terre et la fosse a été fermée, en notre présence, de
la grande pierre portant les mots : *Robertus Josephus
Pothier. Orate pro eo.*

« Au-dessus de cette fosse, nous avons fait sceller dans

le mur l'ancienne épitaphe de M. Pothier, telle qu'elle avait été retrouvée au grand cimetière, et au bas, sur une table de marbre noir, cette inscription : « Avec « l'autorisation du roi, sur la demande des habitants d'Or- « léans, les restes de M. Robert-Joseph Pothier, inhumés « au grand cimetière de cette ville, le 4 mars 1772, ont été « exhumés et déposés en ce lieu le 17 novembre 1823. »

« Dont de tout ce que dessus nous avons dressé le présent procès-verbal que les personnes qui y sont dé- nommées ont signé avec nous, après que lecture en a été donnée par le secrétaire de la mairie.

« Un exemplaire imprimé des procès–verbaux des 14 et 17 novembre 1823 a été annexé au présent.

« Signé † J.-J., évêque d'Orléans; T. de Beauvert, pre- mier président; de Cambefort, le comte de Rocheplatte. Pour M. le préfet empêché, Paul Davillier; Boucher d'Argis, Brossard de Corbigny, Porcher, A. Mauge, Porcher, Diard, Paul Lenormant, Eugène Bimbenet, Plasman, A. Hiver, Moreau-Laulois, Barbot-Duplessis, Marchand, Ronceray, Lorrin de Chaffin, Dubain, E. de la Taille, Dugaigneau de Champvallins, Alfred Pereira, Grougnard, Caudel, J. Douville, Gombault, A. Marchand, Creuzet, Lacave, Lafontaine, Rousseau-Deshaies, Isnard. »

La *Gazette des Tribunaux* rendit compte de cette céré- monie dans son numéro du 4 mars 1846; et M. Bugnet, professeur de droit à la faculté de Paris, a cru devoir reproduire ce compte rendu en donnant une nouvelle édition des Œuvres de Pothier (1). Voici cet article :

_____

(1) Œuvres de Pothier, annotées et mises en corrélation avec le Code

Translation des restes de Pothier.

« Une cérémonie, qui aurait pu avoir plus d'éclat, a eu lieu vers midi dans l'enceinte de la cathédrale (2 mars 1846).

« Robert-Joseph Pothier, notre grand jurisconsulte, mort à Orléans en l'année 1772, fut inhumé le 4 mars dans le grand cimetière d'Orléans, situé au centre de la ville, en face de la cathédrale.

« En l'année 1823, la ville ayant fait construire sur l'emplacement de ce cimetière les halles aux grains, les restes de Pothier furent recueillis, soigneusement renfermés dans un cercueil de plomb, et transférés avec pompe dans la cathédrale.

« Pothier était janséniste. Cette circonstance fit naître quelques difficultés; le clergé aurait voulu qu'au lieu d'être déposées dans la cathédrale, les cendres du grand jurisconsulte fussent portées dans l'un des cimetières de la ville. On trouva un moyen terme, on choisit dans le lieu saint un emplacement qui n'était point chapelle, et la cérémonie de la translation eut lieu le 17 novembre 1823.

« Cette année, au grand scandale de ceux qui sont jaloux de la conservation de nos grands édifices religieux dans leur unité et dans leur intégrité, malgré les vives réclamations que ce projet avait soulevées, l'emplacement de la sépulture de Pothier fut précisément choisi pour en faire une sacristie parallèle à celle qui existe du côté

civil et la législation actuelle, par M. Bugnet, professeur de Code civil à la faculté de droit de Paris, 1848, p. 67-68.

opposé, et destinée principalement à l'évêque et aux membres du chapitre de Sainte - Croix. Ce sont ces constructions nouvelles qui ont nécessité la translation des cendres
de Pothier dans un emplacement voisin, ayant, comme le
premier, forme de chapelle, mais sans autel, et occupé,
pendant la célébration des offices du dimanche et des
fêtes, par les bancs d'une pension.

« Cette sacristie était-elle bien nécessaire? était-il
indispensable de l'établir là précisément? au contraire,
n'était-ce pas un prétexte, et a-t-on saisi ou plutôt pro-
voqué l'occasion de satisfaire une rancune antijanséniste
longtemps couvée? Quoi qu'il en soit, ainsi que nous
l'avons dit, cette cérémonie a eu lieu aujourd'hui à midi
dans la cathédrale. Mgr l'évêque d'Orléans en avait donné
avis à la Cour royale et au tribunal civil, dont quelques
membres y assistaient en habits de ville. Le maire et
quelques conseillers municipaux étaient également présents. Quant au barreau, aucune convocation officielle
ne lui avait été adressée; les avocats pouvaient être mis
au nombre des rares curieux avertis de cette translation.

« La cérémonie n'a pas duré plus d'une demi-heure.
L'évêque, à la tête de son clergé, a prononcé sur le
cercueil les prières prescrites par le rituel en pareille
circonstance, et les restes de Pothier ont été descendus
dans la fosse qu'ils doivent occuper, jusqu'à ce que
d'autres constructions nécessitent peut-être une nouvelle
exhumation. »

Quoique cet article soit oublié, je ne trouve pas inutile
d'y répondre. La question de la construction d'une se-

conde sacristie a été étudiée avec le plus grand soin.
Le 9 janvier 1841, M. Pagot, architecte diocésain, présenta un projet qui fut approuvé par Mgr Morlot, alors
évêque d'Orléans, et par M. le préfet du Loiret, le 17
février suivant. Ce projet fut soumis à l'examen du conseil des bâtiments civils le 3 février 1842; il fut définitivement approuvé le 27 février 1845 par M. le ministre
des cultes (1).

Il est certain que l'idée de construire une sacristie
dans la cathédrale d'Orléans, tout exprès pour en chasser
les cendres du janséniste Pothier, ne repose sur aucune
donnée sérieuse.

La cérémonie de cette nouvelle exhumation a été ce
qu'elle devait être; une solennité déployée en pareille
circonstance eût été un anachronisme. L'évêque et le
maire d'Orléans ont eu le bon goût de choisir le 2 mars,
jour anniversaire de la mort de Pothier.

La chapelle dans laquelle repose aujourd'hui et pour
toujours notre vertueux et grand concitoyen fait partie
du lieu saint, et si l'auteur de l'article de la *Gazette des
Tribunaux* voulait faire hommage à notre pauvre cathédrale d'un magnifique autel, il peut être assuré que la
fabrique l'accepterait et le ferait placer de grand cœur
dans la chapelle qui en est privée.

Je n'éprouve qu'un regret en combattant un pareil article, c'est que M. Bugnet, homme considérable dans la
science du droit et dans l'opinion publique, lui ait procuré
une seconde édition en tête même des OEuvres de Pothier.

(1) J'ai consulté le dossier de cette affaire, qui est au secrétariat de
l'évêché d'Orléans.

A l'époque de cette dernière translation des restes de Pothier, une tentative de souscription pour lui élever une statue eut lieu; mais l'érection de la statue de Jeanne d'Arc, qui occupait tous les esprits, empêcha cette idée de se réaliser.

J'aurai tout dit sur ce sujet lorsque j'aurai cité trois quatrains que j'ai découverts dans des poésies orléanaises; je les cite surtout à cause des sentiments qu'ils expriment.

Dans son cœur simple et pur la justice eut son temple,
Elle lui dévoila ses sublimes décrets.
Ses mœurs aux magistrats doivent servir d'exemple;
Ses écrits ont dicté le Code des Français (1).

Philosophe sublime autant qu'habile maître,
Pothier fut de Thémis l'oracle et le soutien;
Mais la loi qu'il sut mieux enseigner et connaître,
Fut la loi du chrétien (2).

Si la mort n'a pas respecté
Sa vie écrite au temple de mémoire,
Il remporte sur elle une illustre victoire,
En laissant ses écrits à la postérité (3).

----

(1) *Muses du Loiret*, tome Ier, p. 111, faisant partie des manuscrits de la bibliothèque d'Orléans.
(2) *Muses du Loiret*, tome II, p. 60.
(3) *Muses du Loiret*, tome II, p. 60.

CHAPITRE XIV

Éloges, discours, dissertations, notices biographiques sur Pothier. —
Portraits, bustes et gravures qui reproduisent ses traits.

Je viens de retracer tous les efforts qui ont été faits
depuis la mort de Pothier pour lui ériger un monument
digne de sa haute renommée; je dois maintenant dire
quelques mots des éloges, discours, dissertations et
notices biographiques qui ont été faits sur lui.

Le plus complet de ces éloges est évidemment celui
qui a été écrit par Letrosne, avocat du roi au Présidial
d'Orléans. Il était l'ami, le collégue et le contemporain
de Pothier; il a pu mieux que tout autre parler des mœurs
du magistrat, de la haute capacité du professeur, des
talents du jurisconsulte et des habitudes de l'homme
privé.

L'éloge historique de Letrosne, qui ne contient pas
moins de 170 pages, nous fait parfaitement connaître
Pothier; c'est à mon sens le portrait qui doit nous servir
de type et qui par le fait en a servi à tous ceux qui ont
écrit après lui. Je ne reproche qu'une chose à Letrosne,
c'est de ne s'être pas assez étendu sur les derniers mo-

ments de son illustre compatriote ; il eût été bien de recueillir avec soin ses moindres paroles et de nous faire assister à sa mort, comme il nous a fait assister à sa vie (1).

Un premier éloge avait été prononcé à la rentrée d'après Pâques, le 8 mai 1772, c'est-à-dire deux mois après la mort de Pothier, par l'un de ses anciens élèves, Leconte de Bièvre, procureur du roi au bailliage de Romorantin. Ce discours est beaucoup moins intéressant que celui de Letrosne, au point de vue des détails de sa vie intime, mais il est plus complet au point de vue de l'appréciation des traités de Pothier sur le droit français. C'est un savant résumé de droit ; il a été pris en grande partie par Leconte de Bièvre dans les *Mémoires pour servir à l'histoire des sciences et des beaux-arts*, qui ont été continués sous le titre de *Journal des beaux-arts et des sciences*. Ces deux ouvrages périodiques avaient rendu un compte exact et judicieux des différents traités de Pothier à mesure qu'ils paraissaient. Si Leconte de Bièvre n'avait pas eu ces Mémoires sous les yeux, évidemment il n'eût pas pu, dans l'espace de deux mois, faire un éloge aussi complet et résumant avec autant de portée les écrits du grand jurisconsulte (2).

Quoi qu'il en soit, les éloges de Letrosne et de Leconte de Bièvre resteront, car ils sont non-seulement intéressants, mais encore écrits avec soin.

Le 20 novembre suivant, Breton de Montramier, qui avait défendu avec tant de chaleur les Pandectes de

(1) *Éloge de Pothier,* en tête de ses Œuvres in-4º.

(2) Paris, chez Saillant et Nyon, libraires, et Orléans, chez les frères Couret de Villeneuve, libraires, 1772.

Pothier, prononça en son honneur, devant l'Université d'Orléans, un discours latin : *De laudibus antecessoris doctrina et moribus præstantissimi oratio*. Ce discours est très-académique, mais il ne donne pas d'aperçus nouveaux. L'orateur termine en faisant la proposition de placer un marbre dans la salle de l'Université, sur lequel serait gravée l'inscription dont j'ai donné le texte et la traduction à la fin du chapitre VIII.

Vers la même époque, Jousse publia également un éloge de Pothier en tête du Traité de la possession. Cet éloge est très-court et ne renferme aucune donnée nouvelle. On s'étonne qu'un magistrat aussi distingué que Jousse, et qui avait entretenu pendant toute sa vie des liaisons intimes avec Pothier, n'ait pas trouvé d'autres accents. Il n'est pas donné à tout le monde de savoir pleurer sur une tombe.

Dans le courant de l'année 1822, la Société des sciences, belles-lettres et arts d'Orléans mit au concours l'éloge de Pothier.

Dans sa séance du 14 février 1823, elle décerna le prix à M. Boscheron-Desportes, alors substitut du procureur général près la Cour royale d'Orléans (1);

Elle donna un accessit à M. Javon fils, avocat à la Cour royale de Paris, rue Meslée, n° 16,

Et conféra une mention honorable à M. Pailliet, avocat à la Cour royale d'Orléans (2).

---

(1) M. Boscheron-Desportes est aujourd'hui président de la Cour impériale de Bordeaux, et membre honoraire de la Société académique d'Orléans.

(2) M. Pailliet est aujourd'hui conseiller honoraire à la Cour impé-

M. Champignau, avocat à la même Cour, fit aussi un éloge de Pothier qui fut distingué par la Société académique, mais qui arriva trop tard pour être admis à concourir.

Ces quatre éloges sont savamment appréciés dans un rapport que M. le président de la Place de Montevray lut dans la séance du 31 janvier 1823 (1).

M. de la Place de Montevray fit paraître à la même époque une notice remarquable sur Pothier dans la *Biographie universelle* de Michaud. L'éloquent rapporteur de la Société des sciences, belles-lettres et arts d'Orléans a fait un résumé très-littéraire et très-substantiel de la vie de notre illustre compatriote (2).

M. Dupin jeune publia aussi vers le même temps, dans la *Galerie française*, une notice sur Pothier.

M. Berville en publia une autre, qui se trouve en tête de l'une des éditions in-8° des Œuvres de Pothier.

Ces deux dernières notices sont citées avec avantage par M. Dupin aîné, dans sa belle et savante Dissertation qu'il plaça en tête des Œuvres de Pothier, publiées par lui en 1825.

La Dissertation de M. Dupin aîné est au xixe siècle

---

riale d'Orléans. Il a fait de nombreux travaux sur le droit, que j'ai eu l'occasion de résumer dans une notice que j'ai lue à la Société académique d'Orléans, dans sa séance du 22 août 1856. Voir ma brochure intitulée : *Jurisconsultes orléanais ; proposition d'érection d'une statue à Pothier*. Orléans, 1857.

(1) Voir les annales de la Société des sciences, belles-lettres et arts d'Orléans de cette époque.

(2) *Biographie universelle*, tome XXXV.

ce que l'Éloge de Letrosne fut au xviiie, le type biographique qui l'emporte sur tous les autres (1).

Le 3 novembre 1842, M. de la Tournelle, alors procureur général près la Cour royale d'Orléans, et membre de la Chambre des députés, fit dans un discours de rentrée, remarquable par l'élévation de la pensée et par l'élégance du style, le double éloge du chancelier Lhospital et du jurisconsulte Pothier. Il avait obtenu du ministre de l'intérieur, pour le palais de justice d'Orléans, deux grands portraits en pied de ces illustres personnages, et il prit naturellement pour texte de son discours le récit de ces deux belles vies (2).

Le 15 décembre 1849, M. Henri Busson, avocat à la Cour d'appel de Paris, docteur en droit, prononça à la séance d'ouverture des conférences de l'ordre des avocats un discours sur Pothier; ce discours est aussi bien pensé qu'il est bien écrit, et je l'indique comme un résumé succinct et philosophique de tout ce qui a été dit sur Pothier (3).

Enfin il ne me reste plus qu'à parler d'une esquisse biographique de Pothier publiée en 1852 par M. Paul Huot, alors substitut à Orléans, dans les *Hommes illustres de l'Orléanais*. C'est une fantaisie charmante dans laquelle notre grave jurisconsulte n'est pas précisément

---

(1) Paris, Béchet aîné, 1825.

(2) Ce discours fut imprimé, et j'en ai reçu un exemplaire que je conserve précieusement, ainsi que le souvenir de l'amitié dont M. le procureur général de la Tournelle a bien voulu m'honorer lorsque j'étais son substitut.

(3) Imprimerie de Mme veuve Bouchard-Huzard. Paris. 1850.

pris au sérieux. C'est un tableau de genre peint avec les plus fraîches couleurs (1).

Les arts ont aussi fait arriver jusqu'à nous les traits du grand jurisconsulte orléanais.

Le premier portrait qui ait été fait de Pothier remonte à l'année 1734. Il figure dans un tableau que j'ai eu souvent l'occasion d'admirer à l'évêché d'Orléans. L'esquisse de ce tableau est placée au musée de notre ville sous le n° 234. La scène se passe à la vieille porte Bourgogne; l'évêque assis dans son fauteuil, porté par les représentants des quatre barons, délivre les prisonniers. Parmi les personnages du bailliage on remarque Jousse et Pothier. Pothier est représenté à l'âge de trente-cinq ans; mais sa figure est tellement jeune et ses traits sont si délicats qu'on lui en donnerait à peine vingt-cinq.

Ce tableau fut exécuté pour le château épiscopal de Meung, qui servait à cette époque de demeure aux évêques d'Orléans.

Je vais consigner ici une anecdote publiée par M⁰ Quinton, avocat près la Cour impériale d'Orléans, dans la *Gazette des Tribunaux;* elle donne un caractère d'authenticité au portrait de Pothier, tout en nous fournissant un trait de mœurs (2).

« Les évêques d'Orléans avaient le droit de délivrer un certain nombre de prisonniers à leur entrée dans leur siége épiscopal; ce droit résultait pour eux d'une coutume qui se perd dans la nuit des temps.

(1) Imprimerie d'Alexandre Jacob. Orléans, 1852.
(2) Variétés sur les priviléges des évêques d'Orléans. *Gazette des Tribunaux,* du 5 octobre 1844.

« Le peintre Natoire, dont le nom et les œuvres sont peu connus aujourd'hui, avait choisi pour sujet d'un grand tableau, qui orne encore en ce moment l'un des salons de l'évêché d'Orléans, l'entrée de Monsieur de Paris, qui eut lieu le 2 mars 1734. Notre célèbre Pothier, alors âgé de trente-cinq ans, est placé dans ce tableau au nombre des magistrats qui viennent sur le passage de l'évêque lui amener les prisonniers. Cette délicate attention de l'artiste flatta beaucoup le modeste et savant jurisconsulte. A son tour il voulut rendre au peintre la distinction qu'il en avait reçue. A-t-il besoin, à l'appui d'un principe de droit, de citer un nom recommandable en peinture, c'est toujours le nom de Natoire qu'il choisit : « Pareillement, si voulant faire faire un tableau « par Natoire, je fais marché pour faire ce tableau avec « Jacques, que je prends pour Natoire, le marché est « nul, faute de consentement de ma part; car je n'ai pas « voulu faire faire un tableau par Jacques, mais par « Natoire : la considération de la personne de Natoire et « de sa réputation entrait dans le marché que je voulais « faire (1). » Certes notre excellent Pothier a largement acquitté la petite dette de reconnaissance qu'il croyait avoir contractée vis-à-vis de Natoire. »

Tout en remerciant Mᵉ Quinton de son intéressante anecdote, qu'il me permette de lui dire que le peintre Natoire est beaucoup plus connu qu'il ne paraît le croire. Charles Natoire était directeur de l'Académie de France à Rome. Il est né à Nîmes le 3 mars 1700

(1) *Obligations*, tome Iᵉʳ, partie 1ʳᵉ, chapitre 1ᵉʳ, numéro 19.

et est mort à Castel-Gondolfo en août 1777; ses tableaux les plus estimés sont ceux qui ornent les apparte-
ments du premier étage du château de Versailles, un salon
de l'hôtel de Soubise et la chapelle des enfants trouvés
de Paris. On fait cas aussi des peintures dont il a décoré
en partie les panneaux entre les fenêtres du cabinet des
médailles et des antiques de la bibliothèque du roi. Le
burin des plus habiles graveurs, tels que Fessart, Ave-
line, J. Flipart, élève de Laurent Cars, etc., a reproduit les plus renommés. Natoire a donc laissé une réputation de talent incontestable, et s'il est venu à Orléans
pour faire le tableau représentant l'entrée de Monsieur
de Paris, c'est parce qu'il y avait été appelé par sa réputation et peut-être aussi par les relations qu'il entretenait avec M. d'Autroche, appartenant à l'une des familles les plus recommandables de l'Orléanais.

Mais le portrait qui nous retrace véritablement les
traits de Pothier est celui qui le représente à cinquante
ans environ. Il est dû au pinceau du peintre Lenoir.

Voici de quelle façon Letrosne raconte l'histoire de ce
portrait : « La confiance que M. Pothier avait en Thérèse Javoi, sa gouvernante, était entière. Il ne lui cachait
guère que ses aumônes. Elle gouvernait absolument tout
le domestique de son maître, et en grande partie ses
affaires. Pour obtenir certaines choses, il fallait la mettre
dans ses intérêts, et sans elle l'amitié que M. Pothier
voulait bien avoir pour moi, n'aurait peut-être pas suffi
pour l'engager à se laisser peindre. Il n'y a consenti qu'à
la condition que le portrait ne paraîtrait pas et serait mis
à la campagne jusqu'à sa mort, et je lui ai tenu parole. »

Puis un peu plus loin, Letrosne nous fait lui-même
le portrait de son ami; il n'est pas précisément flat-
teur, mais il est en concordance parfaite avec l'œuvre de
Lenoir, et aussi avec l'idée qu'on se forme généralement
de la figure de notre illustre compatriote. « La nature,
avare de ses dons, dit-il, ne les réunit pas toujours. Mais
qui ne pourrait préférer le partage qu'elle en a fait à
M. Pothier, en lui refusant les avantages extérieurs?
Sa figure n'avait rien qui prévînt en sa faveur; sa taille
était haute, mais mal prise et sans maintien. Marchait-il,
son corps était tout penché d'un côté (du côté gauche),
sa démarche singulière et tout d'une pièce; était-il assis,
ses jambes si longues l'embarrassaient; il les entrelaçait
par des contours redoublés. Toutes ses actions avaient
un air peu commun de maladresse. A table il fallait
presque lui couper les morceaux. Voulait-il attiser le
feu, il commençait par se mettre à genoux et n'y réus-
sissait pas mieux. La simplicité de ses manières et de
tout son extérieur pouvait prévenir sur la bonté de son
caractère, mais n'annonçait pas la supériorité de son
esprit. Il fallait bien le juger sur sa réputation, ou l'ap-
profondir assez pour être en état de l'apprécier.

« Une visite passagère ne pouvait que nuire à l'idée
qu'on avait apportée. Ses yeux cependant avaient du
feu et de la vivacité. Ils indiquaient la pénétration de
son esprit et sa facilité à saisir; mais ils ne s'animaient
que quand la conversation l'intéressait. »

Letrosne n'a pas disposé du portrait de Pothier en
faveur de la ville d'Orléans, comme on aurait pu l'espérer; ce sont ses héritiers qui l'ont recueilli dans sa

succession. La famille Vandebergue l'a longtemps possédé et a fini par le vendre à M. Marcille, peintre distingué d'Orléans, au prix de 1,800 fr.

M. Vignat, maire d'Orléans, après le décès de M. Marcille, a fait demander à M. Eudoxe Marcille, son fils, qui habite Paris, s'il serait dans l'intention de céder le portrait de Pothier à sa ville natale, au moment où toute la magistrature française, s'associant dans une même pensée, allait faire élever une statue au grand jurisconsulte; mais M. Eudoxe Marcille a répondu qu'il ne voulait à aucun prix s'en défaire. Espérons qu'il reviendra à d'autres sentiments et qu'il comprendra que c'est honorer la mémoire de Pothier, et se montrer en même temps digne de la reconnaissance publique, que de rendre à Orléans les traits du plus illustre de ses enfants (1).

M. Marcille père a fait deux excellentes copies du portrait de Pothier; l'une a été donnée au musée d'Orléans par la famille Vandebergue, et l'autre est placée dans la chambre du conseil du tribunal de première instance. Une copie a également été faite par M. Jacob, conservateur du musée et petit-fils du libraire Jacob qui a été chargé de faire l'estimation de la bibliothèque de Pothier après son décès; cette copie est aussi très-ressemblante et a été achetée par la Cour royale, qui l'a placée dans sa grande chambre du conseil avec les

(1) J'ai appris que M. Eudoxe Marcille avait mis avec beaucoup d'empressement le portrait qu'il possède à la disposition du sculpteur M. Dubray. La statue reproduira donc fidèlement les traits de Pothier, et nous le devrons à l'obligeance de M. Eudoxe Marcille.

portraits de Jousse, conseiller au Présidial; de Jacques
de Gyvès, avocat du roi au Présidial; de Jérôme Lhuillier et Jacques Delalande, docteurs régents de l'Université d'Orléans.

Une seule gravure du portrait peint par Lenoir a
été véritablement réussie; c'est celle placée en tête de
l'édition in-4° de 1781 des OEuvres de Pothier, éditée
par le libraire Rouzeau-Monteau (1). Beaucoup d'autres
ont été essayées, mais elles ne reproduisent ni la physionomie ni les traits de Pothier.

Le portrait en pied de Pothier obtenu par M. le procureur général de la Tournelle, figure en regard de celui
du chancelier Lhospital dans la salle des audiences solennelles de la Cour. Pothier est debout dans son cabinet,
près d'une table recouverte d'un tapis. L'attitude est
bonne et conforme à la tradition. La figure a été évidemment copiée sur l'original de Lenoir, mais elle laisse
beaucoup à désirer au point de vue de la ressemblance.
Ce tableau n'est pas sans mérite; il pèche un peu par
la mollesse des couleurs et est dû au pinceau de Cals.

Mais ce que nous avons de plus précieux comme reproduction des traits de Pothier est un buste, en terre
cuite bronzée, qui a été modelé sur sa figure même,
quelques heures après sa mort. Il était la propriété de
M. Bruère, notaire à Orléans. Supplié par plusieurs magistrats d'en faire hommage à la Cour royale, il écrivit
au premier président la lettre suivante :

(1) J'ai cette gravure dans mon cabinet.

« Monsieur le premier président,

« Je m'enorgueillissais de la possession du buste original du célèbre Pothier, et j'espérais transmettre à mes
enfants ce précieux héritage ; mais les sollicitations pres-
santes et réitérées qui m'ont été faites, m'ont démontré
que l'image de ce grand homme serait plus honorable-
ment placée dans le sanctuaire où chaque jour son nom
et ses écrits étaient cités avec honneur, que dans mon
modeste cabinet. Je me trouve donc heureux, Monsieur
le premier président, de pouvoir accéder aux désirs de
la Cour et de lui faire l'hommage de ce buste.

« J'y joins cette condition, que dans le cas où le siége
de la Cour royale d'Orléans serait transféré ailleurs,
j'entends que ce buste appartienne au premier tribunal
de la même ville, afin qu'il reste à perpétuité dans la
cité qui a vu naître Pothier, et qui le compte au nombre
de ses plus illustres citoyens.

« J'ai l'honneur d'être, avec un profond respect,
Monsieur le premier président,

« Votre très-humble et très-obéissant serviteur,

« Bruère.

« Orléans, ce 20 décembre 1829. »

La Cour, dans une assemblée générale, a pris une délibération que je crois devoir transcrire ici, parce qu'elle
donne un dernier caractère d'authenticité au buste de
Pothier.

« Aujourd'hui vendredi 22 janvier 1830, trois heures de relevée.

« La Cour royale d'Orléans, convoquée spécialement, chambres assemblées, par M. le premier président, en vertu de lettres de convocation du 6 janvier, présent mois, s'est réunie dans le lieu ordinaire de ses délibérations, où se sont trouvés MM. de la Place de Montèvray, chevalier de l'ordre royal de la Légion d'honneur. premier président; Dugaigneau de Champvallins, Colas de la Noue, Travers de Beauvert, tous trois chevaliers de l'ordre royal de la Légion d'honneur, présidents de chambre; Boscheron-Desportes, chevalier de l'ordre royal de la Légion d'honneur, président de chambre honoraire, ayant voix délibérative aux audiences solennelles et aux assemblées des chambres; Bordier, doyen des conseillers; Fougeron, Boullanger, Légier, Barbot-Duplessis, Marchand de Verrières, chevalier de la Légion d'honneur; Darotte, Lemolt-Phalary, Perrot, de la Taille, Boucher d'Argis, Brossard, Brillard, Costé, Desprez de Saint-Germain, chevalier de l'ordre royal de la Légion d'honneur ; Porcher, de Vauzelles, Peteau de Latingy, conseillers; Marthe, Robert de la Matholière, Noël de Buzonnière, Douville, conseillers auditeurs ayant voix délibérative.

« MM. Miron de Lespinay, chevalier de l'ordre royal de la Légion d'honneur, procureur général du roi; Boscheron-Desportes, premier avocat général; les barons de Charnisay et de Montarand, substituts de M. le procureur général; le greffier en chef.

« Empêchés : MM. Cotelle, conseiller, par indisposition;

Bourgnon–Delayre, conseiller, par congé ; et Laisné de Sainte-Marie, avocat général.

« La séance ouverte et MM. les gens du roi introduits, M. le premier président a donné communication à la Cour de la lettre de M. Bruère, d'Orléans, en date du 20 décembre 1829, par laquelle il lui fait hommage du buste original de Pothier.

« La matière est mise en délibération.

« M. le procureur général entendu, et les voix recueillies en la manière accoutumée, la Cour arrête à l'unanimité :

« Qu'elle accepte avec reconnaissance l'offre faite par M. Bruère, du buste de l'immortel Pothier, aux conditions exprimées dans la lettre précitée, laquelle sera et restera déposée aux archives ; qu'expédition du présent procès-verbal sera adressée à M. Bruère, à qui M. le premier président est invité de transmettre les remerciments de la Cour et l'expression de sa gratitude.

« La Cour ajourne à une séance dont le jour sera ultérieurement fixé, la détermination à prendre sur le placement de ce buste, qui sera provisoirement déposé dans la salle de la bibliothèque.

« La Cour ayant épuisé le sujet de la convocation, la séance est levée et le procès-verbal est signé par tous les membres présents (1). »

Ce buste est aujourd'hui placé sur un piédestal dans le cabinet de M. le premier président de la Cour impériale d'Orléans. Sur la cheminée se trouve la pendule

---

(1) La lettre de M. Bruère est annexée en original à la présente délibération, qui se trouve sur les registres de la Cour à sa date.

du Présidial, qui indiquait à Pothier, il n'y pas encore un siècle, l'heure de l'audience.

Tous ces portraits, gravures et bustes que je viens de passer en revue ont été indiqués à M. Dubray, sculpteur. Il en a fait une étude sérieuse, et a présenté à la commission instituée pour l'érection de la statue de Pothier une esquisse parfaitement réussie, et qui rappelle avec exactitude et bonheur les traits et l'attitude du corps de notre célèbre compatriote.

Bref, pour en finir avec tout ce qui tient à la ressemblance et au souvenir de la personne de Pothier, je dirai que lorsque ses dépouilles mortelles furent transférées de l'ancien grand cimetière dans l'église cathédrale de Sainte-Croix, le 14 novembre 1823, M. le comte de Rocheplatte, alors maire d'Orléans, se fit remettre quelques cheveux et quelques débris des ossements de l'illustre jurisconsulte : ces restes précieux sont aujourd'hui en la possession de M. Laisné de Sainte-Marie, président de chambre à la Cour impériale, et président de la Société d'agriculture, sciences, belles-lettres et arts d'Orléans.

En terminant ce chapitre, qu'il me soit permis de transcrire le passage d'un discours que j'ai prononcé à l'audience solennelle de rentrée de la Cour royale d'Orléans le 8 novembre 1837.

« ..... C'est avec un sentiment de regrets bien concevables que nous avons appris que le portrait de Pothier ne figurait pas près de ceux de Cujas et de Dumoulin dans la galerie nouvelle de la Cour de cassation, galerie

rendue célèbre par le discours remarquable prononcé
dans la même solennité que celle qui nous rassemble,
par M. le procureur général Dupin, le 3 novembre 1835.
Il est bien vrai que les œuvres de Cujas et de Dumoulin
ont dû aider Pothier dans ses travaux; mais Corneille
imita Sophocle, Racine consulta Euripide, et cependant
Corneille et Racine tiennent le premier rang parmi les
auteurs tragiques. »

CHAPITRE XV

Proposition d'érection d'une statue à Pothier, faite à la Société académique d'Orléans. — Rapport favorable de M. Lecomte sur cette proposition. — Lettre de M. le garde des sceaux Abbatucci. — Arrêté
de M. le préfet du Loiret, qui institue une commission dans le but
de provoquer et de recueillir des souscriptions. — Nomination d'une
sous-commission. — Des circulaires sont adressées aux divers corps
judiciaires. — Nombreuses adhésions. — Lettre de M. le ministre
de l'instruction publique. — Procès-verbaux de la commission et de
la sous-commission. — Dernière circulaire.

Depuis plusieurs années beaucoup de villes de France
avaient élevé à leurs grands hommes des monuments
destinés à perpétuer le souvenir de leur gloire : Amiens,
Aix, Toulouse, avaient érigé des statues à Ducange, à
Siméon, à Cujas. Orléans paraissait avoir oublié le jurisconsulte Pothier, le plus illustre de ses enfants.

Je crus devoir prendre l'initiative. Le 22 août 1856,
je lus devant la Société académique d'Orléans, une notice
sur quelques jurisconsultes orléanais (1), et je terminai
par ces mots :

(1) Je passais en revue les travaux sur le droit, publiés par MM. Pailliet, Carré, Boucher d'Argis, Boileux, Hautefeuille, Colas de la Noue,
Boyard, de Plasman et Berriat Saint-Prix.

« N'est-il pas regrettable pour une ville où le sentiment traditionnel est si vif, où le culte des aïeux est si religieusement observé, que Pothier, cette gloire si pure et que grandit sa simplicité même, n'ait pas encore reçu l'un de ces témoignages donnés à tant d'illustrations éphémères; Pothier, au contraire, a laissé un nom dont l'éclat s'est accru avec le temps; il n'y a pas un voyageur éclairé qui, en traversant Orléans, ne dise, après avoir vu la statue de Jeanne d'Arc : Où donc est celle de Pothier ?

« Ce sont là, en effet, nos deux grandes figures qui dominent, l'une des temps de discordes et de guerres civiles, et l'autre l'époque de notre plus grande transformation législative. La place de la statue de Pothier est toute marquée ; c'est en face de la maison qu'il habitait et tout près de la cathédrale où chaque jour il allait demander à Dieu ses inspirations, que doit s'élever ce monument de la reconnaissance publique.

« La Cour impériale d'Orléans, le conseil général, le conseil municipal et notre Société académique tiendront à honneur d'attacher leur nom à la réalisation d'une pensée qui, pour réussir, n'a besoin que d'être émise.

« Tous les corps judiciaires, toutes les académies de France et même de l'étranger, car il n'y a pas de nom plus populaire dans les universités allemandes que celui de Pothier, contribueront à une œuvre dont les caractères sont tracés d'avance.

« Pour bien représenter Pothier, sa statue doit être digne, grave et simple.

« Jadis le chef de la magistrature, le chancelier d'Aguesseau, accueillait avec bienveillance l'auteur des Pandectes et donnait même une utile direction aux travaux du jurisconsulte... Aujourd'hui, on peut en être assuré, Son Excellence le garde des sceaux, M. Abbatucci, pour qui Orléans est une patrie d'adoption, s'inspirant encore en ce point des traditions de son illustre prédécesseur, se montrera favorable au projet d'érection de la statue de Pothier.

« Enfin nos principaux fonctionnaires, M. le premier président, M. le préfet, Mgr l'évêque d'Orléans, M. le maire, se montreront, à n'en pas douter, disposés à appuyer de leur autorité la proposition que j'ai l'honneur de formuler ici, proposition qui sera certainement accueillie avec faveur dans une antique cité de magistrature, d'écoles de droit et d'universités. »

Cette proposition fut accueillie par acclamation, et la Société académique nomma M. Lecomte, son vice-président, pour l'examiner et faire son rapport. M. Lecomte, après avoir apprécié dans une analyse rapide et bien sentie les travaux de Pothier, disait :

« Assurément, si l'on considère d'une part le mérite de Pothier, de l'autre la rapidité avec laquelle ce genre d'hommage se popularise autour de nous, personne ne trouvera la proposition indiscrète, plusieurs la trouveront tardive plutôt que prématurée ; et nous devons savoir gré à notre honorable confrère de nous avoir invités à l'adopter.

« A Pothier élever une statue ! Ah ! si le grand juris-

consulte eût pu prévoir ou pressentir pareille chose,
son humilité chrétienne eût souffert au delà de ce qu'on
peut dire.

« Il avait voulu que son portrait restât caché dans le
fond d'une campagne; et tant qu'il vécut, on dut respecter cet amour de l'obscurité. Mais la postérité a le
droit d'être plus hardie avec les morts. Elle les met
chacun à sa place, sur un piédestal s'il le faut (1). »

Cependant j'adressai un exemplaire de ma brochure
à M. le garde des sceaux; je connaissais son admiration
pour Pothier, et je savais toutes ses prédilections pour
la ville d'Orléans.

Je reçus immédiatement la réponse qu'on va lire :

« Paris, le 6 mars 1857.

« Monsieur le conseiller,

« J'ai reçu et lu avec beaucoup d'intérêt l'exemplaire
que vous avez bien voulu m'envoyer de votre brochure
tendant à l'érection, à Orléans, d'une statue à Pothier.

« Je vous remercie de n'avoir pas douté que mes sympathies seraient d'avance acquises à ce projet : ancien
député d'une ville qui est, en effet, devenue pour moi
une seconde patrie d'adoption, et chef actuel de la magistrature, je serai, à ce double titre, sincèrement heureux de concourir de tous mes efforts à l'érection d'un

(1) Mémoires de la Société d'agriculture, sciences, belles-lettres et
arts d'Orléans. Séance du 19 décembre 1856, t. II, page 245.

monument consacré à l'homme qui fut l'une des gloires les plus pures de l'Orléanais, comme il est resté l'une des plus vives lumières de la science du droit.

« Recevez, Monsieur le conseiller, l'assurance de ma considération très-distinguée.

« Le garde des sceaux, ministre de la justice,

« ABBATUCCI. »

Dès que M. le préfet du Loiret eut pris connaissance de cette lettre, il s'empressa d'instituer une commission composée de tous les chefs de la magistrature, du clergé, de l'administration et du barreau d'Orléans, dans le but de provoquer et de recueillir des souscriptions pour arriver à l'érection de la statue de Pothier.

Je vais donner le texte de l'arrêté pris par M. le préfet.

« Nous, préfet du Loiret, officier de l'ordre impérial de la Légion d'honneur, voulant assurer la réalisation des vœux émis dans la ville d'Orléans pour l'érection d'une statue de Pothier.

« Arrêtons :

« Art. 1er. Une commission est instituée dans le but de provoquer et de recueillir des souscriptions destinées à l'érection de la statue de Pothier à Orléans, ainsi que de préparer, par les mesures les plus promptes et les plus convenables, l'expression de ce témoignage de la reconnaissance publique.

« Art. 2. Cette commission, dont nous nous réservons la présidence, est composée comme il suit :

« Mgr Dupanloup, évêque d'Orléans;

MM. de Vauzelles, premier président de la Cour impériale d'Orléans;

Martinet, procureur général;

Vilneau, doyen des présidents de chambre;

Boucher-d'Argis, doyen des conseillers;

Frémont, conseiller;

Lenormant, premier avocat général;

De Cambefort, président du tribunal civil;

Daniel, procureur impérial ;

Sautton-Parisis, président du tribunal de commerce;

Vignat, maire d'Orléans;

Rousseau,)
Cotelle, (adjoints;

Ganard, secrétaire général de la préfecture;

Nichault, doyen des juges de paix ;

L'abbé Huet, curé de la cathédrale;

Robert de Massy, bâtonnier de l'ordre des avocats;

Moreau - Amy, président de la chambre des notaires;

Ronceray, président de la chambre des avoués de première instance ;

Rochoux, président de la chambre des avoués d'appel;

Grenet, ingénieur en chef;

Villemereux, inspecteur de l'académie;

Achille de Morogues, ⎫ membres du conseil
Chevrier, ⎬ général pour les
⎭ cantons d'Orléans;

Dupuis, président de la Société archéologique;

De Sainte-Marie, président de la Société d'agriculture, sciences et arts.

« Art. 3. M. Frémont, conseiller, est nommé secrétaire de la commission.

« Fait à Orléans, le 21 mars 1857.

« BOSELLI. »

Le 28 du même mois, la commission se réunit sous la
présidence de M. le préfet Boselli à l'hôtel de la préfecture, dans la salle du conseil général du Loiret (1). Tous
ces magistrats, tous ces hauts fonctionnaires, au milieu
desquels on remarquait notre illustre et vénérable évêque,
venant se grouper pour rendre un tardif mais solennel
hommage à la mémoire de notre grand jurisconsulte,
offraient vraiment un beau et touchant spectacle.

Je suis certain d'être l'interprète des sentiments de
tous les membres de la commission, en offrant ici des
remercîments à M. le préfet du Loiret pour la part
active qu'il a prise à leurs travaux. Dans l'impulsion

(1) L'hôtel de la préfecture est situé entre la rue de l'Écrivinerie, où
Pothier demeurait, et la rue des Grandes-Écoles, où il allait professer.
Cet hôtel occupe les bâtiments du couvent des bénédictins de Bonne-
Nouvelle.

qu'il a su leur donner, M. Boselli a non - seulement
apporté l'appui d'une autorité bienveillante et habile,
mais aussi il s'est montré homme de goût et amateur
éclairé des arts.

Voici au surplus le procès-verbal de cette première
réunion.

« Samedi, 28 mars 1857.

« Présidence de M. Boselli, préfet du Loiret.

« Étaient présents : Mgr Dupanloup, évêque d'Orléans;
MM. Martinet, procureur général; Vilneau, de Sainte-
Marie, Boucher d'Argis, Lenormant, de Cambefort,
Daniel, Sautton - Parisis, Vignat, Rousseau, Cotelle,
Ganard, Nichault, Robert de Massy, Rochoux, Ronce-
ray, Grenet, Chevrier, Dupuis, et Frémont, secrétaire.

« A trois heures et demie M. le préfet déclare la séance
ouverte ; il donne lecture d'une lettre de M. le premier
président de Vauzelles, par laquelle ce haut fonctionnaire
s'excuse, par des motifs de santé, de ne pouvoir répondre
à l'invitation qu'il a reçue, et charge M. le préfet d'assurer la commission de l'empressement qu'il mettra per-
sonnellement et comme premier président à s'associer à
ses résolutions.

« M. le président expose l'objet de la réunion. Il
annonce que M. le garde des sceaux veut bien prendre
sous son puissant patronage le projet d'ériger une statue
à Pothier, et qu'il s'inscrit en tête de la liste des souscripteurs. Ce projet en lui–même, dit M. le préfet, ne
peut donner lieu à aucune discussion : la pensée d'honorer par un monument durable la mémoire d'un homme

aussi illustre par sa science que par ses vertus, rencontrera à Orléans et dans toute la France une adhésion unanime. La commission a donc à s'occuper des mesures à prendre et pour provoquer les souscriptions et pour ériger la statue.

« M. le préfet appelle d'abord l'attention de la commission sur les moyens à employer pour propager la souscription.

« La commission décide qu'il sera écrit d'une manière distincte et personnelle à M. le premier président et à M. le procureur général de la Cour de cassation; qu'une circulaire sera adressée aux premiers présidents et procureurs généraux des Cours impériales, aux présidents et procureurs impériaux des tribunaux de première instance et aux présidents des tribunaux de commerce, dans le but de réclamer leur concours et celui de leurs compagnies. MM. les procureurs impériaux seront spécialement priés de recueillir les adhésions de MM. les juges de paix de leurs circonscriptions.

« Dans le même but, des lettres seront adressées à MM. les doyens des facultés de droit, à MM. les bâtonniers de l'ordre des avocats, ainsi qu'à MM. les présidents des chambres des avoués et des chambres des notaires.

« Un membre propose que des souscriptions soient également réclamées auprès des universités allemandes, où le nom de Pothier est aussi célèbre qu'en France.

« Un autre membre conteste l'opportunité d'étendre ainsi la souscription; l'érection du monument est une dette nationale : c'est à la France à la payer.

« Deux autres membres pensent, au contraire, qu'il s'agit, non d'une manifestation locale, mais d'un hommage auquel il convient d'associer notamment les universités au sein desquelles le nom de Pothier est resté si populaire.

« L'assemblée arrête qu'un appel sera fait aux universités allemandes.

« Sur la proposition de M. le président, qui fait remarquer que la rédaction des circulaires ne saurait avoir lieu séance tenante, une sous-commission est chargée de cette rédaction; elle se compose du bureau et de cinq membres, qui sont : MM. Vignat, maire d'Orléans; Lenormant, premier avocat général; Robert de Massy, bâtonnier de l'ordre des avocats; Grenet, ingénieur en chef; et Dupuis, président de la Société archéologique.

« On passe ensuite à la question de savoir sur quel emplacement la statue sera élevée. Deux propositions principales sont mises en avant : la première s'appliquerait à la petite place qui se trouve en face de la maison de Pothier, et la seconde à la promenade qui fait face au bâtiment de l'institut.

« Plusieurs membres font remarquer, pour écarter la première proposition, que, d'après les plans de la ville, la configuration de la place dont il s'agit devra être modifiée dans un temps plus ou moins éloigné.

« A une grande majorité, la commission est d'avis qu'il convient d'accorder la préférence à la promenade qui longe la cathédrale du côté nord; mais il est bien entendu que cet avis n'est donné qu'à titre provisoire et sauf les droits de l'administration municipale.

« M. le président expose qu'il reste encore à statuer
sur les questions les plus importantes et les plus déli-
cates, à savoir : le choix du sculpteur, la proportion de la
statue, les conditions qu'il conviendrait d'imposer. Sans
vouloir préjuger les résolutions de la commission, M. le
préfet entre dans quelques considérations sur les inconvénients et les dangers du concours en matière de travaux
d'art ; selon lui il vaut mieux désigner un artiste dont le
talent offrirait toute garantie ; il ajoute qu'en l'état la
commission n'a peut-être pas tous les éléments nécessaires à la solution de ces questions, qu'il conviendrait
de confier à une sous-commission le soin de les étudier et
d'indiquer ultérieurement les moyens qui lui paraîtraient
les plus propres à atteindre le but qu'on se propose.

« L'assemblée partage cette opinion et renvoie, en
conséquence, à la sous-commission ci-dessus désignée.

« Avant de se séparer, l'assemblée prie le bureau
de vouloir bien adresser à M. le garde des sceaux le
témoignage de sa gratitude pour le patronage qu'il veut
bien accorder à la souscription.

« La séance est lévée à quatre heures et demie.

« FRÉMONT.   BOSELLI. »

La sous-commission nommée le 28 mars se réunit
dès le vendredi 3 avril suivant. Voici le procès-verbal
qui rend compte de cette séance.

« Vendredi, 3 avril 1857.

« Présidence de M. Boselli, préfet du Loiret.

« Étaient présents : MM. Vignat, Lenormant, Robert
de Massy, Grenet, Dupuis, et Frémont, secrétaire.

« A quatre heures la séance est ouverte.

« M. le préfet expose l'objet de la réunion. La sous-commission désignée par l'assemblée générale doit s'occuper, en premier lieu, de la rédaction des circulaires à l'aide desquelles les souscriptions seront provoquées, et aviser aux moyens de faire connaître l'ouverture de la souscription et de centraliser à Orléans les fonds qui pourront en provenir.

« M. le président invite M. Lenormant, qui a été chargé de préparer des projets de lettres et de circulaires, à en donner lecture.

« M. Lenormant donne lecture des lettres à adresser à MM. les premier président et procureur général de la Cour de cassation.

« Ces projets sont adoptés.

« Il est décidé que ces lettres seront envoyés autographes et revêtues des signatures de tous les membres· de la commission générale.

« Un membre propose qu'une lettre analogue soit envoyée à M. le président de l'Académie des sciences morales et politiques, qui renferme dans son sein une section de législation.

« Cette proposition est adoptée et on en arrête la rédaction.

« Lecture est ensuite donnée des circulaires destinées aux premiers présidents et procureurs généraux des Cours impériales; aux présidents et procureurs impériaux des tribunaux de première instance; aux présidents des tribunaux de commerce; aux bâtonniers de l'ordre des avocats; aux présidents de chambres d'a-

voués et de notaires; aux doyens des facultés de droit;
aux doyens des universités allemandes.

« Un membre fait remarquer qu'une lettre semblable
à celles destinées aux bâtonniers devra être adressée au
président de l'ordre des avocats à la Cour de cassation.

« Il est fait droit à cette observation.

« Les projets de circulaires sont adoptés, et la sous-
commission décide qu'ils seront imprimés par les soins
du bureau et expédiés dans le plus bref délai possible.

« La discussion s'engage sur les moyens à prendre
pour centraliser à Orléans le montant des souscriptions.
M. le préfet fait connaître qu'il n'y a pas lieu de réclamer l'intermédiaire des agents du trésor dans le chef-
lieu des départements ou des arrondissements, les traditions de l'administration ne permettant pas de compter
sur leur concours.

« On repousse l'idée d'avoir des agents salariés qui
grèveraient la souscription de frais inutiles. D'un autre
côté, il convient d'éviter autant que possible aux fonctionnaires de l'ordre judiciaire les embarras d'une
comptabilité. Dans cette vue, la sous-commission pense
que l'intervention des greffiers rendra facile pour chaque
groupe la réunion des souscriptions, que le concours de
ces fonctionnaires devra être réclamé, et que pour
l'envoi des fonds, le mode à la fois le plus simple et
le plus sûr est de demander l'envoi des souscriptions,
soit en un mandat sur la poste, soit en un mandat à
un mois de date du receveur général du département
sur le receveur général du département du Loiret, soit
enfin en un mandat sur la banque de France.

« La sous-commission arrête qu'un *post-scriptum*,
contenant ces indications, sera inséré dans les circulaires.

« On s'occupe ensuite de déterminer à l'aide de quel
moyen la souscription sera ouverte dans la ville d'Orléans. Il est décidé que les souscriptions seront reçues :
1° à la préfecture, deuxième division (comptabilité);
2° au greffe de la Cour impériale ; 3° au secrétariat de
la mairie ; 4° et dans les bureaux du *Journal du Loiret*
et du *Moniteur du Loiret.*

« Le public ne sera informé de l'ouverture de la souscription que lorsque la Cour, les tribunaux et les corporations, dès à présent en vacance, auront pu se réunir.
En publiant l'avis dont il s'agit, on inscrira la liste des
souscriptions déjà promises.

« M. le préfet appelle l'attention de la sous-commission sur le second point qui doit faire l'objet de ses délibérations : quel mode adoptera-t-on pour l'érection de
la statue de Pothier?

« La première question à poser est celle relative au
concours. M. le président renouvelle les observations
qu'il a déjà présentées devant la commission générale.
Le concours en matière de travaux d'art ne produit,
selon lui, que de mauvais résultats, et il y aurait lieu
de préférer le choix d'un artiste présentant, par ses an-
técédents et ses travaux, toutes les garanties qu'on doit
exiger.

« La sous-commission, à l'unanimité, décide qu'il n'y
a pas lieu de proposer à la commission générale l'a-
doption d'un concours.

« M. le président annonce que trois artistes demandent
à être chargés de l'érection de la statue de Pothier,
savoir : MM. Dantan aîné, Jouffroy et Dubray.

« Ce dernier, ajoute M. le préfet, est un artiste connu
par des travaux importants et réussis, à savoir : Jeanne
Hachette, à Beauvais; le général Abbatucci, en Corse;
l'impératrice Joséphine, à la Martinique; le cardinal
Fesch, etc. M. le garde des sceaux honore M. Dubray
de sa bienveillance. Cette recommandation ne serait
certainement pas décisive si elle ne s'appliquait à un
homme d'un talent éprouvé. Dans le but d'éclairer la
commission et de mettre sa responsabilité à couvert,
M. le préfet a pris des renseignements auprès de l'ad-
ministrateur le plus compétent. M. le secrétaire général
du ministère d'État, qui est aussi le ministre des beaux-
arts, lui a répondu que *M. Dubray était un artiste d'un
mérite incontestable; c'est à lui que le conseil général
de la Corse a confié l'exécution du monument national
à élever à Napoléon I*er* et à ses quatre frères. Il serait
difficile de rencontrer un artiste qui apportât plus de
dévouement, plus d'exactitude, plus de loyauté, pour tout
dire en un mot, dans les œuvres qui lui sont confiées.*

« Un membre déclare que, dans son opinion, la recommandation de M. le garde des sceaux a certainement un grand poids; qu'il comprend que M. Dubray,
bien qu'il ait présenté un modèle de la statue de Pothier qui ne satisfait pas sous tous les rapports, ne doit
pas être écarté; mais il demande si ce n'est pas beaucoup se presser que de désigner dès à présent l'artiste
qui sera chargé de l'exécution du monument. Pourquoi

20

se priver du concours des artistes de talent tels que MM. Dantan aîné, Jouffroy, et de ceux qui, à la suite de la publicité donnée à la souscription, pourront présenter des esquisses.

« Un autre membre objecte que la proposition du préopinant ne tendrait à rien moins qu'à revenir sur la précédente résolution qui a, en principe, rejeté le concours.

« Un troisième membre ajoute que la sous-commission ne peut avoir la prétention de désigner définitivement l'artiste; mais qu'elle a reçu la mission d'étudier et de proposer un choix; que pour la remplir elle peut s'adresser à un homme recommandé par des travaux importants et sérieux, lui faire connaître ses vues, lui demander de faire une esquisse. La sous-commission se réserverait son droit d'apprécier, et ce n'est que si l'esquisse de M. Dubray avait sa complète approbation, qu'elle proposerait à la commission générale de lui confier l'exécution du monument de Pothier.

« Une longue discussion s'engage entre plusieurs membres; les uns soutiennent qu'il y a avantage à entrer en relation directe avec l'artiste, qui ne peut, loin de la localité, comprendre toutes les convenances du sujet; sous la réserve, bien entendu, des droits de la sous-commission, et, en dernière analyse, de la commission générale. Les autres prétendent qu'il y aurait des inconvénients à agir ainsi, puisque ce serait, jusqu'à un certain point, se lier et entraver le choix définitif.

« La commission décide, à la majorité de cinq voix contre deux, que M. Dubray sera appelé au sein de la sous-commission, et qu'une esquisse lui sera demandée.

« M. le préfet, avant de lever la séance, donne lecture de la lettre qu'il a adressée à M. le garde des sceaux, pour le remercier du patronage qu'il a bien voulu accorder à la souscription.

« La séance est levée à sept heures et demie.

« FRÉMONT.   BOSELLI. »

Je vais donner ici le texte de la circulaire qui fut envoyée, par les soins de la sous-commission, à tous MM. les premiers présidents des Cours impériales (1).

« Orléans, le 12 avril 1857.

« Monsieur le premier président,

« S'il est un nom dont l'éclat ait grandi avec le temps, c'est bien celui de Pothier. Sa vie s'est écoulée dans la retraite et dans l'étude, et il doit son illustration autant à ses vertus qu'à sa science. La ville d'Orléans est justement fière de lui avoir donné le jour; aussi lui appartenait-il de prendre l'initiative d'une tardive mais solennelle manifestation. Il a été décidé que la statue de Pothier serait érigée sur l'une des places de la cité.

« Mais la gloire de Pothier n'est pas seulement une gloire orléanaise : l'un des derniers représentants de

---

(1) Les autres circulaires adressées à MM. les procureurs généraux, aux tribunaux, aux Universités, aux officiers ministériels sont les mêmes, sauf quelques variantes.

notre célèbre Université, il a rendu d'éminents services
à l'enseignement ; ses immenses travaux ont jeté sur le
droit romain une clarté que n'avaient pu faire naître les
efforts des plus savants commentateurs. Enfin ses Traités
sur le droit français, empreints d'une morale tout évan-
gélique, où la science ne marche jamais qu'à la lueur
des plus pures inspirations de la conscience, ont con-
tribué pour beaucoup à imprimer à nos lois le caractère
d'équité qui les distingue. Combien d'articles du Code
Napoléon ne sont-ils pas des emprunts textuels faits à
ses écrits?

« Tels sont les titres de Pothier à notre admiration :
à quoi bon les redire, quand les princes de la science
lui ont rendu de si éclatants hommages? « Pothier » —
nous laissons parler l'illustre écrivain que la Cour suprême voit aujourd'hui à sa tête — « est un modèle, un
« maître, un de ces noms qui inspirent ou découragent...
« Qui pourrait ne pas admirer cette haute raison si nette
« et si sûre : ce style coulant d'une eau si limpide et si
« bien approprié à une science que l'auteur voulait rendre
« accessible à tous; cette philosophie si équitable et si
« honnête; cette érudition sans faste, si pleine à la fois
« de substance et de simplicité? Pothier, c'est un homme
« incomparable (au moins dans les temps modernes), dit
« encore M. Troplong, l'esprit le plus français, le juris-
« consulte le plus facile, le représentant le plus fidèle
« de ce que nous aimons, le bon sens, la rapidité;
« l'ordre, la méthode, la clarté. »

« Voilà pourquoi la magistrature française, à laquelle
Pothier a légué, comme juge, comme professeur et comme

jurisconsulte, tant de leçons et tant d'exemples, tiendra
à honneur de s'associer au tribut de vénération et de
reconnaissance dont il est l'objet.

« S. Exc. M. le garde des sceaux a bien voulu accorder à la souscription son puissant patronage, et il s'est
inscrit le premier sur la liste. C'est donc avec une entière
confiance que nous venons, Monsieur le premier président, réclamer votre concours et celui de votre compagnie en faveur d'une entreprise destinée à perpétuer le
souvenir d'une des gloires les plus pures de la France.

« Agréez, Monsieur le premier président, l'assurance
de la haute considération avec laquelle nous avons l'honneur d'être,

    « Vos très-humbles et très-obéissants serviteurs,

        « Les membres de la commission :
                        (Suivent les signatures.)

« *P.-S.* La commission espère que M. le greffier de
la Cour voudra bien réunir les souscriptions des membres
de votre compagnie. Quant à l'envoi des fonds, il pourrait avoir lieu soit en un mandat sur la poste, soit en un
mandat à un mois de date du receveur général de votre
département sur le receveur général du département du
Loiret, soit enfin en un mandat sur la banque de France.

« M. Portalis, receveur général du département du
Loiret, est le trésorier de la souscription.

« M. Frémont est chargé de la correspondance. »

Les souscriptions ne se firent pas attendre, elles
arrivèrent de tous les points de la France et des colonies;
la Cour impériale d'Orléans, le conseil municipal, le

tribunal de première instance, la société académique, MM. les avocats, les notaires, les avoués de première instance et d'appel, et les huissiers se réunirent avec une grande spontanéité et s'empressèrent d'envoyer leur offrande (1).

La délibération du conseil municipal d'Orléans a été trop favorablement accueillie pour que je ne donne pas ici le compte rendu de la séance.

MAIRIE D'ORLÉANS.

« Extrait du registre des délibérations du conseil municipal d'Orléans.

« Séance du 21 avril 1857.

« Aujourd'hui 21 avril 1857,

« Le conseil municipal de la ville d'Orléans s'est réuni dans une des salles de l'hôtel de la mairie.

« Étaient présents : MM. Vignat, maire, président; Rousseau-Dehais, Cotelle, Moreau-Amy, adjoints; Baguenault, Ballard, Bérard, Champeaux de la Boulaye, Chatelain-Philippot, Courant, Frémont, Gorrant, Greffier, Jullienne, Lafontaine, Lanson-Béchard, Mareau-Gaudichard, Petau, Pichelin aîné, Porcher Félix, Proust-Michel, Robert de Massy, Ronceray.

« M. le maire lit la lettre suivante de M. le préfet.

---

(1) Je publierai à la fin de cet ouvrage la liste alphabétique des souscripteurs avec le montant de la souscription. *Suum cuique.*

« Orléans, le 31 mars 1857.

« Monsieur le maire,

« Aux termes de l'ordonnance du 10 juillet 1816, le
« gouvernement s'est réservé de statuer sur les demandes
« ayant pour objet de décerner à des personnes mortes
« ou vivantes des témoignages de reconnaissance ou
« des hommages publics.

« Des démarches se poursuivent pour qu'une statue
« soit élevée à la mémoire du célèbre jurisconsulte Po-
« thier, et le conseil municipal doit être appelé à émettre
« son avis. Je vous autorise, Monsieur le maire, à le faire
« réunir, et je vous serai obligé de me faire parvenir la
« délibération qu'il aura prise.

« Agréez, etc. etc.

« *Signé :* Boselli. »

« Il fait suivre cette lecture de l'exposé de la proposition suivante :

« Messieurs,

« Orléans a eu deux grandes gloires : la première fut
« de rester au xv⁵ siècle le seul boulevard libre de la
« France envahie, et de sauver, avec Jeanne la Pucelle,
« l'honneur et jusqu'au nom même de la patrie; l'autre
« fut d'avoir vu naître, grandir et mourir dans ses murs

« le plus illustre jurisconsulte des temps modernes ; j'ai
« nommé Pothier.

« Si épuisés par un long siége, et abandonnés de ceux
« qui devaient les guider, nos pères n'ont pu délivrer
« des prisons de Rouen leur libératrice ou venger son
« martyre, les comptes de la ville de cette époque cala-
« miteuse témoignent du moins de la munificence des
« Orléanais envers la famille de Jeanne d'Arc.

« Et quand les longues tourmentes qui désolaient alors
« nos contrées furent apaisées, le premier besoin qui
« se manifesta dans cette reconnaissante cité, fut celui
« d'ériger une statue en l'honneur de la plus glorieuse
« héroïne de tous les pays et de tous les âges.

« Malheureusement les guerres religieuses et la révo-
« lution ont détruit les monuments qu'à deux reprises
« différentes nos ancêtres lui avaient élevés. La France
« du xixe siècle a voulu réparer ces outrages, et deux fois
« elle a donné son or pour consacrer deux statues à
« Jeanne d'Arc. Faisons des vœux, Messieurs, pour que
« ces récompenses nationales accordées à la vertu, au
« talent et à la gloire soient désormais durables comme
« doivent l'être la reconnaissance et l'admiration.

« Quoi qu'il arrive, on ne nous accusera jamais d'in-
« gratitude envers Jeanne d'Arc ; mais si nos efforts
« répétés pour honorer dignement cette grande figure
« historique ne nous avaient pas jusqu'ici servi d'excuse,
« la postérité ne nous reprocherait-elle pas un oubli
« condamnable envers Pothier ?

« Pothier, Messieurs, un de ses émules, M. Troplong,
« le dit avec vérité, est une des gloires les plus pures de

« la France. J'ajouterai qu'il est le plus célèbre des en-
« fants d'Orléans.

  « En lui élevant une statue, modeste et grave comme
« il fut toujours, nous n'ajouterons sans doute rien à
« son immortalité, mais nous ferons beaucoup pour notre
« réputation; c'est une dette sacrée en effet que celle
« que l'on contracte envers les grands hommes que Dieu
« fait naître parmi nous. D'ailleurs, illustrer leurs talents
« et récompenser leurs services, n'est pas seulement
« remplir un devoir, c'est exciter la plus noble et la plus
« utile émulation. Mais je m'arrête, Messieurs, je sais
« qu'une voix plus autorisée que la mienne devrait vous
« parler des titres de Pothier à la reconnaissance pu-
« blique, et nul ne le saura mieux faire que notre hono-
« rable collègue, M. Frémont, à qui revient le mérite de
« l'initiative dans l'œuvre réparatrice que nous entre-
« prenons.

  « Pour moi, quand je vois Napoléon Ier décerner des
« statues à MM. Tronchet et Portalis, qui avaient présidé
« avec un incontestable talent à la rédaction du Code
« civil, et que j'entends proclamer de tous côtés que
« notre Pothier est le jurisconsulte qui a le plus fourni
« de matériaux et de textes à ce Code immortel, je
« n'hésite plus, Messieurs, à présenter la proposition
« suivante, bien certain du succès qu'elle obtiendra
« parmi vous.

  « Art. 1er. Le maire est autorisé à verser à la souscrip-
« tion ouverte dans le but d'élever, sur une des places
« publiques d'Orléans, une statue de bronze au juris-
« consulte Pothier, la somme de cinq mille francs.

« Art. 2. Le paiement de cette somme sera ainsi ré-
« parti : 2,500 fr. seront portés au budget supplémentaire
« de 1857, et 2,500 fr. au budget primitif de 1858.

« Art. 3. Le maire est en outre invité à se concerter
« avec la commission centrale de l'œuvre, pour le choix
« de l'emplacement du monument. »

« Le conseil émet immédiatement et à l'unanimité un
vœu conforme aux propositions de M. le maire.

« En l'hôtel de la mairie, les jour, mois et an susdits.

« Pour extrait conforme :

« Le maire d'Orléans,   VIGNAT. »

Cependant les journaux judiciaires et les journaux de
la localité ouvrirent leurs colonnes pour propager autant
qu'il était en eux l'œuvre de souscription, qui ne tarda
pas à atteindre un chiffre important (1).

M. le ministre de l'instruction publique adressa, de
son côté, à M. Vignat, maire d'Orléans, une lettre qui
témoigne de toutes ses sympathies pour la mémoire de
Pothier. Voici cette lettre :

---

(1) Voir la *Gazette des Tribunaux* des 29 mars et 31 mai 1857; le
journal *le Droit* des 6 juin 1857, 22 et 23 février 1858; le journal
l'Audience du 5 février 1858; et les journaux du *Loiret*, du *Moniteur
du Loiret* et l'*Orléanais*.

« Paris , le 12 juin 1857.

« Monsieur le maire,

« J'ai adressé à MM. les doyens des facultés de droit
de l'empire une circulaire qui leur recommande la souscription au monument que la ville d'Orléans se propose
d'élever en l'honneur de Pothier.

« Je me félicite d'avoir pu m'associer à vos efforts
pour le succès d'une entreprise aussi digne de sympathie.

« Agréez, Monsieur le maire , l'expression de mes
sentiments très-distingués.

« Le ministre de l'instruction publique et des cultes,

« ROULAND. »

La sous-commission faisait tous ses efforts pour arriver
au choix définitif d'un artiste dont le talent fût à la
hauteur de l'œuvre. Je vais donner les procès-verbaux
de ses séances, et je ferai connaître ainsi tout l'historique de l'érection de la statue de Pothier.

« Lundi 6 avril 1857.

« Présidence de M. Boselli, préfet du Loiret.

« Étaient présents : MM. Vignat, Lenormant, Robert
de Massy, Grenet, Dupuis et Frémont, secrétaire.

« A quatre heures la séance est ouverte.

« M. le secrétaire donne lecture du procès-verbal de
la précédente réunion. Ce procès-verbal, ne donnant lieu
à aucune observation , est adopté.

« M. le préfet annonce que, conformément à la résolution prise par la sous-commission, il a invité M. Dubray, sculpteur, à se présenter dans son sein. La sous-
commission pensera sans doute, ajoute M. le préfet,
qu'avant de délibérer sur les données principales relatives à l'exécution du monument de Pothier, il convient
d'entendre le sculpteur.

« Cette proposition est adoptée; M. Dubray est introduit.

« M. le président dit à M. Dubray que la sous-commission, sans vouloir se lier définitivement, quant à
présent, non plus que la commission générale, a désiré
entrer en communication avec lui pour s'éclairer de ses
lumières et entendre ses propositions.

« Les membres de la sous-commission lui adressent
plusieurs questions sur les points suivants : Faut-il
préférer une statue assise à une statue debout? L'emplacement proposé par la commission générale (la
promenade en face de l'institut) paraît-il convenable à
l'artiste?

« M. Dubray dit qu'il pencherait à donner la préférence à une statue assise, sans qu'il y ait rien d'absolu dans cette préférence; on peut, en adoptant l'une
ou l'autre forme, arriver à quelque chose de satisfai-
sant; il a visité l'emplacement et le trouve convenable.

« Il donne quelques détails sur les hauteurs qu'il
conviendrait d'adopter (3 mètres).

« On demande à M. Dubray de donner quelques renseignements approximatifs sur le prix auquel reviendrait
une statue en bronze.

« M. Dubray déclare qu'il proposerait les conditions déjà admises pour des monuments analogues, c'est-à-dire 20,000 fr. pour la statue rendue à Orléans. L'artiste trouverait dans cette somme et la rémunération de son travail et le remboursement des frais matériels.

« Le piédestal seul serait en dehors; on pourrait, si l'on adoptait son exécution en marbre blanc, en fixer la valeur approximative à 10,000 fr.

« Enfin il y aurait en sus la grille, dont la dépense devrait être portée au moins à 3,000 fr.

« Une discussion s'engage sur la convenance qu'il y aurait, pour une figure comme celle de Pothier, à la représenter soit assise, soit debout. Un membre manifeste le désir, pour éclairer la sous-commission, que M. Dubray exécute deux esquisses représentant l'une Pothier debout, l'autre Pothier assis; il ajoute que ce n'est que sur la vue de ces deux projets que la sous-commission pourrait, en connaissance de cause, émettre son avis.

« M. Dubray déclare qu'il est tout prêt à faire les deux esquisses demandées, et qu'avant peu il les présentera à la sous-commission.

« Quelques observations sont encore échangées avec l'artiste sur les conditions essentielles à une représentation exacte de la physionomie de Pothier, sur le costume qu'il convient d'adopter et sur quelques autres détails accessoires.

« La sous-commission décide qu'il y a lieu d'ajourner

toute nouvelle délibération jusqu'à la production des deux projets promis par M. Dubray.

« La séance est levée à cinq heures.

« FRÉMONT.   BOSELLI. »

« Samedi 25 juillet 1857.

« Présidence de M. Boselli, préfet du Loiret.

« Étaient présents : MM. Vignat, Robert de Massy, Grenet, Dupuis, et Frémont, secrétaire (1).

« A neuf heures du matin la séance est ouverte.

« M. le secrétaire lit le procès-verbal de la précédente réunion.

« Le procès-verbal, ne donnant lieu à aucune observation, est adopté.

« M. Vignat, maire d'Orléans, sur l'invitation de M. le président, donne également lecture d'une lettre qui lui a été adressée par M. Jouffroy, statuaire. Cet artiste fait connaître à la sous-commission que son intention serait de confectionner gratuitement la statue de Pothier; il n'exigerait que le remboursement des frais matériels.

« Cette proposition est rejetée à l'unanimité. La sous-commission pense que le statuaire qui sera choisi par la commission générale, devra être rémunéré pour son travail.

« M. le préfet fait ensuite placer sous les yeux de la sous-commission : 1° une esquisse représentant Pothier

(1) Dans l'intervalle d'une réunion à l'autre, M. Lenormant, premier avocat général près la Cour impériale d'Orléans, est nommé procureur impérial à Marseille. Son nom ne figurera plus désormais dans la commission, aux grands regrets de tous.

debout, qui lui a été adressée par M. Jouffroy ; 2° deux esquisses représentant Pothier debout et assis, qui avaient été demandées à M. Dubray lors de la dernière réunion de la sous-commission.

« La discussion s'engage d'abord sur le mérite de l'esquisse de M. Jouffroy.

« La sous-commission, tout en reconnaissant le mérite de l'artiste, ne croit pas que l'esquisse satisfasse par l'expression et l'attitude à l'idée qu'on doit se faire du caractère de Pothier, et elle la rejette à l'unanimité.

« On passe ensuite à l'examen des deux maquettes assise et debout que la sous-commission avait demandées à M. Dubray.

« Sans méconnaître le talent qui se révèle dans l'exécution de l'esquisse où Pothier est représenté assis, la sous-commission voit dans quelques détails, et principalement dans la forme du siége, un obstacle à l'élégance et à la dignité de l'œuvre qui doit figurer sur une place publique et être vue sous toutes ses faces.

« Elle incline à préférer le modèle debout où Pothier, dans une attitude de méditation, tient de la main droite la plume dont il va se servir pour enrichir de nouvelles pages son Traité des obligations, qu'il presse de la main gauche.

« En conséquence, la sous-commission décide, à la majorité de quatre voix contre deux, qu'elle proposera à la commission générale l'adoption de l'esquisse de M. Dubray, représentant Pothier debout.

« La séance est levée à onze heures.

« Frémont.   Boselli. »

Deuxième réunion de la commission générale.

« Mercredi 5 août 1857.

« Présidence de M. Boselli, préfet du Loiret.

« Étaient présents : MM. de Vauzelles, Martinet, Boucher d'Argis, de Cambefort, Daniel, Sautton-Parisis, Vignat, Rousseau, Moreau-Amy, Cotelle, de Morogues, Ganard, Nichault, Robert de Massy, Rochoux, Ronceray, Grenet, Chevrier, Dupuis, Portalis, Greffier, et Frémont, secrétaire.

« A neuf heures du matin la séance est ouverte.

« M. le secrétaire donne lecture du procès-verbal de la précédente réunion.

« Le procès-verbal, ne donnant lieu à aucune observation, est adopté.

« M. le préfet fait placer sous les yeux de la commission générale :

« 1° Une esquisse représentant Pothier debout, de M. Jouffroy; 2° deux esquisses représentant Pothier debout et assis, de M. Dubray; 3° une esquisse représentant Pothier assis, de M. Dantan aîné; 4° et une esquisse représentant Pothier debout, de M. Salomon.

« M. le président donne ensuite la parole à M. le secrétaire pour qu'il lise les trois procès-verbaux des réunions de la sous-commission des 3 avril, 6 avril et 25 juillet 1857.

« La lecture de ces procès-verbaux ayant mis la commission générale au courant des travaux et des résolutions de la sous-commission, M. le président pose la première question, qui est celle de savoir si le concours, rejeté par la sous-commission, sera admis ou repoussé par la commission générale.

« Deux membres pensent que, sans qu'il soit besoin de recourir au concours proprement dit, il serait bon de faire un appel à tous les artistes de France, ce qui donnerait beaucoup plus de latitude au choix à faire par la commission générale.

« Un autre membre répond que presque tous les journaux d'Orléans et de la capitale ont parlé de l'érection de la statue de Pothier, et que quatre artistes, soit avant, soit après la formation de la commission générale, ont envoyé des projets, ce sont MM. Jouffroy, Dantan aîné, Salomon et Dubray; qu'il n'est pas nécessaire d'attendre plus longtemps, puisque la commission générale a sous les yeux des esquisses parfaitement réussies, et que l'ajournement qu'on demande n'est que la reproduction du concours sous une forme déguisée.

« Le concours et l'ajournement sont mis aux voix séparément et repoussés à une grande majorité.

Enfin M. le président met aux voix la résolution de la sous-commission qui consiste en l'adoption de l'esquisse de M. Dubray représentant Pothier debout.

« Une discussion s'engage sur la question de savoir si on ne doit pas, parmi les modèles présentés par M. Dubray, préférer la statue assise à la statue debout.

« A la majorité, la commission générale décide que M. Dubray est choisi pour faire la statue, et que l'esquisse qui représente Pothier debout aura la préférence.

« M. le président annonce qu'il a nommé membre de
la commission générale *M. Greffier,* avocat général près
la Cour impériale, en remplacement de M. Lenormant,
qui a quitté Orléans, et que *M. Portalis,* qui a bien
voulu accepter les fonctions de trésorier, fera également
partie de la commission générale, comme membre titulaire.

« La commission générale, sur la proposition de M. le
président, décide que M. Greffier remplacera M. Lenormant comme membre de la sous-commission.

« Elle proroge ensuite les pouvoirs de la sous-commission, qui aura notamment à s'occuper des conditions
du traité à intervenir entre la commission générale et
M. Dubray.

« La séance est levée à onze heures.

« FRÉMONT.   BOSELLI. »

« Samedi 12 décembre 1857.

« Présidence de M. Boselli, préfet du Loiret.

« Étaient présents : MM. Vignat, Robert de Massy,
Grenet et Frémont, secrétaire.

« MM. Dupuis et Greffier se font excuser.

« M. le président expose que la sous-commission est
convoquée à l'effet d'arrêter les conditions du traité
à passer entre la commission générale instituée pour l'é-
rection d'une statue à Pothier et M. Dubray, sculpteur
désigné pour la confectionner par délibération du 7 août
dernier. Il donne ensuite lecture d'une correspondance
échangée entre lui et l'artiste.

« Après examen et délibération la sous-commission arrête les points suivants, qui serviront de base au traité à intervenir entre M. Dubray et la commission générale.

« 1° M. Dubray exécutera la statue dont le modèle a été accepté par la commission générale, sous la réserve des modifications que, soit au point de vue de l'art, soit au point de vue historique, il croira convenable d'apporter à son œuvre.

« 2° La statue devra être placée sur la promenade longeant la cathédrale ; la commission pense qu'il est utile de conserver la hauteur de trois mètres, indiquée primitivement par M. Dubray.

« 3° Le bronze employé pour la confection de la statue sera celui des frères Keller ; ce bronze est obtenu de la manière suivante :

« Cuivre rouge, première qualité.	91 parties	40
« Zinc.	5 —	53
« Étain.	1 —	70
« Plomb.	1 —	37
« Total.	100 parties	00

« Il sera stipulé que, pour s'assurer du titre du bronze employé, chaque pièce portera deux boutons que l'on détachera avant d'ajuster la pièce, pour faire vérifier l'alliage par un essayeur du commerce, qui constatera par un rapport que le titre du bronze est conforme à celui ci-dessus prescrit.

« Il sera toléré 2 °/₀ en plus ou en moins pour chaque

partie d'alliage; les frais d'essai seront à la charge du statuaire.

« L'épaisseur du métal sera de 0^m, 007 millimètres 152 au minimum.

« Après avoir reconnu que l'alliage employé est conforme à celui prescrit ci-dessus, on examinera chaque pièce pendant les diverses opérations; on rejettera celles qui auront les défauts ci-après :

« 1° Épaisseur moindre que le minimum;

« 2° Casses à chaud ou à froid;

« 3° Métal spongieux;

« 4° Soufflures;

« 5° Gouttes froides;

« 6° Piqûres de sable trop nombreuses.

« Les boulons d'assemblage des diverses pièces de la statue seront de l'alliage prescrit, tournés parfaitement et bien ajustés dans les trous.

« Les pièces terminées et ajustées pourront être posées après réception aux frais du statuaire.

« 4° M. Dubray se réservera le droit de reproduction de son œuvre, soit en statuette, soit en photographie, gravure ou lithographie.

« 5° Il lui sera payé la somme de 20,000 fr., savoir : un tiers à la réception du modèle en plâtre et lors de la remise au fondeur, un tiers pendant l'exécution de la fonte, et le dernier tiers après la livraison de la statue à Orléans.

« 6° Il sera alloué à M. Dubray une somme de 600 fr. pour frais d'exposition à Paris, transport à Orléans à pied d'œuvre sur le lieu même où la statue doit être érigée, timbre et enregistrement du traité s'il y a lieu, la commission n'entendant supporter aucune autre espèce de frais, à quelque titre que ce soit.

« 7° Le délai d'une année sera accordé à M. Dubray pour l'exécution de la statue de Pothier, à partir de la signature du traité à intervenir, et il sera stipulé 50 fr. de retenue par chaque jour de retard.

« La séance est levée à dix heures et demie.

« Frémont.   Boselli. »

Troisième réunion de la commission générale.

« Jeudi 31 décembre 1857.

« Présidence de M. Boselli, préfet du Loiret.

« Étaient présents : MM. de Vauzelles, de Sainte-Marie, Vignat, Portalis, Dupuis, Rochoux, Ganard, Grenet, Greffier, Nichault, Sautton–Parisis, Chevrier, Cotelle, Ronceray et Frémont, secrétaire.

« A neuf heures du matin la séance est ouverte.

« M. le secrétaire donne lecture du procès–verbal de la précédente réunion.

« Ce procès–verbal ne donnant lieu à aucune observation, est adopté.

« M. le président invite M. le secrétaire à lire le procès–verbal de la sous–commission du 12 décembre 1857. Le procès-verbal contient les bases du traité à intervenir entre la commission générale et M. Vital Dubray, sculpteur à Paris, qui ont été préparées par la sous-commission.

« M. le préfet donne ensuite lecture du traité lui-même, qui n'est que la reproduction textuelle des bases de la sous-commission. Il demande ensuite à l'assemblée l'autorisation de signer ce traité en son nom et comme représentant tous les membres de la commission par lui instituée pour arriver à l'érection de la statue de Pothier.

« Cette autorisation est accordée à l'unanimité.

« Un membre demande quelques renseignements sur l'état de la souscription.

« M. le secrétaire répond que le chiffre de la souscription s'élève en ce moment à la somme de 23,589 fr. 97 c., que la Cour de cassation et toutes les facultés de droit ont répondu à l'appel qui leur a été fait, que 14 Cours impériales sur 27, 71 tribunaux civils sur 362, ont envoyé leurs souscriptions; qu'un très-petit nombre de tribunaux de commerce, de juges de paix, d'avocats, d'avoués et de notaires ont souscrit.

« Plusieurs membres pensent qu'en présence des résultats obtenus et du traité qui va être passé entre la commission générale et le sculpteur, il est indispensable de s'adresser de nouveau aux corporations judiciaires et aux officiers ministériels, tant par des articles insérés dans les journaux de droit, que par des lettres de rappel adressées aux chefs de toutes les compagnies qui n'ont pas encore envoyé leur offrande.

« Cette double proposition est mise aux voix et adoptée à une grande majorité.

« L'assemblée décide ensuite que la sous-commission sera chargée de faire exécuter le plus promptement possible la mesure qu'elle vient de prendre.

« L'ordre du jour étant épuisé, la séance est levée à dix heures.

     « Frémont.   Boselli. »

Conformément au désir manifesté par la commission générale, des articles rédigés par MM. Quinton, Chollet et Julienne, avocats du barreau d'Orléans, ont paru dans les journaux la *Gazette des Tribunaux*, le *Droit* et l'*Audience*.

De plus, une dernière circulaire a été adressée à toutes les corporations judiciaires et à tous les officiers ministériels qui n'avaient pas encore souscrit.

Voici le texte de cette dernière circulaire :

« Orléans, ce 1ᵉʳ février 1858.

« Monsieur le président,

« La pensée d'élever une statue à Pothier dans les murs de la cité qui l'a vu naître a été accueillie avec faveur par tous ceux qui savent combien cet illustre jurisconsulte a, par ses écrits, facilité l'étude du droit et préparé la rédaction de nos lois.

« Aussi S. Exc. M. le garde des sceaux, la Cour de cassation, presque toutes les Cours de l'empire, un nombre considérable de tribunaux de France et des colonies, de juges de paix, d'avocats, d'officiers ministériels, toutes les facultés de droit, se sont-ils empressés de répondre à l'appel que la commission a eu l'honneur de leur adresser par sa circulaire du 12 avril dernier.

« Une somme importante a déjà été réalisée; l'artiste,

choisi parmi les plus dignes, s'est mis à l'œuvre, et avant un an il sera possible d'inaugurer le monument. Il est donc urgent que tous les magistrats et tous les hommes de science qui voudront payer à Pothier leur tribut d'admiration et de reconnaissance, adressent le montant de leurs souscriptions au secrétaire de la commission.

« Permettez-nous, Monsieur le président, de solliciter de nouveau votre concours et celui de votre compagnie pour l'accomplissement d'une entreprise destinée, comme nous vous le disions dans notre première circulaire, à perpétuer le souvenir d'une des gloires les plus pures de la France.

« Nous vous prions aussi de vouloir bien donner connaissance de notre nouvel appel à MM. les juges de paix, président et juges du tribunal de commerce, avocats, avoués, notaires, agréés et huissiers de votre arrondissement, en les engageant à nous envoyer le plus promptement possible le montant de leurs souscriptions.

« Agréez, Monsieur le président, l'assurance de notre considération la plus distinguée. »

(Suivent les signatures de tous les membres de la commission générale.)

L'historique de l'érection de la statue de Pothier ne serait pas complet si je ne faisais pas ici mention des derniers procès-verbaux de la sous-commission et de la commission générale, qui donneront des indications exactes

sur la confection du piédestal et sur les inscriptions destinées à l'orner.

Cinquième réunion de la sous-commission.

« Jeudi 15 juillet 1858.

« Présidence de M. Boselli, préfet du Loiret.

« A dix heures la séance est ouverte.

« Étaient présents : MM. Vignat, Grenet, Dupuis et
Frémont, secrétaire.

« MM. Robert de Massy et Greffier se font excuser.

« M. le président expose qu'il a réuni la sous-commission
à l'effet d'examiner un projet de piédestal de la statue
de Pothier, qui a été exécuté par M. Jutteau, architecte
d'Orléans, sous la direction de M. Dubray, sculpteur.

« M. le préfet place sous les yeux de la sous-commission
une aquarelle représentant la statue de Pothier sur son
piédestal, et annonce qu'il a invité MM. Dubray et
Jutteau à se présenter dans le sein de la sous-commission,
et qu'il conviendrait sans doute de les entendre.

« Cette proposition ayant été accueillie, MM. Dubray
et Jutteau sont introduits.

« Après examen du projet de piédestal, quelques explications sont échangées entre les membres de la sous-
commission, le sculpteur et l'architecte.

« Le projet présenté par M. Jutteau, remplissant toutes
les conditions de solidité et d'art désirables, est adopté
dans son ensemble et à l'unanimité. Mais la sous-commission décide en même temps que le trottoir qui entoure
le monument sera supprimé dans sa largeur et dans sa
hauteur.

« La sous-commission décide encore que la question
de savoir si le monument sera protégé par une grille est
réservée et qu'elle sera ultérieurement décidée par l'autorité municipale.

« Passant ensuite à l'examen des détails, la sous-
commission arrête que des écussons seront placés de
chaque côté sur la partie inférieure du piédestal, lesquels
seront en marbre blanc si l'État veut bien accorder ce
marbre en quantité suffisante pour construire tout le
piédestal ; mais que s'il n'en fournissait que pour la confection de la partie supérieure, la partie inférieure étant
construite en marbre de Château-Landon, les écussons
seraient alors coulés en bronze.

« La sous-commission décide encore que quatre plaques
de bronze seront établies sur la partie supérieure du
piédestal.

« La sous-commission se réserve d'arrêter ultérieurement quelles seront les inscriptions qui figureront sur
les plaques et les écussons.

« M. le préfet promet ensuite son concours auprès de
M. le ministre d'État afin d'obtenir les marbres nécessaires à l'exécution du piédestal, et ajoute que le projet
approuvé par la sous-commission sera immédiatement
soumis par ses soins au conseil des bâtiments civils (1).

« L'ordre du jour étant épuisé, la séance est levée
à onze heures trois quarts.

« Frémont.   Boselli. »

(1) M. le préfet Boselli a tenu sa promesse, et de magnifiques marbres de Carrare ont été donnés par M. le ministre d'État Achille Fould.

On a vu, par le procès-verbal qui précède, que plusieurs questions de détail avaient été renvoyées à l'examen ultérieur de la commission générale. Elle s'est réunie le lundi 7 mars sous la présidence de M. de Bassoncourt, secrétaire général de la préfecture du Loiret (1), et a donné une solution définitive aux questions réservées ; elle a décidé : 1° que les armes de l'Université d'Orléans seraient placées dans le cartouche de la face antérieure du piédestal, et qu'on inscrirait dans un phylactère ces mots : *Université d'Orléans;* 2° qu'on graverait, sur la plaque qui se trouve au-dessous du cartouche, l'inscription suivante :

A

ROBERT-JOSEPH

POTHIER.

—

1859.

Enfin la commission a exprimé le vœu que l'inauguration de la statue fût constatée par une médaille qui porterait d'un côté l'effigie de Pothier, et qui de l'autre rappellerait la date de l'érection, le nom du souverain, ceux du préfet du département, du maire de la ville et du statuaire (2).

(1) M. le Provost de Launay, qui a été nommé préfet du Loiret en remplacement de M. Boselli, appelé à la préfecture de la Haute-Garonne par décret du 4 février 1859, a été empêché d'assister à cette dernière réunion de la commission générale instituée pour l'érection de la statue de Pothier.

(2) L'érection de ce magnifique piédestal a été confiée à M. Jutteau, architecte orléanais. M. Buors a été chargé de l'exécution des travaux. Enfin M. Alexis Michel, qui a concouru à la confection des beaux travaux de marbrerie du ministère de l'Algérie, a été chargé de la coupe des marbres et de leur application au piédestal.

CHAPITRE XVI

GÉNÉALOGIE DE POTHIER (1).

La famille de Pothier, dont tous les membres ont occupé des fonctions dans les diverses administrations de la province, appartenait à cette haute bourgeoisie qui n'avait qu'un pas à faire pour prendre rang dans la noblesse. Aussi en ai-je trouvé la généalogie parmi celles que le savant chanoine Hubert a laissées (2) ; c'est sans doute sur titres qu'il l'a dressée, puisque la plupart des documents qu'elle m'a fournis se sont trouvés corroborés par l'inventaire dressé après la mort de Pothier.

On sait qu'anciennement, après le décès d'une personne morte sans héritiers directs, les biens propres paternels ou maternels devaient retourner aux différentes lignes par lesquelles ils étaient entrés dans la famille du défunt ; de là, nécessité de donner l'origine de ces biens, d'indiquer par conséquent les ascendants, en remontant souvent jusqu'à des degrés fort éloignés, pour redescendre ensuite jusqu'aux collatéraux.

L'inventaire des biens de Pothier et le partage de sa succession existent encore aujourd'hui dans les archives de l'étude de Mᵉ De-

_____

(1) Je dois cette intéressante généalogie à M. Duleau, membre correspondant de la Société archéologique de l'Orléanais et de celle du Limousin.

(2) Les manuscrits d'Hubert appartenaient à Mᵐᵉ veuve de la Boissière et à M. le chevalier de la Boissière son fils, qui avaient bien voulu les mettre à la disposition de M. Duleau ; récemment Mᵐᵉ de la Boissière les a cédés à la bibliothèque de la ville.

vade, notaire à Orléans, et m'ont été d'une très-grande utilité.
J'ai également trouvé quelques renseignements sur les ancêtres
de Pothier, en examinant les titres et papiers terriers du mar-
quisat de Courcy et de la terre de Cléreau, son annexe. La famille
de Pothier posséda quelque temps le fief de la Mothe-Beauvillier,
sis sur la paroisse de Sully-la-Chapelle, dans l'étendue de laquelle
est la terre de Cléreau ; ces titres et papiers m'ont fourni plusieurs documents précieux (1).

I.

Le premier membre de la famille qui soit connu est Guillaume
Pothier, sieur de Chevaux, paroisse de Creusy, qui épousa Per-
rette Quatrechefs. Son existence ne m'a été révélée que par Hubert, car les actes de famille ne commencent qu'à partir de son
fils. Selon sa coutume, Hubert ne donne aucune date ; mais, ainsi
qu'on peut le conjecturer, ce Guillaume vivait vers le milieu du
xvᵉ siècle. C'est du reste vers ce temps que remontent la plupart
des généalogies des familles bourgeoises de l'Orléanais, et cette
date concorde d'ailleurs assez bien avec les époques où vécurent
ses descendants. Guillaume Pothier, premier du nom, n'eut qu'un
fils,

II.

Guillaume II Pothier, bourgeois d'Orléans, qui de sa femme
Jacquette d'Aumaron, selon l'inventaire, ou d'Aumars selon Hubert, eut quatre enfants :

III.

3. Florent Pothier, qui a continué cette famille.
3. Matthieu Pothier, contrôleur de la maison du roi, épousa
Espérance le Breton. Hubert, qui seul en fait mention, ainsi
que de ses deux sœurs ci-après, ne m'a pas appris s'il eut des en-

(1) Ces papiers ont été communiqués à M. Duleau par M. le marquis
de Courcy.

fants. Il se pourrait néanmoins faire que divers Pothier dont on trouve les traces sur les monuments d'Orléans, mais dont la généalogie ne parle pas, fussent descendus de ce Matthieu.

3. Claudine Pothier fut femme de Simon Desfriches.

3. Jeanne Pothier épousa en 1558 Jean de Quoy.

III.

Florent Ier Pothier, bourgeois d'Orléans, épousa Marie Cheron. La collection des épitaphes d'Orléans, n° 155, me fournit les dates de leur mort. Florent mourut l'an 1585, et sa femme l'avait précédé dans la tombe le 24 octobre 1581. Je reviendrai plus loin sur cette épitaphe, lorsque je m'occuperai des armes de la famille de Pothier.

Florent Ier eut trois enfants.

IV.

4. Florent II Pothier, qui suit.

4. Matthieu Pothier, conseiller et aumônier du roi, doyen de Meung de 1620 à 1625, chanoine de Sainte-Croix, prévôt de Sologne et chanoine de Saint-Aignan.

4. Anne Pothier, qui vivait encore, évidemment fort âgée, en 1623, année dans laquelle elle assista au premier mariage de son neveu Florent III Pothier. Elle fut mariée deux fois, d'abord avec Louis Sachet, dont elle eut un fils, nommé comme son père, lequel épousa, le 3 mai 1580, Simonne Guymoneau; et ensuite avec Hervé le Semelier, sieur de la Charmoye. Il est probable qu'elle n'eut pas d'enfants de ce second mariage, car les actes de famille n'en font aucune mention.

IV.

Florent II Pothier, sieur de l'Espère, fut contrôleur général des bois à Paris. Il épousa Madeleine le Berche, et en eut trois enfants; le 3 juin 1621 il partagea avec sa sœur Anne, alors veuve, les biens de leurs parents. Florent II mourut vers 1637 et sa femme vers 1615.

V.

5. Florent III Pothier, sieur de Grandmaison, qui suit.

5. Madeleine Pothier, femme de Jean Cahouet, sieur de Saine-ville. Elle était veuve en 1651.

5. Anne ou Agnès Pothier, qui épousa Claude Regnaudin, conseiller d'État, et procureur général au grand conseil. Elle vivait en 1651. Ils n'eurent pas d'enfants.

V.

Florent III Pothier, sieur de Grandmaison, et à cause de sa femme, de la Mothe-Beauvillier, fut, comme son père, contrôleur général des bois, et receveur général des gabelles en la généralité d'Orléans. C'est lui qui fut maire d'Orléans en 1603, ainsi que je crois pouvoir l'affirmer d'après l'Histoire manuscrite du pays orléanais, par Hubert; car cet auteur écrit qu'en 1603 fut maire d'Orléans Florent Pothier, sieur de Grandmaison. Or ce Florent est le premier qui ait possédé ladite terre, et je ne puis me ranger à l'avis de M. Lottin, qui dans son *Histoire d'Orléans*, tome II, page 133, prétend que le maire d'Orléans fut le grand-père du célèbre Pothier. En effet, la ville d'Orléans fut toujours l'une des plus importantes du royaume; la dignité de maire, au moins aussi considérable alors qu'aujourd'hui, ne pouvait guère être exercée que par un homme d'un âge mûr : je ne crois donc pas être téméraire en affirmant que Florent Pothier avait au moins une trentaine d'années lorsqu'il était en 1603 maire d'Orléans. Comment se pourrait-il faire que son petit-fils fût né en 1698? Le maire d'Orléans a donc été l'arrière-grand-père du jurisconsulte, et non pas son grand-père, comme le veut M. Lottin.

En 1648, Florent III Pothier prétendait la justice à Sully-la-Chapelle, paroisse dans l'étendue de laquelle était situé le fief de la Mothe-Beauvillier, jusqu'à la somme de 60 sous et au-dessous, et par lettres du bailly d'Orléans en date du 27 octobre

1648, il fut autorisé à établir un prévôt procureur fiscal et autres officiers.

Le 9 octobre 1615, il partagea avec ses deux sœurs les biens de sa mère Madeleine le Berche, présent Chaussin, notaire à Orléans, et le 29 juillet 1637, avec les susdites, les biens de son père Florent II Pothier, sieur de l'Espère, présent Cahouet, notaire à Orléans.

Florent III fut marié deux fois ; il épousa par contrat passé présent Cahouet, notaire à Orléans, le 15 janvier 1623, demoiselle Susanne Lhuillier, qui mourut avant le 13 juillet 1641. Elle était fille de feu Jérôme Lhuillier, écuyer, sieur de Villemorest, docteur régent de l'Université d'Orléans. Ce mariage eut lieu en présence de Madeleine et d'Anne Pothier, ses sœurs mariées, de Pierre le Berche, son oncle maternel, et de Marie Moynet, son épouse. En secondes noces, Florent III épousa, le 26 mai 1646, par contrat passé présent Couet, notaire à Orléans, damoiselle Louise Massac, fille de Raimond Massac, docteur en médecine, veuve de Jean Pothier, receveur des tailles à Orléans. Notons en passant que je ne trouve nulle trace dans les généalogies dudit Jean Pothier : ou il n'appartient pas à cette famille, ou il est descendu d'une branche qui est inconnue. Il n'y eut pas d'enfants de ce second mariage, auquel assistèrent tous ceux du premier, sauf la religieuse ; lesdits enfants furent au nombre de six ou sept.

VI.

6. Florent IV Pothier, sieur de la Mothe-Beauvillier et de Grandmaison, qui suit.

6. Jérôme Pothier, cité dans l'acte du second mariage de son père, sans qu'il en soit fait mention depuis, tandis qu'on ne parle pas de David ci-après. Il me semble qu'il y a eu un *lapsus calami*, et qu'on doit lire David au lieu de Jérôme.

6. Luc Pothier, sieur d'Athouars, contrôleur des guerres, gentilhomme de Son Altesse Mademoiselle d'Orléans, épousa Louise Bury, fille d'Hervé Bury, sieur de Lorme, conseiller au bailliage d'Orléans, et de Michelle Caillard. Louise Bury était veuve de Pierre Touchet, sieur de Gommier ; ils n'eurent pas d'enfants.

6. David Pothier, sieur de Rueneuve, épousa, le 1ᵉʳ mai 1661, par contrat passé présent Lefeuve, notaire à Orléans, Marguerite le Semelier, fille de Jean le Semelier, sieur de la Charmoye, bourgeois d'Orléans, et d'Anne Blanchard.

Ils étaient morts avant le mariage de leur fils aîné Joseph.

7. Joseph Pothier, sieur de Rueneuve, enseigne des vaisseaux du roi, épousa, le 8 avril 1698, à Saint-Paterne, assisté de son frère et de sa sœur, damoiselle Jeanne Davalléau, fille des défunts Jacques Davalleau, écuyer, sieur du Vivier, capitaine dans le régiment de Navarre, et Françoise Duchon de Mézières; sans enfants.

7. Florent Pothier, chanoine de l'église collégiale de Saint-Pierre-le-Puellier.

7. Marguerite Pothier, morte fille.

6. Susanne Pothier, femme de Charles Bugy, sieur de la Perrière et des Amanjons, conseiller du roi et de Son Altesse Royale le duc d'Orléans, procureur du roi au bailliage et siége présidial.

6. Madeleine Pothier, religieuse.

6. Anne Pothier, également religieuse.

6. Marie Pothier, qui épousa en premières noces André Renaudin (ou Regnauldin, car l'orthographe varie), écuyer, maréchal général des logis des camps et armées de France, par contrat passé présent le Boucher, notaire à Paris, le 4 novembre 1659. Elle en eut un fils mort sans enfants, Jacques-Claude Renauldin du Saussay, et une fille, Anne Renauldin, qui épousa Philippe Chenut, sieur de Chanteloup, commissaire en la maréchaussée générale provinciale d'Orléans; sans enfants. En secondes noces, Marie Pothier épousa François, *aliàs* Pierre, le Maire, écuyer, sieur d'Edeville, conseiller au Présidial d'Orléans, dont elle n'eut pas d'enfants.

VI.

Florent IV Pothier, sieur de la Mothe-Beauvillier (et, selon Hubert, de Grandmaison), fut conseiller au Présidial d'Orléans. Si l'on en croit Hubert, il aurait épousé la demoiselle N... Fontaine, dont il aurait eu les enfants qui suivent. Ce mariage est également cité dans la généalogie des Fontaine. Néanmoins les pièces de la succession de Pothier n'en font pas mention, et il est certain que les enfants de Florent IV Pothier proviennent d'une autre femme. Ce qui me ferait croire, ou qu'il n'y eut qu'un projet de mariage entre Florent Pothier et la demoiselle Fontaine, ou que cette demoiselle mourut sans enfants peu après la célébration dudit mariage. La femme de Florent Pothier ¦fut Marie de la Lande, sur la famille de laquelle je n'ai trouvé aucun renseignement dans les actes notariés de la succession du jurisconsulte Pothier, son petit-fils; je sais seulement, par l'examen des papiers terriers de la terre de Cléreau, que Florent IV, assisté de sa femme Marie de la Lande, partagea, le 15 avril 1654, avec ses frères et sœurs, les biens de leur père, et que le fief de la Mothe–Beauvillier, qui lui était échu en partage, fut vendu par lui le 12 septembre suivant à Jean-Baptiste Colas, écuyer, sieur de Roquemont, d'où il passa dans les mains du sieur de Chaludet-Rochechouart, et de là entre celles des seigneurs de Cléreau, en 1655.

Florent IV mourut avant le 6 février 1685, il eut de Marie de la Lande cinq enfants.

VII.

7. Florent V Charles Pothier de la Mothe, ci-après.

7. Robert Pothier d'Armonville, qui viendra après son frère.

7. Joseph Pothier, qui en 1696 était prêtre de l'Oratoire, puis chanoine de Sainte-Croix. Il mourut avant le 10 avril 1730.

7. Marie Pothier épousa François Regnard de la Perrière, conseiller secrétaire du roi, maison couronne de France et de ses finances. Elle mourut avant le 1er mai 1721.

7. Catherine Pothier, morte avant 1697, avait épousé Charles Fontaine, sieur de Manthelon, lieutenant particulier au bailliage et siége présidial d'Orléans, dont un fils, Charles Fontaine de Manthelon, mort sans enfants, cousin germain de Pothier, qui partagea ses biens le 16 avril 1722.

VII.

Florent V Charles Pothier, dit de la Mothe, bien qu'il ne possédât plus cette terre, fut ingénieur du roi. Il épousa, par contrat passé devant Mauduison, notaire, le 15 juillet 1680, demoiselle Jeanne Longuet, fille de Jacques Longuet, chevalier, seigneur de l'Écluse, et de damoiselle Madeleine de Villedonné. Florent-Charles vivait en 1686; il renonça à la succession de son père, dont les biens furent partagés entre ses frères et sœurs, et il était mort avant 1697, puisqu'à cette époque sa femme était remariée avec Joseph Levassor, sieur de Gourdis, conseiller au Présidial. Jeanne Longuet mourut avant le 1er mai 1721.

Florent-Charles Pothier de la Mothe n'eut qu'un fils, dans lequel finit la branche aînée de cette famille.

VIII.

Charles-Florent VI Pothier de Gourville, trésorier de France à Orléans, mourut sans avoir été marié, le 29 mars 1731. Par son testament du 24 novembre 1729, il laissait ses biens à son cousin germain le jurisconsulte Robert-Joseph Pothier, et, en cas que celui-ci mourût sans enfants, aux pauvres de l'Hôtel-Dieu d'Orléans. Il était seigneur de Gourville par sa grand'mère Madeleine de Villedonné, fille de Guillaume de Villedonné, seigneur de Gourville, et de Madeleine Lambert.

VII.

Le second fils de Florent IV Pothier et de Marie de la Lande fut, ainsi que je l'ai dit plus haut, Robert-Pothier d'Armonville, conseiller au Présidial d'Orléans. Il épousa demoiselle Marie-Madeleine Jacquet, fille de feu Robert Jacquet et d'Élisabeth Carré.

Robert Pothier d'Armonville mourut en 1707 et sa femme en 1728; mais ils laissaient un fils, dont les travaux devaient répandre un vif éclat sur le nom de leur famille.

VIII.

Robert-Joseph Pothier est né à Orléans le 9 janvier 1699 et est mort le 2 mars 1772. Il ne s'est pas marié, et fut le dernier membre de sa famille.

Après la mort de Pothier, sa succession fut partagée entre les deux lignes paternelle et maternelle. Les héritiers apportèrent leurs titres généalogiques au notaire pour prouver leurs droits ; mais quoique relatés dans la liquidation, il m'a été impossible d'en retrouver la moindre trace ; plusieurs feuillets de l'inventaire étaient déchirés. La plupart de ces héritiers ont laissé des descendants.

Je vais donner leurs noms, qualités et demeures d'après l'acte liquidatif de la succession que j'ai sous les yeux.

HÉRITIERS DU COTÉ PATERNEL.

VINGT-SIX PARENTS AU HUITIÈME DEGRÉ.

1. Jérôme-Jean Egrot, écuyer, seigneur du Lude, trésorier de France honoraire au bureau des finances de la généralité d'Orléans, y demeurant rue de la Brctonnerie, paroisse de Saint-Paterne.

2. Messire Étienne Laureault, écuyer, seigneur de Foncemagne, de l'Académie française et de celle des belles-lettres, ci-devant sous-gouverneur de S. A. S. Mgr le duc de Chartres, demeurant à Paris au Palais-Royal.

3. Dame Hélène Laureault de Foncemagne, veuve de messire Pierre de Rancourt de Villiers, écuyer, conseiller secrétaire du roi près le parlement de Bourgogne, demeurant à Gien, paroisse de Saint-Louis.

4. Demoiselle Florentine Midou de Monléon, demeurant à Orléans, rue Bannier, paroisse de Saint-Pierre-Ensentelée.

5. Messire Denys-Hercule Midou de Monléon, écuyer, gendarme de la garde du roi, demeurant à Darvoy.

6. Messire Charles-Michel de Passac, chevalier, seigneur du Mousseau, demeurant au lieu du Mousseau, paroisse de Nouan-le-Fuzelier.

7. M. maître François-Élie de la Fond, conseiller du roi, juge magistrat au bailliage et siége présidial d'Orléans, y demeurant, rue Bannier, paroisse de Saint-Pierre-Ensentelée.

8. Messire Louis Ruellé, écuyer, seigneur des Beurthes, et dame Charlotte de la Fond, son épouse, à cause d'elle, demeurant en la ville de Bourges, paroisse de Saint-Ursin.

9. Messire François de Ruellé, écuyer, seigneur du Guet, la Lande et autres lieux, et dame Susanne de la Fond, son épouse, à cause d'elle, demeurant en la ville et paroisse d'Enrichemont.

10. Messire Marc de la Fond d'Isy, écuyer, chevalier de l'ordre royal et militaire de Saint-Louis, demeurant à Orléans, rue de la Levrette, paroisse de Saint-Pierre-Ensentelée.

11. M. maître Pierre-Élie-Robert Boillève, écuyer, seigneur de Domecy et de la Chapelle-du-Noyer, conseiller du roi, juge magistrat au bailliage et siége présidial d'Orléans, y demeurant, rue de la Levrette, paroisse de Saint-Pierre-Ensentelée.

12. Damoiselle Anne-Susanne Boillève de Domcy, demeurant à Orléans, rue de la Bretonnerie, paroisse de Saint-Michel.

13. Messire Pierre-Bongard, écuyer, ancien chevau-léger de la garde ordinaire du roi, demeurant à Orléans, rue de la Bretonnerie, paroisse de Saint-Paterne.

14. Messire Jacques Bongard, chevalier des ordres de Saint-Louis et de Saint-Lazare, brigadier des armées du roi, sous-lieutenant à l'hôtel de l'École royale militaire, y demeurant, paroisse de Saint-Sulpice de Paris.

15. Messire Guillaume-Théodore Bongard, écuyer, capitaine commandant au service de Sa Majesté Catholique les compagnies invalides du royaume de Valence en Espagne.

16. Messire Joseph-François Landré, écuyer, conseiller du roi, trésorier de France au bureau des finances de la généralité d'Or—

léaus, y demeurant rue du Colombier, paroisse de Saint-Pierre-Ensentelée (1).

17. Demoiselle Marie-Claude Landré, bourgeoise d'Orléans, y demeurant rue des Petits-Souliers, paroisse de Saint-Maclou.

18. Demoiselle Renne-Ursule Landré, bourgeoise d'Orléans, y demeurant rue des Petits-Souliers, paroisse de Saint-Maclou.

19. Messire Jean-Guillaume de Gauvignon, écuyer, seigneur de Béon, et dame Anne Landré, son épouse, à cause d'elle, demeurant à Orléans, rue de la Levrette, paroisse de Saint-Paterne.

20. Messire Jacques Nouël des Élus, écuyer, conseiller du roi, président trésorier de France de la généralité de Poitiers, demeurant à Orléans, rue des Basses - Gouttières, paroisse de Sainte-Catherine (2).

21. Messire Louis-François Nouël de Buzonnière, écuyer, conseiller du roi, trésorier de France honoraire au bureau des finances de la généralité d'Orléans, y demeurant rue de la Cerche, paroisse de Saint-Pierre-Ensentelée (3).

22. Messire Jacques de Gévry, écuyer, seigneur de Launay,

---

(1) D'après une note qui nous est fournie par M. Landré de la Saugerie, les héritiers vivants de messire Joseph-François Landré sont Mme Anne-Cécile Landré, veuve de M. Paris de la Bergère, et ses enfants : M. Altin Paris de la Bergère et sa femme, M. Ami et Mlle Joséphine Paris de la Bergère, non mariée ; M. Alcime et Mlle Aure Landré de la Saugerie, célibataires ; MM. Napoléon, Paul-Alcime, Ambroise-Aurélien, Gustave-Ernest et Mlles Elvina-Aure, Maria, Clotilde Landré, en Algérie ; M. Ange Landré de Beauvais, à Paris.

(2) Son petit-fils, M. Deloynes de Moléon, avait épousé sa cousine, sœur de M. de Buzonnière, vivante, sans enfants, citée dans la note suivante. Son arrière-petite-fille, Mme du Gaigneau de Champvallins, née de Saint-Mesmin, est mère de M. Ludovic de Champvallins, qui a des enfants, et de feue Mme de Montmarin, qui a laissé postérité.

(3) Les héritiers de M. Nouël de Buzonnière sont ses deux enfants demeurant à Orléans : Marie-Émilie, épouse de M. Deloynes de Moléon, et son frère, Louis-Léon-Augustin Nouël de Buzonnière, qui de son mariage avec Mlle Louise - Élisabeth Jeuslin de Villiers a trois fils : Louis-Michel Gaston, Louis-Edgard, officier d'infanterie, et Édouard-Octave.

trésorier de France honoraire au bureau des finances de Bourges, y demeurant rue et paroisse de Notre-Dame-du-Fourchaux.

23. Demoiselle Anne de Gévry, fille majeure, demeurant à Bourges, rue et paroisse de Notre-Dame-du-Fourchaux.

24. Messire Charles de Gévry du Beaufray, ancien lieutenant-colonel du régiment d'infanterie royal Roussillon et chevalier de l'ordre royal et militaire de Saint-Louis, demeurant à Bourges, même rue et paroisse de Notre-Dame-du-Fourchaux.

25. Dame Marie-Madeleine Cabot, veuve de Louis du Fay, écuyer, seigneur d'Elbœuf, chevalier, capitaine commandant la capitainerie de Roque-de-l'Isle, demeurant en la ville de Pont-Audemer, rue des Carmélites, paroisse Saint-Ouen.

26. Sieur Jacques-François de Maneville Duromois, conseiller honoraire en la chambre des comptes de Normandie, et dame Marie-Anne-Françoise le Prévost, son épouse, à cause d'elle, demeurant à Rouen, paroisse de Sainte-Croix-des-Pelletiers.

HÉRITIERS DU COTÉ MATERNEL.

VINGT-CINQ PARENTS AU SEPTIÈME DEGRÉ.

1. Dame Marie-Catherine Chauveau, veuve de maître Didier-Timothée de Caroillon de Pierre-Fontaine, avocat au Parlement, demeurant à Paris, rue Bertin-Poirée, paroisse de Saint-Germain-l'Auxerrois.

2. Dame Élisabeth le Roy, veuve du sieur Antoine Deloynes, marchand de bois à Orléans, y demeurant, cul-de-sac Sainte-Colombe, paroisse de Saint-Liphard.

3. Sieur Charles-François le Roy, bourgeois de Paris, y demeurant, rue Saint-Louis au Marais, paroisse Saint-Paul.

4. Demoiselle Marguerite le Roy, fille majeure, demeurant à Paris, rue Saint-Louis au Marais, paroisse Saint-Paul.

5. Dame Marie le Roy, veuve de Louis-François de Billard,

écuyer, sieur de Saint-Aubin, demeurant à Paris, quai d'Anjou, île Notre-Dame, paroisse Saint-Louis.

6. Dame Madeleine le Roy, veuve du sieur Jean-Paul Pigeon, bourgeois d'Orléans, y demeurant, paroisse de Saint-Pierre-Lentin.

7. Messire Jean-Baptiste de Voyon, écuyer, seigneur de la Planche, conseiller et procureur du roi au bureau des finances de la généralité de Limoges, juge magistrat au Présidial et sénéchaussée de Limoges, et dame Madeleine-Élisabeth de Verdilhac, son épouse, à cause d'elle, demeurant en la ville de Limoges, rue des Étangs, paroisse Saint-Michel-des-Lions (1).

8. Sieur Simon André de Verdilhac de Chanteyvelle, habitant du bourg de Mortemard, paroisse de Saint-Hilaire. Il mourut célibataire.

9. Messire Gabriel-François de Verdilhac, sieur du Peyraux, avocat au Parlement, juge châtelain de la châtellenie de Rochelidoux, habitant du lieu de la Digue, près le bourg et la paroisse de Nouée (2).

(1) Les héritiers de dame Madeleine-Élisabeth de Verdilhac sont : Léonard-Benoist-Léonce de Voyon, marié à Marie-Françoise-Pauline de Bruchard; le marquis Alexandre-Gaspard de Fontange, ancien officier, célibataire; Paul Dassier des Brosses, et ses deux sœurs; M. Paul Dassier des Brosses, marié à demoiselle Sidonie de Villelume; Mme Hébrard de Verinas; M. le général de division, sénateur, Allouveau de Montréal; Mme de la Condamine, née de Montréal; M. et Mlle de Montréal, neveu et nièce des deux précédents.

(2) Les héritiers de messire Gabriel-François de Verdilhac actuellement vivants sont: Marie Dupin, mariée à M. Alexis-François Thomas, avoué; Jean-François-Isidore Dupin, maire de Bussière-Boffy (Haute-Vienne); Pierre-Paul Dupin, notaire et maire de Blond (Haute-Vienne); Antoine Dupin, négociant à Paris; François-Alphonse Dupin; et M. Antonin Bonnin, conseiller à la Cour de Limoges; M. François Bonnin, chevalier de la Légion d'honneur, inspecteur de première classe de l'Académie de Poitiers, demeurant à Limoges; M. Antonin-Celse Bonnin, percepteur à Caussade (Tarn-et-Garonne); M. Jean-Baptiste Bonnin, chevalier de la Légion d'honneur, ancien préfet, demeurant à Paris, et Jeanne-Madeleine Bonnin, veuve de François-Nicolas Daussays, demeurant à Bussière-Boffy.

10. Messire Denis-Charles Barbot, seigneur du Plessis, greffier en chef de la maîtrise des eaux et forêts du duché d'Orléans, y demeurant, rue de la Hallebarde, paroisse de Saint-Paul (1).

11. Sieur Nicolas Costé de Bagnaux, officier du roi, et dame Bonne-Élisabeth Barbot, son épouse, à cause d'elle, demeurant à Orléans, rue des Petits-Souliers, paroisse de Saint-Maclou.

12. Messire Antoine de la Fond, chevalier, seigneur de Magny, la Jauvellerie, Brechainvillier, les Chatelleries et autres lieux, demeurant ordinairement en son château de Magny, paroisse du même nom.

13. Dame Madeleine de la Fond, veuve de messire Charles Legrand de Sainte-Colombe, grand baillif de la noblesse au bailliage de Chastillon – sur – Seine, ressort du parlement de Bourgogne, seigneur et baron du Jour-Seigny en partie et autres lieux.

14. Messire Élie-Robert de la Fond de Pesselière, écuyer, seigneur de Mihardouin, Villermon et autres lieux, demeurant en son château de Mihardouin, paroisse de Bazoches-les-Hautes.

15. Maître Jean-Charles Amyot, notaire et procureur au bailliage royal de Neuville.

16. Sieur Robert-Joseph Amyot, bourgeois, demeurant à Neuville.

17. Dame Marie–Madeleine Amyot, veuve du sieur Pierre Picot, greffier au siége royal de Neuville, demeurant audit Neuville (2).

(1) Les héritiers de messire Denis-Charles Barbot actuellement vivants sont: Marie-Jeanne Douville, épouse de Justin-Félix Gasselin de Bompart, et son enfant mineur; Jules-Anatole Douville, veuve de M. Germon et ses trois enfants, qui sont Mme Adélaïde-Marie Germon, épouse du chevalier Philippe-Abel Mignon, et son fils; M. Aignan-Jacques-Alexis Germon, négociant et juge au tribunal de commerce, et ses enfants; et M. Charles-Marie Germon, négociant à Orléans; Mme la comtesse douairière du Roscoat, née Élisabeth-Philippine Colas des Francs, et ses cinq enfants, Mlles Fanny, Marie et Cécile du Roscoat, M. Amédée comte du Roscoat, élève consul à Gênes, et M. Casimir vicomte du Roscoat; les quatre enfants mineurs de M. Théobald Sourdeau de Beauregard, veuf de Marie-Adélaïde-Marcelle Costé de Bagneaux.

(2) Les deux Amyot n'ont pas eu d'enfants; leur sœur a laissé une

18. Sieur Jacques-Denis Poignard, demeurant à Orléans, paroisse de Saint-Pierre-Empont (1).

19. Demoiselle Marie Poignard, fille majeure, demeurant à Orléans, paroisse de Saint-Pierre-Empont.

. 20. Demoiselle Marguerite Poignard, fille majeure, demeurant à Orléans, paroisse de Saint-Pierre-Empont.

nombreuse famille dont les membres actuellement vivants sont : Charles Picot, vice-président du tribunal de première instance de la Seine, et son fils unique, Octave Picot; Mlle Adèle Picot, célibataire; Mme veuve de la Courtie, née Camille Picot, et son petit-fils Edmond Mouillefarine, fils d'un avoué de Paris; M. Lorin, ancien notaire à Orléans, demeurant aux Batignolles, et ses enfants Henri Lorin, notaire à Savigny-sur-Orge, marié à Jenny Lechat, Ernest Lorin, Angèle Lorin, femme de M. Dupezard, et Laure, Camille et Virginie Lorin; Jules-Lorin de Chaffin, ancien notaire à Beaugency, qui de demoiselle Élisabeth Sartre de Chaffin a eu un fils unique, Francis Lorin de Chaffin, ancien notaire à Beaugency, lequel a épousé demoiselle Amélie Moreau-Laulois; Marie-Josèphe-Pauline-Émilie Lorin, veuve de Fidèle-Constant Creuzet, ancien notaire à Chilleurs, et ses deux enfants, Pierre-Fulgence-Anatole Creuzet, notaire à Orléans, marié à Marie-Julie-Laure Rochoux, et Marie-Thérèse-Victoire Creuzet, femme de Louis-Charles Niess, ancien juge de paix de Neuville, et leurs enfants, Ernest et Marie Niess; Lucie Lorin, femme de Constantin Gombault, ancien bijoutier, demeurant à Sarmois, près Paris, laquelle a quatre enfants, Léon Gombault, négociant à Paris, Gustave Gombault, négociant à Orléans, et son fils Paul, Henriette Gombault et Mme Larchevêque, née Lucie Gombault; Élisabeth Lorin, femme de Jean-Baptiste-François Caudel, ancien notaire, demeurant à Beaugency.

(1) D'après une note qui nous a été fournie par la famille, les descendants de Jacques-Denis Poignard sont : M. Ferdinand Poignard, greffier du tribunal civil de Romorantin; Mlles Joséphine et Célestine Poignard, ses sœurs, célibataires, demeurant à Orléans; et M. Albin Poignard, propriétaire, et Marie Poignard, épouse de M. Jules Mareau, enfants de feu M. Poignard-Leclerc; Mme Marie-Catherine Vandais, épouse de M. Greffier, propriétaire à Orléans, mère de M. Pierre-Eugène Greffier, avocat général près la Cour impériale d'Orléans; Mme Dessaux, née Aimée Greffier, et Mme Gaucheron, née Laure Greffier.

21. Demoiselle Marie-Madeleine Bury, fille majeure, bourgeoise d'Orléans, y demeurant, rue et paroisse de Saint-Maurice.

22. Messire Florent Hervé Lhuillier, seigneur de Planchevilliers, demeurant à Orléans, rue Neuve, paroisse de Sainte-Catherine.

23. Ledit sieur Lhuillier de Planchevilliers et dame Susanne Bouet de la Noue, son épouse, à cause d'elle.

24. Dame Marie-Françoise-Agnès Turtin, veuve de M. maître Pierre-François Turtin, conseiller du roi et son avocat au bailliage et siége présidial d'Orléans, y demeurant, rue des Pastoureaux, paroisse de Saint-Maurice.

25. Dame Marie-Anne Turtin, veuve de messire Pierre de Gyvès, écuyer, seigneur de Creusy, demeurant à Orléans, rue des Grands-Ciseaux, paroisse de Saint-Maurice.

A ces recherches généalogiques, j'ajouterai quelques mots sur les armes de Pothier.

On sait que vers les xive et xve siècles, les plus considérables d'entre les familles bourgeoises, pour se distinguer des autres et imiter la noblesse, adoptèrent l'usage de porter des armoiries : rien n'est plus fréquent que de rencontrer sur les tombeaux, dans les églises, des écussons appartenant à des familles roturières. Celle de Pothier avait suivi cet exemple, et je trouve ses armes dessinées et décrites en tête de la généalogie donnée par le savant et consciencieux Hubert : *d'azur au chevron d'or*, accompagné *de trois roses d'argent, tigées et feuillées d'or*.

Il se présente ici une difficulté : sur le tombeau de Florent Ier Pothier et de Marie Chéron, morts en 1581 et 1585, on avait gravé leurs armes accolées, que le recueil manuscrit des épitaphes d'Orléans, relevées en 1786, blasonne ainsi :

« Deux écussons dont le champ semble être d'argent, le premier a un chevron portant trois rosettes, chacune enchâssée dans un croissant, l'une en chef, les deux autres en pointe; l'autre aussi à un chevron portant en chef une petite croix entre deux soleils, et une sirène flottant sur les eaux en pointe. »

Cette description contient des erreurs : d'abord on a employé le mot *portant* au lieu du mot *accompagné*, ainsi qu'on le reconnaît facilement par la description des armes des Chéron , et puisque le chevron des armes des Pothier est accompagné de trois rosettes, etc., celles-ci ne sont pas disposées une et deux , mais deux en chef et une en pointe ; il faut en outre remarquer que lesdites armoiries, gravées sur une pierre à la fin du xvi° siècle, n'ont été relevées qu'à la fin du xviii°, que les injures du temps ont évidemment détérioré la pierre, et que comme, selon l'usage du xvi° siècle, on n'avait tracé sous chaque rose que deux petites feuilles symétriquement placées autour de la tige, on a pu prendre plus tard ces deux folioles, ayant subi les injures de l'air, pour un croissant. Les exemples de pareilles erreurs abondent; d'ailleurs, à cette époque, il n'existait aucun membre vivant de la famille qui pût faire blasonner exactement leurs armoiries.

Notons encore une chose singulière : Pothier ne se servait pas d'un cachet à ses armes, et la cire de ses lettres porte tantôt l'empreinte d'un écusson d'azur chargé de trois croissants, timbré d'une couronne de comte et supporté par deux lions, tantôt celle d'un écusson d'azur au chevron d'argent sommé d'un oiseau perché sur le chevron.

Le tombeau de la famille de Pothier existait dans le grand cimetière d'Orléans, les armoiries gravées sur la pierre étaient visibles, Pothier ne pouvait en ignorer l'existence; d'où vient que ses cachets armoriés ne fussent pas celui de sa famille?

En recherchant avec soin dans les recueils d'Hubert quelles familles de l'Orléanais portaient trois croissants en leurs armes, j'ai trouvé qu'une famille, du nom de Boisvilliers, qui possédait diverses terres, parmi lesquelles celle de la Lande, portait précisément pour armes d'azur à trois croissants d'argent; or il a été dit plus haut que les actes de famille ne fournissaient aucun renseignement sur la grand'mère de Pothier, Marie de la Lande; je vois là une remarquable coïncidence, et je pense donc que Pothier se sera servi du cachet de la famille de son aïeule. Je n'ai trouvé nulle part les armes de la famille Jacquet; et comme je ne puis attribuer le second cachet dont se servait Pothier à aucun des autres membres de sa famille, dont les armes sont connues, je crois qu'il faut le rapporter à la famille de sa mère, Marie Madeleine Jacquet, et voir alors dans l'oiseau qui surmonte le chevron un jacques ou geai au naturel, ce qui ferait des armoiries parlantes.

Ce fait, malgré son peu d'importance, était néanmoins curieux à relever ; car il est singulier de voir le jurisconsulte Pothier cacheter ses lettres avec des armoiries dont, héraldiquement parlant, il ne pouvait avoir le droit de se servir, tandis qu'il lui était facile de faire graver un cachet portant ses propres armes.

Je ne parlerai que pour mémoire des armes attribuées au père de Pothier par l'*Armorial général de France,* manuscrit in-f°, province de l'Orléanais (bibliothèque impériale), d'argent à la croix patée d'azur, à la bordure componée et bastillée d'or et de gueules. Notre pauvre province a été très-maltraitée : sur dix mille armoiries environ, plus des trois quarts sont fausses et de pure invention ; celle-ci est du nombre.

CHAPITRE XVII

§ Ier.

Ministre de la justice; Cour de cassation.

Son Excellence M. Abbatucci, garde des sceaux,
    ministre de la justice. . . . . 200 fr. »» c.
La Cour de cassation.. 825
MM. les avocats au conseil d'État et à la Cour de
    cassation. 100

                           1,125 fr. «« c.

§ II.

Cours impériales.

La Cour impériale d'Alger. . . . . 100 fr. »» c.
La Cour impériale d'Amiens (Somme). . . . 200
La Cour impériale d'Angers (Maine-et-Loire). . 300
La Cour impériale de Bordeaux (Gironde). . . 200
La Cour impériale de Caen (Calvados). . . . 200
La Cour impériale de Colmar (Haut-Rhin). . . 200

                           1,200 fr. »» c.

Report. . . . . .1,200 fr. »» c.

La Cour impériale de Douai (Nord).   200

La Cour impériale de Grenoble (Isère). . . .   175

La Cour impériale de Limoges (Haute-Vienne). . 300

La Cour impériale de Metz (Moselle).   600

La Cour impériale de Montpellier (Hérault). .   200

La Cour impériale de Nancy (Meurthe). . . .   300

La Cour impériale de Nîmes (Gard).   169

La Cour impériale d'Orléans (Loiret). 500

La Cour impériale de Paris (Seine).   990

La Cour impériale de Poitiers (Vienne). . . . 150

La Cour impériale de Pondichéry (Indes orientales) (1).   87   50

La Cour impérialé de Rennes (Ille-et-Vilaine) . 200

La Cour impériale de Riom (Puy-de-Dôme). .   200

La Cour impériale de Rouen (Seine-Inférieure). 200

La Cour impériale de Toulouse (Haute-Garonne). 100

.5,571 fr. 50 c.

§ III.

Facultés de droit; académies de législation.

La faculté de droit d'Aix (Bouches-du-Rhône). 100 fr. »» c.

La faculté de droit de Caen (Calvados). . . . 100

La faculté de droit de Dijon (Côte-d'Or). . . 214   35

La faculté de droit de Grenoble (Isère). . . . 100

La faculté de droit de Paris.   250

La faculté de droit de Poitiers (Vienne). . . . 80

La faculté de droit de Rennes (Ille-et-Vilaine). . 26

La faculté de droit de Strasbourg (Bas-Rhin). . 70

La faculté de droit de Toulouse (Haute-Garonne). 50

L'académie de législation de Toulouse.. . . . 100

1,090 fr. 35 c.

(1) Ces fractions s'expliquent par l'affranchissement à la poste, qui
a diminué d'autant le montant de la souscription.

§ IV.

Tribunaux civils.

Le tribunal civil d'Alby (Tarn).	20 fr.	»» c.
Le tribunal civil d'Alençon (Orne).	25	
Le tribunal civil d'Alger.	55	
Le tribunal civil d'Amiens (Somme). . . .	50	
Le tribunal civil d'Angoulême (Charente). . .	50	
Le tribunal civil d'Auxerre (Yonne). . . .	50	
Le tribunal civil et MM. les officiers ministériels de l'arrondissement d'Avesne (Nord) (1). .	108	
Le tribunal civil de Belfort (Bas-Rhin). . .	30	
Le tribunal civil, MM. les avocats et avoués de Bergerac (Dordogne).	72	99
Le tribunal civil de Bernay (Eure).	25	
Le tribunal civil de Béthune (Pas-de-Calais). .	48	50
Le tribunal civil et autres magistrats de Blidah (Algérie)..	142	
Le tribunal civil de Blois (Loir-et-Cher). . .	100	
Le tribunal civil, MM. les officiers publics et ministériels de l'arrondissement de Bône (Algérie).	132	
Le tribunal civil de Bordeaux (Gironde). . . .	195	53
Le tribunal civil et autres magistrats de l'arrondissement de Boulogne-sur-Mer (Pas-de-Calais)..	272	21
Le tribunal civil de Briançon (Hautes-Alpes). .	20	
Le tribunal civil, MM. les notaires, avocats et avoués de l'arrondissement de Briey (Moselle).	98	

1,494 fr. 23 c.

(1) Il m'a quelquefois été impossible d'attribuer à chaque corporation judiciaire le montant de sa souscription, parce que dans l'envoi des fonds on n'avait pas divisé.

Report. . . . . 1,494 fr. 23 c.

Le tribunal civil et autres corporations judiciaires
de Cambray (Nord). 176

Le tribunal civil et MM. les juges de paix de Cas-
tel-Sarrazin (Haute-Garonne). 72 99

Le tribunal civil, MM. les juges de paix, avocats,
notaires, huissiers de Castres (Tarn). . . . 197 69

Le tribunal civil, MM. les juges de paix, avocats,
notaires de l'arrondissement de Céret (Pyrénées-
Orientales). 63

Le tribunal civil de Chalons-sur-Marne (Haute-
Marne). 60

Le tribunal civil de Charleville (Ardennes). . 50

Le tribunal civil de Chartres (Eure-et-Loir). . 100

Le tribunal civil de Cherbourg (Manche). . . 40

Le tribunal civil de Chinon (Indre-et-Loire). . 25

Le tribunal civil de Clamecy (Nièvre). . . . 35

Le tribunal civil de Colmar (Haut-Rhin). . . 40

Le tribunal civil de Compiègne (Oise). . . . 25

Le tribunal civil de Confolens (Charente). . . 40

Le tribunal civil et MM. les officiers publics et
ministériels de l'arrondissement de Constantine
(Algérie). 171 23

Le tribunal civil de Cusset (Allier). 20

Le tribunal civil de Domfront (Orne). . . . 14

Le tribunal civil de Doullens (Somme). . . . 25

Le tribunal civil et MM. les juges de paix de l'arrondissement d'Embrun (Hautes-Alpes). . . 42

Le tribunal civil d'Espalion (Aveyron). . . . 35

Le tribunal civil de Foix (Ariége). 28

Le tribunal civil de Ganat (Allier). . . . 20

Le tribunal civil de Gien (Loiret). 50

Le tribunal civil de Gorée (Sénégal). 35

Le tribunal civil d'Issoire (Puy-de-Dôme). . . 20

Le tribunal civil de Laval (Mayenne). . . . 40

2,919 fr. 14 c.

23

Report. . . . . . 2,919 fr. 14 c.		
Le tribunal civil de Lavaur (Tarn).	10	
Le tribunal civil de Lectoure (Gers).	32	30
Le tribunal civil de Lille (Nord).	80	
Le tribunal civil de Loches (Indre-et-Loire). .	25	
Le tribunal civil de Lodève (Hérault). . . .	30	
Le tribunal civil de Lourdes (Hautes-Pyrénées).	27	
Le tribunal civil de Mamers (Sarthe). . . .	20	
Le tribunal civil de Marseille (Bouches-du-Rhône).	150	
Le tribunal civil de Meaux (Seine-et-Marne) .	26	
Le tribunal civil de Metz (Moselle).	100	
Le tribunal civil et autres magistrats de l'arrondissement de Moissac (Tarn-et-Garonne). . .	15	
Le tribunal civil et MM. les officiers publics et ministériels de l'arrondissement de Mostaganem (Algérie).	18	
Le tribunal civil de Montargis (Loiret). . .	60	
Le tribunal civil de Montauban (Tarn-et-Garonne).	25	
Le tribunal civil de Montélimart (Drôme) . . .	48	
Le tribunal civil de Montluçon (Allier). . . .	30	
Le tribunal civil de Montreuil-sur-Mer (Pas-de-Calais)..	25	
Le tribunal civil de Morlaix (Finistère). . . .	50	
Le tribunal civil de Moulins (Allier).	26	50
Le tribunal civil de Muret (Haute-Garonne). .	24	
Le tribunal civil de Neufchâtel (Seine-Inférieure).	50	
Le tribunal civil de Nevers (Nièvre).	50	
Le tribunal civil de Nîmes (Gard).	60	
Le tribunal civil, MM. les officiers publics et ministériels de l'arrondissement d'Oran (Algérie).	227	50
Le tribunal civil d'Orléans (Loiret).	250	
Le tribunal civil de Perpignan (Pyrénées-Orientales).	50	
Le tribunal civil, MM. les officiers publics et ministériels de l'arrondissement de Philippeville (Algérie).	121	50
4,549 fr. 94 c.		

Report. . . . .4,549 fr. 94 c.

Le tribunal civil de Pithiviers (Loiret). . . . 50

Le tribunal civil et le barreau de Pondichéry (Indes orientales). 105

Le tribunal civil de Pontarlier (Doubs). . . . 10

Le tribunal civil de Pont-l'Évêque (Calvados). . 20

Le tribunal civil de Pontoise (Oise). 65

Le tribunal civil de Privas (Ardèche). 100

Le tribunal civil du Puy (Haute-Loire). . . . 50

Le tribunal civil de Quimperlé (Finistère). . . 25

Le tribunal civil de Rethel (Ardennes). . . . 28

Le tribunal civil, MM. les juges de paix, avoués et notaires de l'arrondissement de Rocroi (Ardennes). 100

Le tribunal civil de Rodez (Aveyron). . . . 75

Le tribunal civil de Romorantin (Loir-et-Cher). . 48

Le tribunal civil de Rouen (Seine-Inférieure). . 40

MM. les membres du parquet, juges de paix et notaires de l'arrondissement de Sainte-Affrique (Aveyron). 60

Le tribunal civil de Saint-Calais (Sarthe). . . 30

Le tribunal civil de Saint-Gaudens (Haute-Garonne). 20

Le tribunal civil et autres magistrats de l'arrondissement de Saint-Girons (Ariége). . . . 50

Le tribunal civil de Saint-Malo (Ille-et-Vilaine). 25

Le tribunal civil de Saint-Marcellin (Isère). . . 20

Le tribunal civil de Saint-Mihiel (Meuse). . . 50

Le tribunal civil de Saint-Pons (Hérault). . . 55

Le tribunal civil de Sarreguemines (Moselle). . 45

Le tribunal civil de Sarrebourg (Meurthe). . . 10

Le tribunal civil de Saverne (Haut-Rhin). . . 50

Le tribunal civil de Schelestadt (Bas-Rhin). . . 67   89

Le tribunal civil de la Seine. 580

Le tribunal civil de Soissons (Aisne). 50

6,378 fr. 83 c.

Report. . . . . . 6,378 fr. 83 c.

Le tribunal civil de Strasbourg (Bas-Rhin). . .	60	
Le tribunal civil et autres magistrats de l'arrondissement de Thiers (Puy-de-Dôme). . . .	175	
Le tribunal civil de Thionville (Moselle). . . .	58	
Le tribunal civil de Toulon (Var)..	50	
Le tribunal civil de Toulouse (Haute-Garonne).	55	
Le tribunal civil de Tours (Indre-et-Loire). . .	100	
Le parquet du tribunal civil d'Ussel (Corrèze). .	10	
Le tribunal civil et MM. les juges de paix de l'arrondissement de Valenciennes (Nord). . . .	92	50
Le tribunal civil de Vendôme (Loir-et-Cher). .	60	
Le tribunal civil de Vic (Meurthe).	24	17
Le tribunal civil et MM. les juges de paix de Villefranche (Haute-Garonne)..	40	
Le tribunal civil de Vitri-le-Français (Marne). .	25	
Le tribunal civil, MM. les avocats, avoués et notaires de l'arrondissement de Vouziers (Ardennes).	151	61
Le tribunal civil et autres magistrats d'Yssengeaux (Haute-Loire).	100	

7,380 fr. 11 c.

§ V.

Tribunaux de commerce.

Le tribunal de commerce de Blois (Loir-et-Cher).	60 fr. »» c.	
Le tribunal de commerce d'Issoudun (Indre). .	50	
Le tribunal de commerce de Limoges (Haute-Vienne).	25	
Le tribunal de commerce de Lisieux (Calvados).	25	
Le tribunal de commerce d'Orléans (Loiret). .	60	
MM. les agréés près le tribunal de commerce d'Orléans.	40	

260 fr. »» c.

Report. . . . . 260 fr. »» c.

Le tribunal de commerce de Quintin (Côtes-du-
Nord). 19 27

Le tribunal de commerce de Saint-Malo (Ille-et-
Vilaine). 25

Le tribunal de commerce, MM. les agréés et huissiers de Tinchebray (Orne). 52

Le tribunal de commerce de Tours (Indre-et-
Loire). 70

426 fr. 27 c.

§ VI.

Justices de paix.

MM. les juges de paix, suppléants et greffiers de
l'arrondissement d'Alby (Tarn). . . . . 51 fr. »» c.

MM. les juges de paix de l'arrondissement d'A-
lençon (Orne). 15

MM. les juges de paix de l'arrondissement d'Altkirch (Haut-Rhin). 15

M. le juge de paix du canton d'Andelot (Haute-
Marne). 5

M. le juge de paix du canton d'Arnay-le-Duc
(Côte-d'Or). 5

M. le juge de paix du canton d'Artenay (Loiret). 5

MM. les juges de paix de l'arrondissement d'Auxerre (Yonne). 24

M. le juge de paix du canton d'Azay-le-Rideau
(Indre-et-Loire). 5

M. le juge de paix du canton de Beaune (Loiret). 5

M. le juge de paix du canton de Bellegarde (Loiret). 10

M. le juge de paix du canton de Barenton
(Manche). 10

150 fr. »» c.

Report. . . . . 150 fr. »» c.

MM. les juges de paix de l'arrondissement de
Belfort (Haut-Rhin).   29

MM. les juges de paix des cantons de Béthune,
Lillers, Laventie (Pas-de-Calais).   29   50

MM. les juges de paix de la ville de Blois (Loire-
et-Cher).   15

M. le juge de paix du canton de Bracieux (Loir-
et-Cher).   5

M. le juge de paix du canton de Châteaurenard
(Loiret).   10

MM. les juges de paix de l'arrondissement de Chinon (Indre-et-Loire).   20

M. le juge de paix du canton de Courtenay
(Loiret).   10

M. le juge de paix du canton de Cusset (Allier).   1

MM. les juges de paix et suppléants de l'arrondissement de Domfront (Orne).   57

M. le juge de paix du canton de Donjon (Allier).   1

M. le juge de paix du canton d'Étaples (Pas-de-
Calais).   10

MM. les juges de paix de l'arrondissement de
Gien (Loiret).   25

M. le juge de paix du canton d'Huqueliers (Pas-
de-Calais)..   5

M. le juge de paix de l'Ile-Bouchard (Indre-et-
Loire)..   5

M. le juge de paix du canton de Joligny (Allier).   5

MM. les juges de paix de la ville de Laval
(Mayenne).   15

MM. les juges de paix des cantons de Lizieux et
de Mazidon (Calvados).   15

MM. les juges de paix de l'arrondissement de
Loches (Indre-et-Loire).   22   50

M. le juge de paix du canton de Lorris (Loiret).   5

───────────────

435 fr. »» c.

Report. . . . . 435 fr. »» c.

M. le juge de paix du canton de Mayet-de-Mon-
tagne (Allier).   1

M. le juge de paix du canton de Mer (Loiret). .   5

M. le juge de paix du canton de Meung (Loir-
et-Cher).   5

MM. les juges de paix de la ville de Montauban
(Tarn-et-Garonne).   15

MM. les juges de paix de l'arrondissemeut de
Montélimart (Drôme).   32

M. le juge de paix du canton de Muret (Haute-
Garonne)..   3

MM. les juges de paix de la ville d'Orléans (Loiret).   30

M. le juge de paix du canton d'Outarville (Loiret).   5

M. le juge de paix du canton d'Ouzouer-le-Marché
(Loir-et-Cher).   5

M. le juge de paix du canton de la Palisse (Allier).   1

M. le juge de paix du canton de Puizeaux (Loiret).   5

MM. les juges de paix de l'arrondissement de
Romorantin (Loir-et-Cher).   40

M. le juge de paix du canton de Saint-Aignan
(Loir-et-Cher).   5

M. le juge de paix du canton de Saint-Blin (Haute-
Marne).   6

MM. les juges de paix de l'arrondissement de
Saint-Mihiel (Meuse).   27

M. le juge de paix du canton de Saint-Pois
(Manche).   3

M. le juge de paix du canton de Tullins (Isère).   5

M. le juge de paix du canton de Varennes-sur-
Allier (Allier).   5

633 fr. »» c.

§ VII.

Avocats.

MM. les avocats près le tribunal civil d'Angoulème (Charente).	50 fr.	»» c.
MM. les avocats près le tribunal civil d'Arras (Pas-de-Calais).	26	
MM. les avocats près le tribunal civil de Blois (Loir-et-Cher).	40	
MM. les avocats près le tribunal civil de Cusset (Allier).	5	
MM. les avocats près le tribunal civil de Domfront (Orne).	24	24
MM. les avocats et défenseurs officieux de la justice de paix de Flers (Orne).	9	9
MM. les avocats près le tribunal civil de Lille (Nord).	50	
MM. les avocats près le tribunal civil de Lourdes (Hautes-Pyrénées).	27	
MM. les avocats près la Cour impériale de Metz (Moselle)..	100	
MM. les avocats près le tribunal civil de Montauban (Tarn-et-Garonne).	25	
MM. les avocats près le tribunal civil de Montélimart (Drôme).	24	
MM. les avocats près la Cour impériale d'Orléans (Loiret).	400	
MM. les avocats près la Cour impériale de Rennes (Ille-et-Vilaine)..	112	
MM. les avocats près le tribunal civil de la Rochelle (Charente-Inférieure).	25	
MM. les avocats près le tribunal civil de Saint-Gaudens (Haute-Garonne).	21	3

938 fr. 36 c.

Report. . . . . 938 fr. 36 c.

MM. les avocats près le tribunal de Saint-Marcellin (Isère). 16 81

MM. les avocats près le tribunal civil de Toulon (Var). . . . . : . . . 25

MM. les avocats près le tribunal civil de Tours (Indre-et-Loire). 60

1,040 fr. 17 c.

§ VIII.

Avoués d'appel.

MM. les avoués près la Cour impériale de Montpellier (Hérault). . . . . 48 fr. 67 c.

MM. les avoués près la Cour impériale d'Orléans (Loiret). . . . . : . 100

148 fr. 67 c.

§ IX.

Avoués de première instance.

MM. les avoués près le tribunal civil d'Angoulème (Charente).. . . . . 50 fr. »» c.

MM. les avoués près le tribunal civil de Béthune (Pas-de-Calais). . . . . : 19 50

MM. les avoués près le tribunal civil de Béziers (Hérault). 50

MM. les avoués près le tribunal civil de Blois (Loir-et-Cher). 35

MM. les avoués près le tribunal civil de Cusset (Allier). 5

MM. les avoués près le tribunal civil de Domfront (Orne).. . . . . 20 20

179 fr. 70 c

Report.	179 fr.	70 c.
MM. les avoués près le tribunal civil de Dreux (Eure-et-Loir).	12	
MM. les avoués près le tribunal civil de Gien (Loiret).	25	
MM. les avoués près le tribunal civil de Laval (Mayenne).	50	
MM. les avoués près le tribunal civil de Lisieux (Calvados).	20	
MM. les avoués près le tribunal civil de Lourdes (Hautes–Pyrénées).	15	
MM. les avoués près le tribunal civil de Marseille (Bouches-du-Rhône).	220	
MM. les avoués près le tribunal civil de Montargis (Loiret).	30	
MM. les avoués près le tribunal civil de Montélimart (Drôme).	25	
MM. les avoués près le tribunal civil de Montluçon (Allier).	10	
MM. les avoués près le tribunal civil de Montreuil-sur-Mer (Pas-de-Calais).	12	
MM. les avoués près le tribunal civil de Muret (Haute-Garonne).	14	81
MM. les avoués près le tribunal civil d'Orléans (Loiret).	150	
MM. les avoués près le tribunal civil de Pithiviers (Loiret).	20	
MM. les avoués près le tribunal civil de la Seine.	500	
MM. les avoués près le tribunal civil de Thionville (Moselle).	10	60
MM. les avoués près le tribunal civil de Versailles (Seine-et-Oise).	40	
MM. les avoués près le tribunal civil de Vervins (Aisne).	30	
MM. les avoués près le tribunal civil de Wissembourg (Bas-Rhin).	10	

1,374 fr. 11 c.

§ X.

Notaires.

MM. les notaires de l'arrondissement d'Alby (Tarn).	16 fr. »» c.	
MM. les notaires de l'arrondissement d'Altkirch (Haut-Rhin).	50	
MM. les notaires de l'arrondissement d'Avignon (Vaucluse).	25	
MM. les notaires de l'arrondissement de Blois (Loir-et-Cher).	105	
MM. les notaires de l'arrondissement de Cognac (Charente).	50	
MM. les notaires de l'arrondissement de Domfront (Orne).	50	50
MM. les notaires de l'arrondissement d'Espalion (Aveyron).	24	17
MM. les notaires de l'arrondissement de Gien (Loiret).	50	
MM. les notaires de l'arrondissement d'Haze-brouck (Nord).	25	
MM. les notaires de l'arrondissement de Metz (Moselle).	50	
MM. les notaires de l'arrondissement de Montar-gis (Loiret).	50	
MM. les notaires de l'arrondissement de Montau-ban (Tarn-et-Garonne).	25	
MM. les notaires de l'arrondissement de Montlu-çon (Allier).	40	
MM. les notaires de l'arrondissement de Montpel-lier (Hérault).	40	
MM. les notaires de l'arrondissement de Nantes (Loire-Inférieure).	100	

700 fr. 67 c.

Report.	700 fr.	67 c.
MM. les notaires de l'arrondissement de Niort (Deux-Sèvres).	100	
MM. les notaires de l'arrondissement d'Orléans (Loiret).	400	
MM. les notaires de l'arrondissement de Pithiviers (Loiret).	50	
MM. les notaires de l'arrondissement de Pontoise (Oise).	50	
MM. les notaires de l'arrondissement de Rambouillet (Seine-et-Oise).	55	
MM. les notaires de l'arrondissement de Saint-Malo (Ille-et-Vilaine).	25	
MM. les notaires de l'arrondissement de Saverne (Haut-Rhin).	25	
MM. les notaires de l'arrondissement de Toulon (Var).	20	
MM. les notaires de l'arrondissement de Tours (Indre-et-Loire).	100	
MM. les notaires de l'arrondissement d'Ussel (Corrèze).	33	9
MM. les notaires de l'arrondissement de Valenciennes (Nord).	100	
MM. les notaires de l'arrondissement de Vendôme (Loir-et-Cher).	56	
MM. les notaires de l'arrondissement de Wissembourg (Bas-Rhin).	30	
	1,744 fr.	76 c.

§ XI.

Souscriptions diverses.

M. Abbatucci (Charles), conseiller d'État. . .	25 fr.	»» c.
M. Adam, substitut du procureur impérial à Altkirch (Haut-Rhin).	5	
	30 fr.	»» c.

Report.	30 fr. »» c.
M. le comte d'Ambrun et Mme la comtesse Ferrand.	100
Un anonyme.	5
M. A. O.	5
M. Baguenault de Puchesse (Charles), propriétaire à Orléans.	20
M. Baguenault de Puchesse (Fernand), membre du conseil municipal d'Orléans.	20
M. Baguenault de Viéville (Gabriel), propriétaire à Orléans.	20
M. Ballard, membre du conseil municipal d'Orléans.	20
M. Ballot (Charles), avocat à la Cour impériale de Paris.	20
M. de Beauregard père, propriétaire à Orléans. .	20
M. Besnard – Porcher, ancien adjoint au maire d'Orléans.	20
M. Besnus, notaire honoraire à Bries-sous-Forges.	5
M. Blanchard (Jules), propriétaire à Olivet (Loiret).	20
M. Boscheron - Desportes, président de la Cour impériale de Bordeaux (Gironde).	10
M. Boselli, préfet du Loiret.	100
M. Bottet (Edmond), d'Orléans..	5
M. Boucher de Molandon, propriétaire à Orléans.	30
M. Boyard, président honoraire de la Cour impériale d'Orléans.	20
M. Bréan, conducteur des ponts et chaussées à Gien (Loiret)..	10
M. Breton, ancien conseiller à la Cour d'appel d'Orléans.	10
M. Brossard de Corbigny (Henri), lieutenant de vaisseau à bord de la frégate la Jeanne d'Arc.	25
M. Caudel, parent de Pothier	5
M. Chabassier, conducteur des ponts et chaussées à Orléans.	5
	525 fr. »» c.

Report.	525 fr.	»» c.
La chambre du commerce d'Orléans.	63	25
La chambre consultative de Flers (Orne).	51	51
La chambre des huissiers d'Alby (Tarn). . . .	15	
Les chambres syndicales des entrepreneurs des bâtiments d'Orléans.	25	
La chambre syndicale des entrepreneurs de charpente d'Orléans.	20	
M. de Champvallins, ancien président de la Cour royale d'Orléans.	50	
M. Chevrier (Adolphe), substitut du procureur impérial à Blois (Loir-et-Cher).	10	
M. Colas de la Noue, de Tours.	20	
La famille Colas des Francs, de Brouville de Malmusse, de la Noue.	70	
M. Comte, avocat à Chinon (Indre-et-Loire). . .	5	
Le conseil général du Loiret.	1,000	
Le conseil des prud'hommes de Flers (Orne). .	23	23
Le conseil municipal d'Orléans.	5,000	
M. Cotelle, adjoint au maire d'Orléans. . . .	20	
Mme Creuset, propriétaire à Orléans, parente de Pothier.	5	
M. Daudier, membre du conseil municipal d'Orléans.	20	
M. Daunay, procureur impérial à Rethel (Ardennes).	5	
M. Demetz, conseiller honoraire à la Cour impériale de Paris, directeur de la colonie de Mettray.	25	
M. Desplanches, avocat à Chinon (Indre-et-Loire).	5	
M. Dessaux-Greffier, négociant à Orléans, parent de Pothier.	25	
M. Duchemin, notaire à Laval (Mayenne). . .	10	
M. Dupain, professeur au lycée d'Orléans. . .	5	

6,997 fr. 99 c.

Report. . . . . . 6,997 fr. 99 c.

Mgr Dupanloup, évêque d'Orléans. 500

M. Duval (Raoul), procureur général près la Cour
impériale de Bordeaux (Gironde). 30

M. Erat-Oudet. 5

MM. les fonctionnaires et autres personnes de
Flers (Orne).. 43   43

Mlle de Froberville, propriétaire à Orléans. . . 20

Mlle de Froberville, propriétaire à Paris. . . . 20

M. Ganard, secrétaire général de la préfecture
du Loiret. 10

M. Gatineau (Alphse), libraire-éditeur à Orléans. 20

M. Gaucheron-Greffier, fabricant à Orléans, parent
de Pothier. 10

M. Genteur, préfet de l'Allier. 25

M. G. H. 5

M. Gorrant, membre du conseil municipal d'Orléans. 10

M. Grammont-Abel, demeurant à Orléans. . . 5

M. Grenet, ingénieur en chef des ponts et chaus-
sées à Orléans. 20

M. Greffier, avocat général, membre du conseil
municipal d'Orléans, parent de Pothier. . . 30

M. Greffier-Vandais, propriétaire à Orléans, parent de Pothier. 25

M. Griffon de Pleineville, chef de division à la
préfecture du Loiret. 10

M. Guerrier, conservateur des hypothèques à Orléans. 10

M. Hubert (Armand), receveur municipal d'Orléans. 5

M. Huet, curé de la basilique de Sainte-Croix
d'Orléans. 20

Deux huissiers d'Alban (Tarn). 2

MM. les huissiers de l'arrondissement de Domfront (Orne). 21   51

7,844 fr. 93 c.

Report. . . . . 7,844 fr. 93 c.

MM. les huissiers de l'arrondissement d'Orléans .	50	
MM. les huissiers de l'arrondissement de Flers (Orne).	10	10
MM. les huissiers de l'arrondissement de Wissembourg (Bas-Rhin).	10	
M. Jutteau, architecte à Orléans.	10	
M. Lacase (Gaston) négociant à Orléans. . . .	5	
M. Lafontaine (Fernand), conseiller de préfecture à Orléans.	5	
M. Lambert, vicaire de la basilique de Sainte-Croix d'Orléans.	5	
Mme veuve Lambert, née Rouzeau-Montaut. . .	30	
M. Larreguy de Civrieux, conseiller de préfecture à Orléans.	5	
M. Launoy, notaire à Laval (Mayenne). . . .	10	
M. Lefèvre, ancien notaire, membre du conseil général du Loiret.	20	
M. Lesossier Zoncheret, notaire à Laval (Mayenne).	10	
M. le Tellier, juge au tribunal civil de Corbeil (Seine-et-Oise).	20	
M. Loiseleur, bibliothécaire de la ville d'Orléans.	5	
M. Loret, ancien juge au tribunal civil d'Orléans.	10	
M. Lorin de Chaffin fils, ancien notaire à Beaugency (Loiret), parent de Pothier.	10	
M. Lorin (Henri), notaire à Sevigny-sur-Orge (Seine-et-Oise), parent de Pothier.	10	
M. May, procureur impérial près le tribunal civil de Verdun (Meuse).	10	
M. Meilheurat, ancien directeur des affaires criminelles au ministère de la justice.	20	
M. Merville, premier avocat général près la Cour impériale d'Orléans.	20	
M. Meslay, notaire à Laval (Mayenne.	10	
M. de Morogues (Achille), membre du conseil général du Loiret.	50	

8,180 fr. 03 c.

Report. . . . . . .8,180 fr. 03 c.

M. Niess, ancien notaire, ancien juge de paix,
parent de Pothier.   5
M. Nogent Saint-Laurens, député du Loiret. . .   100
M. Nolin, directeur du petit séminaire de la Cha-
pelle (Loiret).   5
M. Olivier, notaire à Sainte–Susanne (Mayenne).   10
M. d'Orléans, propriétaire à Orléans.   10
M. Pagnerre, rédacteur en chef et propriétaire du
Journal du Loiret.   20
M. Pailliet, conseiller honoraire à la Cour impé-
riale d'Orléans.   10
M. Pereira (Alfred), propriétaire à Orléans. . .   10
M. Peteau, membre du conseil général du Loiret
et du conseil municipal d'Orléans.   20
M. Peteau de Latingy, conseiller honoraire à la
Cour impériale d'Orléans.   40
M. Picot, ancien avoué près le
tribunal de la Seine,
M. Charles Picot, vice-président
au même tribunal,
M. Georges Picot, étudiant en
droit à Paris,
M\ulle Adèle Picot, propriétaire à
Paris,   tous parents
Mme de la Courtie, propriétaire à   de Pothier. 300
Paris,
M. Albert de la Courtie, avoué
près le tribunal de la Seine,
H. Henri de la Courtie, sous-chef
au chemin de fer d'Orléans,
M. Edmond Mouillefarine, étu-
diant,
M. Pichelin, membre du conseil municipal d'Or-
léans.   10
M. Pigé, principal clerc de notaire à Orléans. .   5

8,725 fr. 03 c.
24

Report. . . . . . 8,725 fr. 03 c.

M. de Plasman (Ernest), substitut du procureur
général près la Cour impériale de Lyon (Rhône). 10

M. Ponceau, membre du conseil municipal d'Orléans. 5

M. Ponceau, président de la chambre syndicale
des entrepreneurs de charpente à Orléans. . 5

M. Portalis, receveur général du Loiret. . . . 50

M. Poulet, substitut de M. le procureur impérial
à Rethel (Ardennes). 5

M. Poullain-Lacroix, procureur impérial près le
tribunal civil de Mortain (Manche). . . . 20

M. Pradeau-Jacquet, propriétaire à Orléans. . . 10

Un professeur en théologie, ancien avocat. . . 10

M. Richert, procureur impérial à Altkirch (Haut-
Rhin). 10

M. Robin, avocat près le tribunal civil de Tours
(Indre-et-Loire). 20

M. le comte de Rocheplatte, propriétaire à Orléans. 40

M. Rousseau, adjoint au maire d'Orléans. . . 20

M. de Saussey, substitut du procureur impérial à
Mortain (Manche). 10

M. Simon, ancien notaire à Orléans. 5

M. Simon, notaire à Paris. 5

La Société d'agriculture, sciences, belles-lettres
et arts d'Orléans. 100

M. de Torquat, vicaire de la basilique de Sainte-
Croix d'Orléans. 5

Mᵐᵉ la vicomtesse de Trimon, née Crignon d'Ouzouer. 100

M. de Vienne, procureur général près la Cour impériale de Lyon (Rhône). 100

M. Vignat, maire d'Orléans. 25

9,280 fr. 03 c.

Récapitulation.

Ministère de la justice , Cour de cassation. .	1,125 fr.	»» c.
Cours impériales..	5,571	50
Facultés de droit.	1,090	35
Tribunaux civils..	7,380	11
Tribunaux de commerce.	426	27
Justices de paix..	633	
Avocats..	1,040	17
Avoués d'appel.	148	67
Avoués de première instance.	1,374	11
Notaires.	1,744	76
Souscriptions diverses.	9,280	03
Total.	29,813 fr.	97 c.

TABLE

—

CHAPITRE III.

CHAPITRE IV.

CHAPITRE V.

CHAPITRE VI.

CHAPITRE VII.

CHAPITRE VIII.

CHAPITRE IX.

CHAPITRE X.

CHAPITRE XI.

CHAPITRE XII.

CHAPITRE XIII.

CHAPITRE XIV.

CHAPITRE XV.

CHAPITRE XVI.

CHAPITRE XVII.

ERRATA

Page 8, ligne 16ᵉ, au lieu de *Legrand, vicaire*, lisez *le grand vicaire*.

Page 88, ligne 6ᵉ, au lieu de *usurorum*, lisez *usurarum*.

Page 118, ligne 11ᵉ, au lieu de *Gardien*, lisez *Gordien*.

Tours. — Impr. Mame.

www.ingramcontent.com/pod-product-compliance
Lightning Source LLC
Chambersburg PA
CBHW072014270326
41928CB00009B/1645